本书受到教育部人文社会科学重点研究基地重大项目"中俄蒙国家战略互动与'一带一路'建设研究"（17JJDGJW006）、吉林大学哲学社会科学校级重点研究基地重大项目"'一带一路'框架下的中俄蒙经济走廊建设与中国东北振兴发展研究"（2018XXJD15）的资助。

东北亚研究丛书

中蒙俄经济走廊建设研究

Studies on Economic Corridor of
China, Mongolia and Russia

杨东亮 / 著

社会科学文献出版社
SOCIAL SCIENCES ACADEMIC PRESS (CHINA)

序

2013年9月和10月,"丝绸之路经济带"和"21世纪海上丝绸之路"倡议(简称"一带一路"倡议)提出。2014年9月,中蒙俄三国元首会晤时就中国"丝绸之路经济带"同俄罗斯跨欧亚大铁路、蒙古国"草原之路"倡议进行对接并达成共识,正式宣布共同打造中蒙俄经济走廊。2015年7月,《中华人民共和国、俄罗斯联邦、蒙古国发展三方合作中期路线图》和《关于编制建设中蒙俄经济走廊规划纲要的谅解备忘录》签署,中蒙俄经济走廊建设进入实质性推进阶段。2016年6月23日,三国首脑在塔什干正式签署了《建设中蒙俄经济走廊规划纲要》,成为"一带一路"首个多边合作项目。中蒙俄经济走廊旨在通过在增加中蒙俄贸易量、提升产品竞争力、加强过境运输便利化、发展基础设施等领域实施合作项目,进一步加强三边合作;促进各自发展战略对接,并为基础设施互联互通、贸易投资稳步发展、经济政策协作和人文交流奠定坚实基础。

中蒙俄经济走廊的提出离不开中国的"一带一路"倡议,而"一带一路"倡议的提出也离不开国际环境的变化。当今世界正处于大发展大变革大调整的转型过渡期。2018年6月,习近平总书记在中央外事工作会议上提出目前"正处于百年未有之大变局"。在大国关系深入调整、世界经济格局面临深刻演变、世界多边贸易体制面临前所未有的严峻挑战、国际安全挑战更加复杂多元的新时代,"一带一路"倡议的提出正逢其时,其是经济、政治、外交、军事、文化相互配合,中央、地方、企业、社会多层互动的全局规划,其远景是带动中国与"一带一路"沿线国家共同发展。

面对百年未有之大变局,"一带一路"倡议具有重大的意义。目前,"一带一路"研究主要在经济学和国际关系两个领域进行。其中,经济学者对"一带一路"的研究主要涉及中国对外贸易、金融、投资、产业、技术、能源等领域的合作问题,以及中国企业"走出去"等微观层面的问题。而国际关系学者对"一带一路"的研究主要体现在中国外交布局和战略实施上,涉及全球和区域治理、国际安全、对外援助、国际组织等内容,部分研究从特定国家和地区的视角切入。显然,"一带一路"要服务于为中国的经济崛起创造持续的外部有利环境和条件,即在中国周边建立一个能够降低中国对美国和其他西方国家依赖的、更为自主和健康的国际区域性经济结构,保障中国经济的可持续发展。"一带一路"建设要基于长期经济利益的考虑,而非短期的盈利目标,更有别于一般的经贸往来,只有那些基于长期的发展和具有战略价值而应当重点投入的地区、国家和项目才应该被纳入"一带一路"框架。"一带一路"的组织模式要更侧重双边和次区域层面,形成"以我为主"的更加灵活、务实、有效的合作组织模式。本书主要从经济学的角度对"一带一路"框架下的中蒙俄经济走廊进行研究,同时兼顾国际关系因素的影响。

周边国家和地区作为中国地缘经济的辐射地带,是"一带一路"建设的主要对象和重点地区。党的十八大以来,关于中国周边外交提出了一些重要理念、倡议和构想,包括构建周边命运共同体,践行"亲、诚、惠、容"的周边外交理念与坚持正确的义利观,推进"一带一路"建设和周边互联互通,倡导亚洲新安全观,推动澜沧江—湄公河合作等。中蒙俄经济走廊作为中国与周边国家重要的经济合作项目,有必要对其建设进展、面临的问题、可行的解决对策以及经验教训进行系统的分析研究。为此,本书从贸易、投资、人文交流与地方参与4个方面对中蒙俄经济走廊进行研究,以期更好地落实推进"一带一路"建设工作领导小组在2019年4月第二届"一带一路"国际合作高峰论坛上发表的《共建"一带一路"倡议:进展、贡献与展望》报告中提出的政策沟通、设施联通、贸易畅通、资金融通、民心相通的目标,对中蒙俄经济走廊的未来建设与发展有所助益。

本书具体的结构安排如下。

第1章，引言。首先，介绍中蒙俄经济走廊的建设背景，对中国"一带一路"倡议、俄罗斯"欧亚经济联盟"、蒙古国"草原之路"倡议进行简要介绍。其次，分析中蒙俄经济走廊的提出过程、中蒙俄经济走廊建设的有利因素与建设成果。历史视角是研究国际关系的重要视角，国际关系的演变离不开历史叙事。国际经济走廊以一定的世界格局、地缘政治为条件，经过一定的历史积淀逐步形成。古代的"草原丝绸之路""茶叶之路"与中俄近现代陆路贸易通道为中蒙俄经济走廊建设提供了可行经验，中蒙俄三国友好的国家关系为中蒙俄经济走廊建设提供了稳固的地缘政治环境。2019年6月，中俄两国元首共同签署《中华人民共和国和俄罗斯联邦关于发展新时代全面战略协作伙伴关系的联合声明》，进一步拓展了中蒙俄经济走廊建设发展的空间。中蒙俄三国差异性的资源禀赋、互补的经济结构、紧密的经贸合作是中蒙俄经济走廊建设顺利展开的客观基础。在基础设施建设、能源、航空航天、人文交流合作等领域，中蒙俄经济走廊建设已经取得显著的成果，如同江铁路界河桥、策克口岸跨境铁路、中俄原油管道二线工程、中俄亚马尔液化天然气项目、共建"清华大学俄罗斯研究院"等。最后，从中蒙俄经济走廊建设的意义、有利条件、双边合作、存在的问题与对策几个方面对中蒙俄经济走廊研究文献进行梳理。

第2章，国际区域经济合作理论。首先，阐述国际贸易理论，包括国际分工与成本、要素禀赋、新国际贸易等。其次，阐述经济全球化理论，包括经济全球化概念、全球生产网络、全球相互依赖与地缘政治经济理论。最后，对国际区域经济合作与一体化理论进行阐述，包括国际区域经济合作概念、国际区域经济一体化进程，以及自由贸易区、关税同盟和国际次区域合作理论。国际经济合作离不开各国的要素禀赋，在国际分工的持续作用下，各国的本地市场效应进一步促进规模收益递增的产业集聚，在全球商品链、全球价值链的基础上形成全球生产网络，国家间的相互依赖程度加深，国际区域经济一体化进程加快，自由贸易区、关税同盟和次区域合作日益成为各国参与经济全球化的重要手段。

第3章，中蒙俄三国经济发展情况。首先，对中国经济发展的总体情况进行分析，以 2009~2017 年的经济数据为基础，分析中国经济增长与宏观经济政策、城镇化与产业结构、对外贸易、居民生活与就业等方面情况。其次，对俄罗斯的经济发展现状进行分析，包括经济增长与货币供给、城镇化与产业结构、对外贸易、居民生活与就业。发现 2014 年以来受乌克兰危机与美欧等国家经济制裁影响，俄罗斯石油等能源出口工业受到严重损害，经济下滑明显。2017 年，俄罗斯人均 GDP 达到 10749 美元，表明其是一个经济发展优势与短板俱在的中等偏上收入国家。最后，对蒙古国经济发展现状进行分析，包括经济增长与外汇储备、城镇化与产业结构、对外贸易、居民生活与就业。研究发现蒙古国在经济转轨过程中面临一系列挑战，国际能源产品价格变化对矿产开发依赖型的蒙古国经济周期波动影响极大，严重的外债负担与国际储备不足使蒙古国面临较大风险。2017 年，蒙古国人均 GDP 为 3717.473 美元，属于发展空间巨大的中等偏下收入国家。总体上，中蒙俄三国产业结构不断优化，形成了"三二一"的产业结构，对外贸易规模均显著提高，三国的经济发展为中蒙俄经济走廊建设提供了良好的外部环境与发展基础。

第 4 章，中蒙俄经济走廊建设的贸易研究。首先，对中俄、中蒙双边贸易进行分析，发现双边贸易额保持逐年上升的趋势。利用贸易强度指数、比较优势指数、贸易互补性指数等指标分析中俄、中蒙贸易特点，发现中国对俄罗斯的进口强度高于俄罗斯对中国的出口强度，中国工业制成品的比较优势显著，而俄罗斯在矿产方面的比较优势更为明显，在资源密集型、资本密集型、劳动密集型、技术密集型产品上中俄贸易存在互补性，且近年来中俄贸易互补性呈现不断加强的趋势。中国对蒙古国的进口强度远大于蒙古国对中国的进口强度，中蒙双方贸易互补性强，蒙古国在初级产品中非燃料和非食用原材料、矿物原材料上的显性比较优势明显，在资源密集型产品、劳动密集型产品、资本密集型产品上中蒙贸易存在互补性，在中蒙俄经济走廊建设的推动下，中蒙贸易会不断扩大。其次，分析中蒙俄经济走廊建设中贸易领域存在的问题。发现中蒙俄贸易存在交易规模小、贸易结构单一、贸易营商环境差等问题。最后，提出促进中蒙俄国际贸易发展的对策建议，包括全面扩大经贸交往、优化双边贸易的产业结构、提高产品竞争力、规范市场行为等。

第5章，中蒙俄经济走廊建设的投资现状研究。随着全球经济一体化进程的不断加快，跨国投资已经成为各国经贸活动的重要组成部分，跨国投资对中蒙俄经济发展十分关键。首先，对外商直接投资形成的理论进行阐释，包括投资发展周期理论、技术创新与产业升级理论、比较优势与垄断优势投资理论。其次，对中蒙俄经济走廊的投资环境进行分析，包括政治环境、经济环境、社会环境3个方面，发现俄罗斯和蒙古国的经济环境逐步好转，政治环境和社会环境也在不断改善，有利于中蒙俄经济走廊国际投资推进的环境正在逐步形成。最后，对中蒙俄经济走廊的外商直接投资现状进行分析，包括中国对蒙俄投资的历史沿革、中国对蒙俄投资的行业分布、中国对蒙俄投资的地缘分布、中国对蒙俄投资的资本来源4个方面，发现中国对蒙俄的直接投资具有较强的行业分布差异和地域分布差异，行业主要集中在能源、农业、林业、矿产等产业，区域集中在经济发达和自然资源丰富地区，资金主要来源于中国东北地区。中蒙俄经济走廊建设进一步扩大了中国对蒙俄的投资规模，中国在蒙俄国外投资来源国中占有重要位置。

第6章，中蒙俄经济走廊建设的投资对策研究。首先，阐释外商直接投资的经济效应，包括外商直接投资带来的收益和担忧，以及跨国企业面临的风险。其次，对中蒙俄经济走廊国际投资面临的问题进行分析，发现存在投资产业布局不合理、地域分布不均衡，以及投资环境不健全导致投资风险大等问题。最后，提出促进中蒙俄国际投资合作的对策建议。包括加强国际产能合作投资、加快经济合作开发区建设、促进互联互通基础设施建设、发挥国际金融平台的作用、提升人民币的国际地位5个方面。发挥亚洲基础设施投资银行、丝路基金、金砖国家新开发银行、上海合作组织银行联合体、金砖国家银行合作机制的作用，谋划建立亚洲金融合作协会和亚洲债权市场等，为中蒙俄经济走廊建设提供投融资帮助。

第7章，中蒙俄经济走廊建设中的人文交流。国际人文交流是文化领域中相关内容的传播、交流与沟通，在政府和民间的双重推动下，以塑造文化认同、促进文化融合为目标，旨在增进国家间人们的相互理解与支持，是除政治合作、经济合作之外增进不同国家人民相互了解、友谊与合作的第三支柱。首先，阐释国际人文交流的价值，包括国际人文交流的内涵与特点及其对国际关系的影响，并对中蒙俄人文交流的现实意义进行剖析，发现加强国际人文交流有利于连接不同国民的心灵与情感，增进国家间的理解与信任，对中蒙俄经济走廊的建设具有不可估量的价值。其次，从文化、教育、旅游、科技和医疗卫生领域分析中蒙俄的国际人文交流现状。再次，对中蒙俄国际人文交流面临的问题进行分析，发现问题主要体现在中蒙经济合作水平较低和外部因素牵制两个方面。最后，提出加强中蒙俄国际人文交流的政策建议，包括增强政治互信、深化经济合作、提升教育交流水平、推动文化交流和促进民间交流5个方面。

第8章，中国东北参与中蒙俄经济走廊建设研究。邻近国家的跨边境次区域合作是国际区域合作的重要形式之一，中蒙俄漫长的边境线为中蒙俄经济走廊的次区域合作提供了可行条件。首先，对中国东北参与中蒙俄经济走廊建设的现状进行分析，重点分析辽宁、吉林、黑龙江和内蒙古与俄罗斯、蒙古国在贸易、投资、人文交流等方面的合作进展，发现黑龙江与俄罗斯、内蒙古和蒙古国的贸易规模最大，黑龙江对俄投资最多，约占全国对俄投资的1/3，投资领域集中在能源、矿产、林业、农业和园区建设上，黑龙江也是俄罗斯入境旅游人次最多的省份。总体上，东北四省区与蒙俄在贸易、投资、人文交流领域的合作不断加强，且随着中蒙俄经济走廊建设的开展，合作的广度得到拓展，深度也有了显著提升。其次，对地方参与中蒙俄经济走廊建设的问题进行分析，发现存在商品贸易结构不合理、企业境外经营风险大、国际次区域制度性合作进展缓慢等问题。最后，提出促进中国东北参与中蒙俄经济走廊合作的对策建议，包括加大技术合作与投资合作力度、加快中蒙俄经济走廊大通道和口岸基础设施建设、加快大图们江倡议升级和加强地方人文交流合作。

目 录

第一章 引言 ·· 1
    第一节 中蒙俄经济走廊建设背景 ··· 1
    第二节 中蒙俄经济走廊的提出与建设成果 ······································ 8
    第三节 中蒙俄经济走廊研究文献综述 ··· 22

第二章 国际区域经济合作理论 ··· 37
    第一节 国际贸易理论 ·· 37
    第二节 经济全球化理论 ·· 44
    第三节 国际区域经济合作与一体化理论 ······································ 54

第三章 中蒙俄三国经济发展情况 ·· 62
    第一节 中国经济发展现状 ··· 62
    第二节 俄罗斯经济发展现状 ··· 75
    第三节 蒙古国经济发展现状 ··· 86

第四章 中蒙俄经济走廊建设的贸易研究 ······································· 96
    第一节 中国与俄罗斯双边贸易分析 ··· 96
    第二节 中国与蒙古国双边贸易分析 ··· 118
    第三节 中蒙俄经济走廊建设中贸易领域存在的问题 ······················ 129
    第四节 促进中蒙俄国际贸易发展的对策建议 ······························ 133

第五章　中蒙俄经济走廊建设的投资现状研究·················140
第一节　外商直接投资的形成·································140
第二节　中蒙俄经济走廊投资环境分析···················144
第三节　中蒙俄经济走廊外商直接投资现状············153

第六章　中蒙俄经济走廊建设的投资对策研究·················165
第一节　外商直接投资的经济效应·························165
第二节　中蒙俄经济走廊国际投资的问题分析·········175
第三节　促进中蒙俄国际投资合作的对策建议·········181

第七章　中蒙俄经济走廊建设中的人文交流····················195
第一节　国际人文交流的价值·······························195
第二节　中蒙俄国际人文交流的现状······················203
第三节　中蒙俄国际人文交流面临的问题················222
第四节　加强中蒙俄国际人文交流的政策建议·········224

第八章　中国东北参与中蒙俄经济走廊建设研究··············232
第一节　中国东北参与中蒙俄经济走廊建设的现状···232
第二节　地方参与中蒙俄经济走廊建设存在的问题···252
第三节　促进地方参与中蒙俄经济走廊合作的对策建议·······258

参考文献······················274

后　记························296

第一章 引言

第一节 中蒙俄经济走廊建设背景

一 中国"一带一路"倡议

中国国家主席习近平于 2013 年 9 月和 10 月提出共建"丝绸之路经济带"和"21 世纪海上丝绸之路"倡议。2015 年 3 月,国家发展改革委、外交部、商务部三部委联合发布《推动共建丝绸之路经济带和 21 世纪海上丝绸之路的愿景与行动》①。该文件共分 8 个部分详细介绍了建设"一带一路"的时代背景、共建原则、框架思路、合作重点、合作机制等,旨在通过"一带一路"连通经济高度发达的欧洲经济圈和东亚经济圈。其中,丝绸之路经济带的重点是畅通中国经中亚、俄罗斯至欧洲(波罗的海)的通道,中国经中亚、西亚至波斯湾、地中海的通道,以及中国至东南亚、南亚、印度洋的通道。21 世纪海上丝绸之路的重点方向是从中国沿海港口过南海到印度洋,延伸至欧洲;从中国沿海港口过南海到南太平洋。

"一带一路"被写入党章和党的十九大报告,是中国未来相当长时间内的重大国策。它首先是服务于中华民族伟大复兴的综合性、跨领域的顶层

---

① 《推动共建丝绸之路经济带和 21 世纪海上丝绸之路的愿景与行动》,中华人民共和国商务部,http://www.mofcom.gov.cn/article/ae/ai/201503/20150300928878.shtml.

设计，其次是带动中国与"一带一路"沿线国家共同发展、建立公正合理的新型国际秩序的宏伟构想。作为长期国策的"一带一路"倡议是经济、政治、外交、军事、文化相互配合，中央、地方、企业、社会多层互动的全局规划。

"一带一路"为沿线国家和地方提供了有益的发展建设方案，对进一步开展多边、双边区域经济贸易奠定了良好的合作基础。"一带一路"沿线国家巨大的发展潜力和经济实力将成为亚欧地区乃至世界的贸易增长源，而且"一带一路"这种以线带面的合作模式将进一步提升沿线整体的合作水平，并推动建立国际经济新秩序和全球贸易格局重构。2015 年，"一带一路"沿线国家 GDP 占世界 GDP 的比重为 30.6%，其中，东南亚十一国 GDP 占"一带一路"沿线国家 GDP 的比重为 10.8%，人均 GDP 水平略低于"一带一路"沿线国家均值，属于中等收入偏下国家；南亚八国、西亚北非十五国、中亚五国、中东欧十三国、南欧九国、高加索三国、蒙古国 GDP 占"一带一路"沿线国家的比重分别为 11.9%、13.6%、1.3%、12.0%、1.9%、1.0% 和 0.05%，南亚八国属于中等偏下收入地区，西亚北非十五国属于中等偏上收入国家，中亚五国属于中等偏上收入国家，中东欧十三国属于中等偏上收入国家，南欧九国属于中等偏上收入国家，高加索三国属于高收入国家，蒙古国属于中等偏下收入国家。

"一带一路"促进了区域内基础设施的完善、贸易投资的自由化和便利化、供应链和价值链的深度融合，特别是"一带一路"框架下的自贸区实践将从根本上改变区域贸易状况，使沿线区域经贸合作迈上新台阶。区域合作并不是相关国家经济力量的简单加总，而是通过合作产生协作力使经贸合作以加速度的方式推进。随着"一带一路"倡议的推进，世界将形成以亚欧为核心的全球第三大贸易轴心，推动全球贸易重构。而且，中国将位于太平洋和亚欧两大贸易轴心的中间位置，在未来全球贸易格局中发挥引领性作用[1]。2018 年有 60 多个国家加入"一带一路"倡议。截至 2018 年底，中国已累计同 122 个国家、29 个国际组织签署了 170 份政府间共建"一带一路"的合作文件。"一带一路"遍布亚洲、非洲、欧洲、大洋洲、

---

[1] 李丹、崔日明：《"一带一路"战略与全球经贸格局重构》，《经济学家》2015 年第 8 期。

拉丁美洲。各国政府根据本国国情,积极与"一带一路"倡议进行对接。经济领域合作是"一带一路"倡议中的重要议题。从总体目标来看,促进共同发展、实现共同繁荣的合作共赢之路有赖于"一带一路"沿线国家经济融合、产业协同的维系。

贸易畅通是"一带一路"建设的重点内容。2011年,中欧班列全年开行仅17列,年运送货物总值不足6亿美元;2018年,累计开行突破1.2万列,年运送货物总值达160亿美元。2018年,国际道路客货运输线路开通356条,国际航线增加403条,与沿线43个国家实现直航,每周约4500个直航航班。货物由最开始的电脑、手机等电子用品,逐步扩大到服装鞋帽、粮食、葡萄酒、汽车及配件等人们日常生活的必需品。目前,中欧班列线路主要分布在德国、俄罗斯、哈萨克斯坦、塔吉克斯坦、波兰、白俄罗斯等国家[1]。

资金融通是"一带一路"建设的重要支撑。2013~2018年,中国与"一带一路"沿线国家进出口总额达64691.9亿美元,为当地创造24.4万个就业岗位,新签对外承包工程合同额超过5000亿美元,建设境外经贸合作区82个,对外直接投资超过800亿美元,上缴东道国税费累计20.1亿美元。数据显示,中国与亚洲、大洋洲的贸易合作水平较高。2017年,韩国、越南、马来西亚、印度、俄罗斯等国是中国最主要的"一带一路"贸易伙伴。截至2018年12月,亚投行成员已经达93个,来自"一带一路"的国家超过六成。人民币跨境支付系统覆盖40个"一带一路"沿线国家的165家银行。开发性和政策性金融支持力度持续加大,多边、双边投融资机制和平台发展迅速。

民心相通是"一带一路"建设的重要保障。截至2018年4月底,我国与61个"一带一路"沿线国家共结成了1023对友好城市,占我国对外友好城市总数的40.18%。中国和"一带一路"沿线国家的国际旅游来往日益密切。2013~2017年,中国到"一带一路"沿线国家的出境游游客由2013

---

[1] 《数说"一带一路"成绩单》,中国一带一路网,http://www.mofcom.gov.cn/article/ae/ai/201503/20150300928878.shtml。

年的1549万人次增长到2017年的2741万人次，年均增速达15.34%，同期沿线国家赴中国旅游数量由2013年的903万人次增加为2017年的1064万人次[1][2]。文莱、阿塞拜疆等13个"一带一路"沿线国家对中国游客开放落地签或免签。2017年，"一带一路"沿线国家实现国际旅游收入3851亿美元，其中约30.82%由中国大陆游客贡献。文化旅游相融合是民心相通的重要桥梁。2019年"欢乐春节"活动在包括56个"一带一路"沿线国家的全球133个国家和地区的396座城市举办演出、展览、庙会等1500多项活动，例如，中国文化和旅游部继续与泰国旅游和体育部等合作开展第15届"欢乐春节"系列活动，促进中华文化与当地文化交流交融、互学互鉴。

二 俄罗斯"欧亚经济联盟"

2015年5月，习近平主席与俄罗斯总统普京在莫斯科签署《中华人民共和国与俄罗斯联邦关于丝绸之路经济带建设和欧亚经济联盟建设对接合作的联合声明》，宣布启动中国与欧亚经济联盟在经贸合作方面的协定谈判。自2016年10月开展首轮谈判以来，双方通过五轮谈判、三次工作组会和两次部长级磋商，于2017年10月1日顺利实质性结束谈判。2018年5月17日哈萨克斯坦阿斯塔纳经济论坛期间，中国商务部国际贸易谈判代表兼副部长傅自应与欧亚经济委员会执委会主席萨尔基相及欧亚经济联盟各成员国代表共同签署了《中华人民共和国与欧亚经济联盟经贸合作协定》[3]。2018年12月6日，欧亚经济最高理事会会议在俄罗斯圣彼得堡召开，会议决定中国与欧亚经济联盟及其成员国签署的《中华人民共和国与欧亚经济联盟经贸合作协定》正式生效[4]。

"欧亚经济联盟"计划最早来自俄罗斯在2014年3月提出的跨欧亚发

---

[1] 宋瑞主编《2018~2019年中国旅游发展分析与预测》，社会科学文献出版社，2019。
[2] 中国出境到"一带一路"沿线国家的游客人次按照大口径计算（包含短期留学、务工、医疗等消费在内）。
[3] 《欧亚经济联盟同中国签署经贸合作协议》，哈萨克国际通讯社，https://www.inform.kz/cn/article_a3255193。
[4] 《中国与欧亚经济联盟签署的经贸合作协定正式生效》，中国经济网，http://intl.ce.cn/specials/zxgjzh/201812/11/t20181211_31007835.shtml。

展带构想[1]，试图以石油和天然气生产和加工基地、新西伯利亚科学城为依托，以西伯利亚大铁路、东方石油管道、西伯利亚天然气管道为主干，吸引欧洲和亚洲国家的资金和技术，形成一系列高新技术产业集群，建成从欧洲大西洋到亚洲太平洋的交通、能源、电信一体化的发展带，以此为抓手实现对西伯利亚和远东最大限度的开发。

2014 年 5 月 29 日，俄罗斯总统普京、白罗斯总统卢卡申科和哈萨克斯坦总统纳扎尔巴耶夫签订了"欧亚经济联盟"条约，2015 年 1 月 1 日起该协议正式生效[2]。"欧亚经济联盟"三个成员国之间将会取消签证限制，在这一区域内可以自由旅行，中蒙双方对"欧亚经济联盟"的重要性都做出充分肯定，积极寻求三者之间战略决策的契合点。针对中国提出的"一带一路"构想，俄罗斯积极响应，寻求跨欧亚发展带与丝绸之路经济带对接。相应制定了专门针对西伯利亚和远东地区发展的战略纲要和规划，通过具体落实欧亚铁路建设组建欧亚经济联盟，作为对接"中蒙俄经济走廊"建设的平台，完成俄罗斯西伯利亚和远东地区开发的崭新布局。

欧亚铁路建设作为开发西伯利亚和远东的重要手段与目标，铁路等基础设施建设必然催生旺盛的市场需求。俄罗斯铁路保障了其 86% 以上的货物运输（不包括管道运输）和约 32% 的旅客运输，中国铁路同样承担着规模庞大的货物和旅客运输任务。俄罗斯政府认识到铁路对于国家经济发展的重要作用，于 2008 年 6 月批准了 2030 年前俄罗斯联邦铁路运输发展战略，提出了铁路发展的主要目标、任务、方向以及评价指数。按照该战略，计划建设超过 2.07 万千米的新铁路（货运铁路、具有重要战略和社会意义的高速旅客运输线路），同时，铁路网密度将提高 24%，消除铁路通行能力的限制。渝新欧（重庆）国际物流有限公司成立于 2012 年，主要组织重庆（中国）—哈萨克斯坦—俄罗斯—白俄罗斯—波兰—杜伊斯堡（德国）的定期铁路集装箱运输。2013 年，重庆—杜伊斯堡国际铁路开行集装箱列车 30 班

---

[1] 《中俄蒙经济走廊的理想与现实》，国研网，http://d.drcnet.com.cn/eDRCNet.Common.Web/DocDetail.aspx?DocID=4110069&leafid=22570&chnid=5714。

[2] 《俄白哈三国签署〈欧亚经济联盟条约〉》，新华网，http://www.xinhuanet.com//world/2014-05/29/c_1110925922.htm。

次，运输集装箱2792标箱，比2012年下降了12%。2014年前4个月，该铁路开行集装箱列车6班次，运输集装箱495标箱，比2013年同期增长21%。2014年5月俄联邦总统普京访华时签订的重要文件体现了上述中俄合作方向。访问期间，中国铁路总公司与俄罗斯铁路股份公司签订了战略合作协议。根据协议，双方计划发展中俄边境铁路通道，加强铁路口岸基础设施建设，以提升铁路通行和运输能力，扩大中俄铁路国际旅客和货物运输规模。双方将进一步完善运输组织流程，优化口岸工作。俄罗斯铁路股份公司与华为技术有限公司签订了科技合作协议。根据协议，双方将共同合作制订和实施铁路专用无线通信系统（GSM-R）、宽带通信系统（eLTE、LTE-R）、音频和视频会议系统开发计划，提高俄罗斯铁路股份公司的现代化水平。以建设西伯利亚大铁路为依托，有利于带动石油和天然气运输管道的建设，推动高新技术产业群与现代科学工业园区的建设，这有利于俄罗斯发展突破性新技术，如热核能源、太阳能、纳米材料、复合材料、激光机床、航空发动机、生物光子技术和磁悬浮运输系统等，这些高新技术将有利于推动"欧亚经济联盟"的实现。

三 蒙古国"草原之路"倡议

早在2008年，蒙古国就通过了《基于千年发展目标的国家全面发展战略》，要求不仅要建成同中俄两个邻国相连的欧亚跨境运输线路，而且还要租用其他国家港口开展海上运输。2011年蒙古国政府还通过了国家铁路网规划，要建设"三纵一横"铁路网，将俄罗斯与中国过境运输公路连接到一起。蒙古国地处内陆，经济发展滞后，这与交通基础设施不发达、缺少出海口有很大关系。中蒙俄间目前有五条跨境交通走廊，其中最早、最重要的一条是从俄罗斯伊尔库茨克出发经蒙古国的乌兰巴托、扎门乌德，经中国内蒙古的二连浩特，终点是天津。这条线路为蒙古国提供了太平洋出海口，有利于其搭乘亚太经济快车，利用亚太经济蓬勃发展的机遇。然而，天津港现在运输任务繁忙，已经大大限制了对蒙古国货运转运的能力。蒙古国现在在国内修建了几条铁路，目的是要将开采、加工和出口连接起来，但尚无力扩大对外的基础设施互联互通。因此，蒙古国需要新的出海通道，扩大矿产等资源的出口规模①。2013年，蒙古国提出要建设连接中蒙俄三国的铁路、公路、石油、天然气和电力的"五大通道"，通过互联互通实现三国乃至本地区贸易便利化，激活蒙古国的过境潜力，实现经济增长。

2014年，蒙古国把这"五大通道"正式升格为"草原之路"发展战略。蒙古国"草原之路"的建设目标之一是建设一条高速公路。从阿尔坦布拉格开始，向乌兰巴托延伸，最后连接扎门乌德，全长997千米。同时，还要完成1100千米电缆线路的铺设，以及天然气和石油运输管道的建设。建设工期为2~3年。参与建设的企业有大约1000家国内公司、30家国外公司，计划将会创建30万~40万个固定工作岗位和临时工作岗位。2014年进一步通过决议，将在与中国邻近的两段铁路采用与中国相同的标准轨，实现与中国铁路网的接轨。此外，蒙古国希望在天津建立专属经济区，同时打通乌兰巴托到天津港的出海通道②。据蒙古国经济发展部预测，"草原之路"项目一旦建设运行，将会在蒙古国全国范围内增加投资、扩展能源和矿业的发展空间，也将会提升蒙古国的国内生产总值。2014年9月2日，蒙古国政府正式成立了"草原之路"专门工作组，负责推动"草原之路"项目的实施，将"草原之路"这个重大项目纳入国家发展战略计划。

2016年，蒙古国在"草原之路"倡议的基础上，提出了"发展之路"纲要。该项目规划实施的内容包括发展蒙古国的交通运输、能源、通信、矿业、工业、旅游领域，通过与邻国互联互通，实现贸易便利化，促进国民经济增长。相比"草原之路"，"发展之路"突出的特点是注重经济多元化发展。第一，大力开发旅游资源；建设农牧业产品加工园区；不局限于传统能源；注重生态保护。第二，不仅强调国内铁路与公路建设，而且对连通"亚欧大陆桥"表现出极大的关注，其中包括亚欧的信息互联网络。但是，蒙古国政府财政投入有限，国内人口密度低，人力资源匮乏，实现

---

① 李勇慧：《中蒙俄经济走廊的战略内涵和推进思路》，《北方经济》2015年第9期。
② 李新：《中俄蒙经济走廊助推东北亚区域经济合作》，《俄罗斯东欧中亚研究》2015年第4期。

经济多元化发展难度较大，必然要寻求外部合作，核心的合作对象必然是中俄两个邻国①。

第二节 中蒙俄经济走廊的提出与建设成果

一 中蒙俄经济走廊的提出

2014年9月，中蒙俄三国元首会晤时就中国丝绸之路经济带同俄罗斯跨欧亚大铁路、蒙古国"草原之路"倡议进行对接并达成共识，正式宣布共同打造中蒙俄经济走廊。2015年7月，《中俄蒙发展三方合作中期路线图》和《关于编制建设中蒙俄经济走廊规划纲要的谅解备忘录》签署，中蒙俄经济走廊建设进入实质性推进阶段。根据"一带一路"走向，陆上依托国际大通道，以沿线中心城市为支撑，以重点经贸产业园区为合作平台，共同打造新亚欧大陆桥、中蒙俄、中国—中亚—西亚、中国—中南半岛等国际经济合作走廊。

2016年6月23日，三国首脑在塔什干正式签署了《建设中蒙俄经济走廊规划纲要》，成为"一带一路"首个多边合作项目。中蒙俄经济走廊旨在通过增加中蒙俄贸易量、提升产品竞争力、加强过境运输便利化、发展基础设施等进一步加强三边合作，促进各自发展战略的对接，并为基础设施互联互通、贸易投资稳步发展、经济政策协作和人文交流奠定坚实基础。该规划纲要指出了以下7个重点合作领域。第一，在交通基础设施发展方面，共同规划发展三方公路、铁路、航空、口岸等基础设施资源，加强在国际运输通道、边境基础设施和跨境运输组织等方面的合作，形成长效沟通机制，促进互联互通，推动发展中国和俄罗斯、亚洲和欧洲之间的过境运输。第二，加强三方口岸、硬件能力建设，推动基础设施翻新和改造，提升口岸公共卫生防控水平，加强信息互换和执法互助，创新完善海关、检验检疫业务及货物监管机制和模式，共同推动提升口岸通行过货能力。

---

① 米军、李娜：《中蒙俄经济走廊建设：基础、挑战及路径》，《亚太经济》2018年第5期。

第三，加强三方在能源矿产资源、高技术、制造业和农林牧等领域的合作，共同打造产能与投资合作集聚区，实现产业协同发展，形成紧密相连的区域生产网络。第四，发展边境贸易，优化商品贸易结构，扩大服务贸易量；拓展经贸合作领域，提升经贸合作水平；在扩大农产品、能源矿产、建材以及造纸产品、纺织品等贸易规模的同时，稳步提高装备制造和高技术产品的生产水平；加强旅游、物流、金融、咨询、广告、文化创意等服务贸易领域的交流合作；推进信息技术、业务流程和技术诀窍外包，开展软件研发、数据维护等领域的合作；建立跨境经济合作区；引导边境贸易向加工、投资、贸易一体化完善。第五，拓展人文交流合作。第六，加强生态环保合作。第七，推动地方及边境地区合作。充分发挥各地比较优势，推动地方及边境地区合作，建设一批地方开放合作平台，适时编制国内地方省市参与中蒙俄经济走廊建设实施方案，共同推进中蒙俄经济走廊建设；推进三方的地方经贸合作，充分发挥三方有关城市的比较优势，推进建设合作机制，如推动蒙古国东部地区和中俄有关地区次区域合作机制。

二 中蒙俄经济走廊建设的有利因素

（一）历史传承因素

国际经济走廊以一定的世界格局、地缘政治为条件，经过一定的历史积淀逐步形成。历史上，将中国同中亚、南亚、西亚以及欧洲等国家和地区联系起来的丝绸之路是世界经济贸易的轴心。在欧亚大陆上，曾经出现过若干个连接东西的跨国贸易通道，前期是穿行中亚沙漠与绿洲的丝绸之路，后来是穿行北亚草地与森林的茶叶之路。如古代的草原丝绸之路，从中国华北经张家口、大同到内蒙古，再出二连浩特到蒙古国，后经恰克图到俄罗斯。这些跨国通道的形成和发展，为当下中蒙俄经济走廊的建设提供了历史上的可行性。

1. 古代草原丝绸之路

中国古代纺织技艺高超，生产的丝织品、布匹等生活用品具有轻便、柔软的特点。草原地带的游牧民族由于生态环境较为恶劣，产出以"貂皮兽衣"等野生动物皮毛为主,饮食上以羊肉、奶酪为主,生活产品贫乏,经济结构较为单一,很难满足人们的日常生活需要。由于丝绸轻便、昂贵、便于储存携带,因此成为经济贸易通道上最具代表性的货物,"丝绸之路"由此而来①。

2. 古代的茶叶之路

茶叶向草原地区输出主要兴起于唐宋,明清时达到鼎盛。茶马贸易最早在唐朝中后期出现,饮茶习俗只是在游牧民族上层中流行。在五代和两宋时期,茶马贸易规模不断扩大,由专门机构茶马司管理。除了官方茶马交易外,民间私茶交易屡禁不绝,民间茶叶输入从没有中断,茶叶成了草原民族生活中不可或缺的日用品②。18世纪后,饮茶习惯迅速在俄国风行起来,运往中亚和俄国的茶叶须经过漠北草原地区。1689年,《尼布楚条约》签订,条约允许边民互市,俄国商队走尼布楚路线,由莫斯科(后来是圣彼得堡)抵贝加尔湖,渡过贝加尔湖,抵尼布楚,然后越过边界,越过大兴安岭,最后到达北京。1690年,喀尔喀正式归附清朝。1696年,康熙打败准噶尔,喀尔喀迁回漠北。清朝控制漠北草原为开辟蒙古高原路线提供了政治保障。俄国商队出张家口进入蒙古草原后,穿过蒙古戈壁和山区,北抵贝加尔湖。1727年,《恰克图条约》签订,恰克图得到兴建,成为贸易路线上的"咽喉"。恰克图贸易路线的形成为繁荣200多年的中俄贸易奠定了基础,人称"恰克图时代"。通道上的主要大宗商品是中国的茶叶,因此该通道也被称为茶叶之路③。

3. 近现代陆路贸易通道

1891年,沙俄开始修建西伯利亚大铁路,以连接其欧洲部分与远东出海口。1896年,《中俄密约》签订,其中一项是修建中国东省铁路(简称中东铁路),其路线设计由满洲里进入东北,经过齐齐哈尔、哈尔滨、牡丹江,由绥芬河出境。中东铁路于1897年8月开工,1903年7月正式通车。

---

① 丝绸之路正式开始于西汉使者张骞出使西域,从中国的都城长安(今西安),经中亚国家、阿富汗、叙利亚等到达地中海沿岸的古代罗马帝国,全长6440公里。
② 曹盟:《中蒙俄经济走廊的历史考察》,《西伯利亚研究》2018年第1期。
③ 乌兰巴根:《中蒙俄经济走廊的历史基础与地缘政治分析》,《北方经济》2017年第12期。

中东铁路修通后，中俄贸易格局和东北亚格局发生了巨大变化，中俄货运从恰克图路线转到中东铁路，满洲里成为中俄最重要的陆路口岸。

（二）地缘政治因素

中蒙俄三国友好的国家关系为中蒙俄经济走廊建设提供了必要的政治前提。在地理位置上，中俄、中蒙以及蒙俄分别相邻，其边境线分别长3645千米、4677千米和3543千米。中蒙俄三国不但在地理位置上互为友邻，三国的发展战略也在很大程度上契合。中蒙俄在以往均具备同样的社会性质，包括发展历程、阶段等均十分相似；在不少领域都有着十分亲密的合作、合办关系，政治立场相似，经济上互相扶持和依赖。目前，中蒙俄三国在地区和国际事务中的沟通协调与合作顺畅，这为中蒙俄三国全面开展中蒙俄经济走廊框架下的务实合作提供了坚实保障，这也是中蒙俄三国经济走廊项目能够顺利启动和推进的政治前提。

俄罗斯和蒙古国是中国两个重要的邻国，在我国"周边是首要、大国是关键、发展中国家是基础"的外交方略中，蒙古国、俄罗斯两国占有重要的地位。中俄、中蒙目前已经建立了稳固的战略合作伙伴关系。中国与俄罗斯的政治邦交渊源颇深，尤其是在恢复正常邦交后，两国大力推行经济外交，形成紧密的战略伙伴关系。中俄两国元首已建立起年度互访机制。2013年以来，中俄领导人在各种国际场合会面达到31次，两人的密切接触为中俄关系发展、政治互信的提升奠定了坚实的基础。除元首定期会晤机制外，中俄还建立了中俄总理定期会晤机制及5个政府间副总理级委员会、中共中央办公厅和俄罗斯联邦总统办公厅合作机制等多领域、多层次的合作机制，体现了中俄关系的高水平和全面性。2014年，中俄签署《中华人民共和国与俄罗斯联邦关于全面战略协作伙伴关系新阶段的联合声明》。2018年11月，中俄总理进行了第二十三次定期会晤，发布《中俄总理第二十三次定期会晤联合公报》。当今世界正处于大发展、大变革、大调整的转型过渡期，面临百年未有之大变局，在大国关系深入调整、世界经济格局深刻演变、世界多边贸易体制面临前所未有的严峻挑战、国际安全挑战更加复杂多元的新时代，双方强调中俄全面战略协作伙伴关系在各领域快速发展，内涵不断丰富。中俄关系是新时期国家间开展建设性对话的典范，符合两国人民的根本利益，是维护世界政治和经济稳定的重要因素。双方重申，中俄合作建立在传统睦邻友好、相互尊重和相近的历史使命基础上，双方对开展相互合作给予高度重视，将之视为长期和战略选择。双方重申愿就"一带一路"建设与"欧亚经济联盟"对接继续积极协作，将在开放、透明和考虑彼此利益的基础上，探讨构建"欧亚伙伴关系"，促进地区一体化进程。双方确认将在所有重大双边和国际问题上相互坚定支持，为实现本国繁荣及维护世界和平、安全、发展开展紧密协作。

2013年10月，中国与蒙古国签署了《中蒙战略伙伴关系中长期发展纲要》，这一具有指导性意义文件的签署对未来两国各领域的关系发展做出了整体规划。2014年，习近平主席访问蒙古国，中蒙发表联合宣言，将双边关系提升为全面战略伙伴关系。俄蒙间政治互动加强。2014年9月，俄罗斯总统十年来首次访蒙，双方签署了俄罗斯向蒙古国无偿提供军事技术协议、铁路现代化改造协议以及互免签证制度协议，为进一步加深经济合作创造了良好的条件。2013年，蒙古国总统倡议中蒙俄三国元首形成会晤机制，以便更好地推进相互合作。该提议得到中俄两国的支持和响应。2014年9月，中蒙俄三国元首在上合组织峰会上举行会晤，全面提升中蒙、蒙俄战略伙伴关系，确认了三国领导人定期会晤机制①。中蒙俄三国元首会晤机制的形成有利于加深三方之间的理解，拓展务实合作的新共识。近年来，中蒙俄三国领导人频繁互访，三国间的政治互信达到很高水平。

（三）经济贸易因素

中蒙俄三国资源禀赋各异，经济互补性较强，彼此合作潜力和空间很大。中蒙俄的邻近优势增加了贸易的可能性，缩减了人、财、物以及各种信息的流动成本，有利于形成三边互惠互利的市场格局。中蒙俄三国之间清晰的国界状态使得边境地区始终维持稳定与安全，有利于铁路、公路互联互通工程的推进，有利于多边贸易的开展，有利于境外经贸合作区、跨

---

① 于洪君：《中蒙俄在"一带一路"框架下深化合作的现状与前景》，《北方经济》2016年第9期。

境经济合作区等各类产业园区的建设。中蒙俄经济走廊内存在三条重要的铁路运输国际交通线。一是赤塔—满洲里—哈尔滨—绥芬河—符拉迪沃斯托克，对接西伯利亚大铁路，这一通道将黑龙江省与欧洲联系起来，黑龙江省在太平洋有出海口。中国铁路总公司和俄罗斯铁路部门已经就打通跨境运输通道建立了密切协调机制，现已开通"津满欧""苏满欧""粤满欧""沈满欧"等"中俄欧"铁路国际货物班列，并基本实现常态化运营。二是赤塔—乌兰巴托—乔巴山—霍特—毕其格图—珠恩嘎达布旗—长春—吉林—珲春—扎鲁比诺，该交通线将东北亚地区六国联系在一起。三是赤塔—乌兰巴托—二连浩特—北京—天津，通过现代化改造，该交通线将进一步提升三国货物运输能力。中俄高度重视一些新的合作领域，如北方航道，这有利于欧亚大陆东西两端的贸易通畅，深化中俄合作。在现有基础上进一步提升中蒙俄经济走廊的互联互通水平，有利于促进中蒙俄经济走廊的建设与发展。

通过解决投资贸易便利化问题消除投资和贸易壁垒，构建区域内和各国良好的营商环境，中蒙俄三国能够释放出巨大的合作潜力。跨境电子商务等新商业业态的发展，有利于拓宽贸易领域，优化贸易结构，挖掘贸易新增长点。基于各种资源禀赋，中蒙俄存在巨大的国际投资与产能合作空间，如农林牧渔业、农机及农产品生产加工领域，海水养殖、远洋渔业、水产品加工、海水淡化、海洋生物制药、海洋工程技术、环保产业和海上旅游领域，煤炭、油气、金属矿产等传统能源资源勘探开发领域，水电、核电、风电、太阳能等清洁、可再生能源开发领域等。

中国北部与蒙古国相接，我国内蒙古自治区与蒙古国的贸易往来密切，有9个对蒙古国的开放口岸，得天独厚的地缘优势为中蒙边境贸易提供了便捷的交通运输通道。1995年，蒙古国把与中国、俄罗斯远东地区相邻的东部地区划为自由经济区，这个地区由三个省组成，乔巴山、温都尔汗和西乌尔特是这三个省的省会。该地区是蒙古国农业发达地区，气候条件和地理环境居蒙古国之首，蕴藏着钨、锡、锌、铜等大量有色金属，自然资源和矿产资源均十分丰富。自1999年开始，中国成为蒙古国的最大贸易伙伴，两国贸易额年增幅曾连续多年超过20%。截至2016年底，中蒙两国贸易额已超过70亿美元，中国在蒙古国的企业已达5700多家，各类中资企业对蒙古国的投资接近40亿美元。蒙古国90%以上的商品出口到中国，中国的天津港成了蒙古国重要的甚至可以说是唯一的出海口。对于蒙古国来说，通过中蒙俄经济走廊建设打通途经中国的陆路、铁路和海港大通道，其丰富的矿产品不仅能够出口到俄罗斯、欧洲，还可以通过中国出口到更广阔的亚太市场，中蒙经贸与投资存在巨大发展空间。

中俄之间已经建立了多层级的密切交流机制，达成了众多重大项目协议。中俄比邻而居，能源管道直通的优势是其他能源大国无可比拟的。俄罗斯将每年向中国供应天然气380亿立方米，并有可能提升至600亿立方米，期限30年①。对中国而言，俄蒙的资源能够为中国经济可持续发展提供支持。对于俄蒙而言，中国的技术和资金有益于俄蒙的经济结构改造和发展转型。2018年11月，中俄签署《中俄远东地区合作发展规划（2018～2024年）》，详细介绍了俄罗斯远东地区支持外国投资者的国家政策、重点引资的地域和领域、基础设施和资金配套支持政策、电子签证等，推介天然气与石油化工业、固体矿产、运输与物流、农业、林业、水产养殖和旅游共7个中俄经贸合作的优先领域，规划进一步加强了对两国地方和企业合作的指导，是中国企业投资远东地区的行动指南。

三 中蒙俄经济走廊建设取得的成果

（一）基础设施建设

2018年10月，中俄首座横跨黑龙江界河的同江铁路界河桥完工，该桥由黑龙江同江市至俄罗斯犹太自治州下列宁斯阔耶，大桥结束了中俄界河无跨江铁路桥梁的历史，形成又一个中国东北铁路网与俄罗斯西伯利亚铁路相连通的国际联运大通道，改善了中蒙俄经济走廊跨境铁路运输格局。黑龙江黑河市至俄罗斯阿穆尔州布拉戈维申斯克公路大桥建设进展顺利，

---

① 吴兆丽等：《中蒙俄经济走廊建设的贸易基础及发展建议》，《中国国情国力》2016年第12期。

大桥预计于2019年底竣工，建成后将形成一条新的国际公路大通道，实现中俄两个地级市直接互通互联，为"一带一路"中蒙俄经济走廊建设的重要跨境基础设施。

2016年8月，中蒙俄三国国家交通运输部门共同组织了中蒙俄国际道路货运试运行活动，试图开拓公路运输等多种运输方式[1]。2016年5月，中蒙首条标准轨距跨境铁路（内蒙古策克—西伯库伦）开工建设，中蒙最大陆路口岸城市二连浩特到锡林浩特的铁路竣工通车[2]。俄罗斯远东发展部建议在俄罗斯境内铺设一条铁路，轨道的宽度向中国使用的国际标准轨距看齐，这将是俄罗斯境内首度出现的标准轨距铁路[3]。

2016年5月26日，策克口岸中蒙跨境铁路通道项目正式开工建设，该条铁路建设采用中国标准轨距（1435毫米），是中国实施"一带一路"倡议后，蒙古国通往境外的第一条标轨铁路。策克口岸跨境铁路通道项目建成后，将与国内的京新铁路、临策铁路、嘉策铁路，以及拟建的额酒铁路相连，构成南联北开、东西贯通的能源输送网。策克口岸跨境铁路向东通过乌里亚斯太与北京至莫斯科铁路相连，再往北经斯特口岸与中西伯利亚欧洲铁路相连，最终经鹿特丹港入海，成为中俄蒙经济走廊的西翼和第四条欧亚大陆桥，为中国充分利用境外资源提供有力保障。建成后策克公路和铁路两个口岸的年过货量将突破3000万吨，策克口岸将成为中国第一大陆路口岸和蒙古国最大口岸[4]。

2016年11月，莫斯科—喀山段高铁项目已基本完成勘察设计工作。作为中俄共建的"俄罗斯（莫斯科）—中国（北京）"欧亚高速运输走廊的重要组成部分，2015年6月，俄罗斯企业与中国中铁二院组成的联合体中

---

[1] 《中蒙俄携手打造精品国际运输线》，新华网，http://www.xinhuanet.com/world/2016-08/24/c_129251025.htm。

[2] 《中国通往蒙古国首条标准轨距铁路在内蒙古开工》，环球网，http://finance.huanqiu.com/roll/2016-05/8993611.html?agt=15438。

[3] 《一个重大变化开始这些国家铁路要采用中国标准了》，央视网新闻，http://baijiahao.baidu.com/s?id=1627401917571096194&wfr=spider&for=pc。

[4] 《策克口岸跨境铁路项目开工助力经济发展新风貌》，人民网，http://nm.people.com.cn/n2/2016/0530/c196700-28425834.html。

标莫斯科至喀山高铁项目，项目造价约为 1 万亿卢布（约合 1084 亿元人民币）。莫喀高铁线路全长 770 千米，穿越俄罗斯的 7 个地区，全程计划设立 15 个车站。铁路最高设计时速为 400 千米，轨距为 1520 毫米，预计建成后莫斯科至喀山将从 14 小时缩短至 3 个半小时，项目规划于 2024 年建成①。

2016 年 6 月，乌兰巴托新国际机场高速公路开工建设，2018 年 10 月，沥青路面已实现全幅贯通，乌兰巴托新国际机场高速公路的建成充分展现了"中国速度"。乌兰巴托新国际机场高速公路全长 32.227 千米，起点自乌兰巴托新机场连接处，终点至乌兰巴托雅尔玛格立交桥收费站，与已建成的中央省宗莫德公路衔接。高速公路宽 32.5 米，为双向六车道，设计行车时速为 80 千米，是用中国标准打造的蒙古国第一条高速公路。该项目从勘探设计、生产管理到安全质量，建设流程全部采用中国标准，确保项目均衡生产与质量可控②。中国修建完成多条省际公路，结束了蒙古国西部省份无公路交通的历史，累计新建或改建公路里程近 1000 千米③。

2016 年 11 月，中蒙"两山"铁路的后方通道白阿铁路、长白铁路如期转线贯通。"两山"铁路的开工建设日期尚未确定。中蒙"两山"铁路是连接中国内蒙古阿尔山市至蒙古国东方省乔巴山市的国际铁路，建成后将形成珲春—长春—乌兰浩特—阿尔山—乔巴山市—俄罗斯赤塔，最后与俄罗斯远东铁路相连的一条新欧亚大陆路桥。根据初步计划，"两山"铁路全长 476 千米，预计总投资 142 亿元，含站场 20 个、厂房 8 万平方米、桥梁 25 座、涵洞 445 米。铁路按照国际一级标准建设，货流密度 1500 万~2500 万吨/年，年收益率为 8.1%，投资回收期为 14.8 年，从勘探、设计，再到施工，大约需要 3 年完成。

2014 年 2 月 21 日，蒙古国政府同意中蒙乌力吉—查干德勒乌拉口岸开

---

① 《莫斯科—喀山段高铁计划于 2018 年第四季度开工建设》，俄罗斯卫星通讯社，http://sputniknews.cn/russia/201806201025699030/。
② 承建单位中铁四局推动"属地化发展"，引入蒙古国施工企业，采用同生活、同学习、同劳动、同报酬、同管理的"五同"管理方法，调动起各方工作积极性，提升了中蒙员工的归属感和信任度，合力推进项目管理有序推进。
③ 《蒙古国官员盛赞中企承建首条高速公路项目》，人民网，http://world.people.com.cn/n1/2018/0903/c1002-30268350.html。

放，为陆路客运、货运常年开放口岸，并照会中国。乌力吉口岸位于阿左旗乌力吉苏木西北地区，处于中蒙交接的中心节点，对内辐射西北、华北、华中等地区，并与欧亚大陆桥连通；对外辐射蒙古国巴音洪格尔、南戈壁、前杭盖、后杭盖和戈壁阿尔泰5个省。2016年1月31日，国务院下发批复（国函〔2016〕28号），同意内蒙古乌力吉公路口岸对外开放，口岸性质为双边性常年开放公路客货运输口岸①。

2015年以来，陆续开通"津满欧""苏满欧""粤满欧""沈满欧"等中俄欧铁路国际货物班列，目前基本实现常态化运营②。2017年11月，伊尔库茨克举办中蒙俄三国边境铁路委员会会议。中蒙俄铁路部门已达成共识，对俄罗斯与蒙古国口岸的装货、卸货、通行使用统一运单，并根据一组货车发出统一账单发票，这一举措简化了外贸运输时转交货运车厢的手续，提高了铁路运输时效，推动中蒙俄三国经济贸易的便利化发展③。2017年2月，内蒙古二连浩特检验检疫局与蒙古国扎门乌德口岸专业技术监督局通过互发电子邮件的形式，对双方出具证书的数量、编号、内容、签名等进行确认，首次实现了中蒙两国检验检疫部门电子证书联网核查。先行推动中蒙口岸检验检疫机构间实现"信息互换、结果互认、执法互助"，在防范疫病疫情跨境传播、便利贸易以及维护中蒙俄经贸合作健康稳定方面发挥了重要作用，也为毗邻口岸之间开展检验检疫合作树立了典范④。二连浩特检验检疫局为了提高业务办理的质量和效率，优化大宗资源性货物监管，提高验放效率，做了以下几方面工作：加强对入境法检矿产品的重量鉴定，采取验证放行、预检放行为主的快速验放模式，缩短货物在口岸滞留时间，助力中欧班列提速、扩量与增效；加强检验检疫区域一体化建设，对中欧

---

① 《数说"一带一路"：30多个重大项目带动中国基建走向世界》，中国经济网，http://intl. ce. cn/specials/zbjj/201704/20/t20170420_22178871. shtml。
② 《中国高铁"走出去"的十大挑战与战略对策》，中国共产党新闻网，http://theory. people. com. cn/n1/2016/0818/c40531 - 28646334. html。
③ 《中蒙俄口岸将使用统一账单发票以提高铁路运输时效》，中国国际贸易促进委员会，http://www. ccpit. org/Contents/Channel_4115/2017/1109/911279/content_911279. htm。
④ 《中蒙两国检验检疫部门首次实现电子证书联网核查》，内蒙古新闻网，http://inews. nmgnews. com. cn/system/2017/02/16/012268811. shtml。

班列采取"出口直放、进口直通"的检验检疫监管模式;创新服务理念,推行全天候、全年无休服务工作制,最大限度地为企业提供便利的进出口贸易环境,推进二连浩特口岸实现报检、监管、放行全程无纸化①。天津检验检疫开发了海运舱单调运系统、集装箱电子封识系统及企业诚信管理系统,与二连浩特检验检疫建立联合执法机制,对中蒙俄经济走廊运输货物施行"天津口岸直通放行""进口转检,属地报检""一次报检、一次检验检疫、一次出单"等便利化措施,实现了从中国天津港到蒙古国乌兰巴托再到俄罗斯乌兰乌德之间的有效对接,全程2100多千米。该条线路解决了空运价格昂贵、船运速度慢、铁路运输途径节点多的问题,更有利于货物的快速高效运输②。

2017年11月,在中俄两国总理的共同见证下,中国国家质检总局局长支树平与俄罗斯联邦农业部部长特卡乔夫共同签署了《中华人民共和国国家质量监督检验检疫总局与俄罗斯联邦农业部关于俄罗斯小麦输华植物检疫要求议定书》《中华人民共和国国家质量监督检验检疫总局与俄罗斯联邦农业部关于俄罗斯燕麦输华植物检疫要求议定书》等5项合作文件。文件规定了俄罗斯相关产品输华的检验检疫条件,明确了双方合作的权利和义务,为中俄双方跨境检验检疫工作的顺利开展规范了标准③。

(二) 能源航空航天领域的合作

2018年1月1日,自阿穆尔州别洛戈尔斯克市延伸至黑龙江省大庆市的中俄原油管道二线工程正式投产,每年向中国输送原油1500万吨,与2010年竣工的中俄原油管道一起,自俄罗斯远东每年输送3000万吨原油至大庆④。按海关数据推算,2018年中国自俄罗斯进口原油占全年原油进口总

---

① 《二连浩特检验检疫局助力中蒙俄经济走廊铁路通道建设》,中国质量新闻网,http://m.cqn.com.cn/zj/content/2017-02/13/content_3923454.htm。
② 《天津检验检疫局多举措助力中蒙俄国际道路货运畅通》,中国质量新闻网,http://www.cqn.com.cn/zj/content/2016-08/28/content_3339011.htm。
③ 《支树平在中俄总理见证下签署质检合作协议》,国家质量监督检验检疫总局,http://www.aqsiq.gov.cn/zjxw/zjxw/zjftpxw/201711/t20171101_500911.htm。
④ 《中俄原油管道二线工程全线贯通》,新华网,http://www.xinhuanet.com//world/2017-11/12/c_1121943190.htm。

量的15.5%。

2017年12月，中俄亚马尔液化天然气项目一期工程正式投产，2018年7月，该项目向中国供应的首船液化天然气（LNG）通过北极东北航道运抵中国石油旗下的江苏如东LNG接收站，亚马尔项目的三条生产线计划于2019年全部投产。作为"冰上丝绸之路"的核心战略点，中俄亚马尔项目的意义不仅在于其是全球最大的天然气勘探开发、液化、运输、销售一体化项目，也在于其为中俄共同开发北极开启了前奏，从而为两国的产能合作提供了广阔的前景[1]。

2017年12月，中俄东线天然气管道工程进入加速建设阶段，计划2019年10月北段投产，2020年底全线贯通[2]。中俄东线天然气项目是中俄自20世纪90年代以来两国最大的能源合作项目，也是全球天然气合作重大战略性项目。中俄东线天然气管道是我国口径最大、压力最高的长距离天然气输送管道。项目有利于优化我国能源使用结构，改善生态环境，促进俄罗斯西伯利亚与远东地区的能源大开发和经济社会发展。2019年底，黑河—长岭段将引进50亿立方米天然气，黑龙江、吉林两省沿线约919万名百姓将直接受益，用上清洁环保的天然气[3]。

2017年5月，两国共同投资组建的中俄国际商用飞机有限责任公司（CRAIC）在上海成立，共同研发中俄联合远程宽体客机[4]。2017年9月，两国正式将联合远程宽体客机命名为CR929，并开启研发工作。中俄合研CR929远程宽体客机计划在2023年完成首飞，2026年交付。2017年11月，中国国家航天局与俄罗斯国家航天集团公司签署了《中华人民共和国国家

---

[1] 《中俄重大能源合作项目亚马尔液化天然气项目正式投产》，中国日报网，http://baijiahao.baidu.com/s?id=15862750222558850414&wfr=spider&for=pc。
[2] 管道中国境内段起自黑龙江省黑河市中俄边境，止于上海市，途经黑龙江、吉林等9个省份，拟新建管道3170千米，并行利用已建管道1800千米，配套建设地下储气库。
[3] 《中俄东线黑龙江段跨境江底管道穿越工程全面完工》，中国石油新闻中心，http://news.cnpc.com.cn/system/2018/12/25/001715064.shtml。
[4] 《中俄国际商用飞机有限责任公司挂牌成立》，中国新闻网，http://www.chinanews.com/cj/2017/05-22/8230870.shtml。

航天局与俄罗斯联邦国家航天集团公司2018~2022年航天合作大纲》,双方约定巩固与加强在运载火箭及发动机、月球与深空探测、对地观测、航天电子元器件、卫星导航、通信卫星系统、金砖国家航天合作等领域的长期互利合作。该大纲的签署为双边进一步开放合作领域打开了便利之门,标志着两国的航天领域合作迈入了新阶段[①]。

(三) 人文交流合作

中俄先后互办国家年、语言年、旅游年、青年友好交流年、媒体交流年,合作不断深化。民意调查显示,中国以58%的得票率排在俄罗斯人心目中最友好国家名单的第二位,仅次于白俄罗斯。与此相对应,俄罗斯在中国百姓心目中也已成为重要的国际伙伴,双方民众间的亲近感不断提升。2019年6月,在中俄领导人共同见证下,清华大学与圣彼得堡国立大学在克里姆林宫交换两校《关于共建"清华大学俄罗斯研究院"的合作协议》。进一步加强中国与俄罗斯在教育、科研、人才培养、人文交流等各领域的合作,开展两国领导人治国理念的研究和推广,开展俄罗斯相关的战略性、前瞻性和应用性研究,以及教育、科技、文化等产业的信息咨询、发展战略和规划研究,共同打造国际级别的高端俄罗斯研究智库,同时建设中俄科技合作、人才培养与人文交流的实体平台。清华大学与圣彼得堡国立大学有着长期友好的合作关系,2017年,签署校级合作协议,2018年,签署学生交换协议。2018年11月,圣彼得堡国立大学在清华大学举办"圣彼得堡国立大学日"活动;2019年6月,清华大学在圣彼得堡国立大学举办"清华大学日"系列活动,进一步推动双方合作迈上新台阶。

2019年,俄罗斯43个地区的289名考生报名参加全俄统一汉语科目考试,这是俄罗斯中学生首次参加统一汉语考试,汉语成为继英语、德语、法语和西班牙语之后的第五种全俄统考外语科目,全俄统一考试是中学毕

---

① 《中俄签署2018~2022年航天合作大纲》,国家航天局,http://www.cnsa.gov.cn/n6758823/n6758840/c6797933/content.html。

业和高校入学考试①。据俄罗斯教育部门统计，俄罗斯学习汉语的人数增长迅速，1997年约为5000人，开设汉语课的大学有18所，2017年人数达到5.6万人，开设汉语课的大学有179所。高等经济学院开设汉语教学的"东方学"，专业入学竞争十分激烈。2018年，俄罗斯政府将远东联邦大学的"东方学和非洲学"方向招生人数从20人提高到120人②。

2018年，蒙古国接待外国游客近53万人次，比2017年增加11%，其中超过30%是中国游客，中国始终是蒙古国旅游业的最大市场③。2018年，中俄两国互相前往对方国家的游客数量超过300万人次，其中通过团体免签方式赴俄罗斯的中国游客数量首次超过100万人次，中国游客的旅游目的地不局限于莫斯科、圣彼得堡和贝加尔湖，还包括俄罗斯北部地区等，越来越多的中国游客选择冬季赴俄罗斯旅游。2019年3月，第七届中俄旅游论坛在莫斯科举行，论坛旨在促进两国人文交往，扩大和加强双方旅游商务合作④。

2017年，中蒙俄三国人文交流活动频繁举行，国际老年人运动会在满洲里市启幕、"2017中国二连浩特中蒙俄经贸合作洽谈会"在二连浩特市召开、国际那达慕足球邀请赛在内蒙古师范大学开球、中蒙俄自行车邀请赛暨中蒙俄友谊骑行活动举行⑤。2017年9月，中蒙博览会上启动了内蒙古旅游暨"万里茶道"国际旅游推介，中国黄山市，蒙古国东戈壁省、东方省，俄罗斯克拉斯诺亚尔斯克边疆区旅游部门加入联盟，紧锣密鼓的行动标志着中蒙俄三国的务实合作正在加速⑥。

---

① 《俄将举行全国统考汉语考试莫斯科报名人数最多》，中国新闻网，http://www.chinanews.com/gj/2019/02－12/8751533.shtml。
② 《俄罗斯"汉语热"是长期现象俄媒：学好汉语等于有了"铁饭碗"》，参考消息网，https://baijiahao.baidu.com/s? id=1621949883889737581&wfr=spider&for=pc。
③ 《蒙古国希望吸引更多中国游客》，新华社，https://baijiahao.baidu.com/s? id=1627240521026680683&wfr=spider&for=pc。
④ 《第七届中俄旅游论坛在莫斯科举行》，新华网，http://www.xinhuanet.com/2019－03/11/c_1124222461.htm。
⑤ 《2017第二届中国—蒙古国博览会开幕》，内蒙古新闻网，http://inews.nmgnews.com.cn/system/2017/09/27/012400893.shtml。
⑥ 《内蒙古两年来接待蒙俄游客281万人次》，内蒙古新闻网，http://inews.nmgnews.com.cn/system/2017/09/26/012400761.shtml。

第三节　中蒙俄经济走廊研究文献综述

一　中蒙俄经济走廊建设的意义和有利条件

中蒙俄作为东北亚区域合作的主要国家，三国的合作动向将对东北亚的经济、政治、人文产生深远影响。国内学者对中蒙俄三国合作的研究起步较晚，大多数观点认为中蒙俄三国经济合作互补性强，发展前景广阔。陈才等首先从地理学的角度对东北亚地区的地域范围和特殊地理位置进行了科学的分析，阐述近代以来东北亚政治经济形势的变化及未来发展趋势，并对东北亚地区国际合作的历史必然性做了全面的研究①。刘美平针对中蒙俄三国的文化和经济合作进行较为细致的分析，研究发现中蒙俄三国的社会进程相似，尤其是黑龙江流域的文化融合度高，提出中蒙俄三国可通过文化纽带对黑龙江流域进行开发，利用人文精神培养合作人才和进行制度创新，增强三国的经济技术合作②。王胜今认为俄罗斯具有石油、天然气、森林等丰富的资源，中国拥有丰富的劳动力，这些经济的互补性已成为开展东北亚区域经济合作的基础③。张蕴岭则指出："迄今为止的东北亚区域经济合作一直处于自主自愿的开放地区主义发展阶段，是一种缺乏制度保障的功能性经济合作，非制度化特色突出。区域经济合作民间推动为主，贸易往来是合作的主要形式，民间投资近期获得较快发展，但合作的多边制度框架仍不具备。"④赵传君和宋铁锋指出，地缘优势明显、自然资源丰富、经济互补性强、交通环境不断改善等为东北亚区域的经济合作提供了有利条件⑤。王绍媛认为，中国、俄罗斯、蒙古国在资源、资金、技术、劳务等方面具有很强的互补性和合作的积极性，尤其是在能源领域，俄罗斯

---

① 陈才等：《图们江通海航行与珲春地区总体开发战略设想》，《东北亚论坛》1992年第1期。
② 刘美平：《黑龙江流域中、俄、蒙三国软环境与经济合作》，《东北亚论坛》2000年第2期。
③ 王胜今：《中国与周边国家区域合作的研究》，《东北亚论坛》2003年第3期。
④ 张蕴岭：《区域合作的政治经济学》，《世界经济与政治》2004年第6期。
⑤ 赵传君、宋铁锋：《中俄贸易可持续发展研究》，《俄罗斯中亚东欧市场》2007年第1期。

和蒙古国作为天然气、石油的出口大国，中国则是能源消费和石油开采大国，中俄、中蒙间较强的互补性为双方合作提供了物质基础①。王刚对亚欧融合背景下中蒙俄的差异性和趋同性进行研究，发现中蒙俄在政治、经济、文化等方面存在差异，但三国在经贸领域的比较优势明显，尤其是建材、农产品贸易的快速增长激发了跨境物流业的旺盛需求，从全球战略需求角度看，中蒙俄都有着制定符合"三方共同利益"的战略规划的强烈动机②。包崇明认为中蒙俄各国应利用地缘经济优势，以维护本地区和各自国家共同经济利益结合点为基础，充分发挥各国生产要素优势，借助毗邻口岸城市的支点优势，加强路桥沿线矿产资源、能源、生态、环保、高科技、基础设施建设、金融等领域的经济合作，由点及线，由线及面，最终实现区域经济一体化③。

2014年，中蒙俄经济走廊概念提出后，中蒙俄经济走廊建设研究引起了学界的广泛关注，大量学者针对中蒙俄经济走廊建设开展多方面研究。张秀杰认为，中国"一带一路"倡议的提出，符合作为拓展区的东北亚各国经济发展的需求。将中国丝绸之路经济带同俄罗斯"跨欧亚大铁路"、蒙古国"草原之路"对接，打造中蒙俄经济走廊，这不仅将在东北亚形成一个新的发展区域，实现三国经济一体化，还必将大大促进东北亚区域经济合作的加速发展④。李新认为中蒙俄经济走廊通道贯穿京津冀协同发展、环渤海经济合作和东北振兴以及俄罗斯远东及东西伯利亚和蒙古国矿业兴国战略，三国间交通基础设施的互联互通将会促进小图们江区域合作转为大图们江区域合作，从而带动整个东北亚地区的经济发展⑤。王海燕认为中蒙俄经济走廊将以我国太平洋沿岸的环渤海、长三角和珠三角经济圈为起点，

---

① 王绍媛：《中、俄、蒙三国的油气合作》，《东北亚论坛》2010年第6期。
② 王刚：《基于亚欧融合和支线陆桥一体化双重背景下中蒙俄的差趋性分析》，《东北亚论坛》2013年第1期。
③ 包崇明：《中蒙俄区域经济一体化战略研究》，《当代世界与社会主义》2013年第1期。
④ 张秀杰：《东北亚区域经济合作下的中蒙俄经济走廊建设研究》，《学习与探索》2015年第6期。
⑤ 李新：《中蒙俄经济走廊是"一带一路"战略构想的重要组成部分》，《西伯利亚研究》2015年第3期。

充分对接海上丝绸之路和陆上丝绸之路经济带，中蒙俄三国共同推进亚欧基础设施互联互通和跨境合作，促进亚欧地区贸易便利化，重构区域产业分工体系，重塑国际金融体系，促进区域投融资便利化①。西仁塔娜指出，从本质上看，中蒙俄经济走廊属于次区域经济合作范畴，目前处在区域一体化合作的初期阶段，就合作议题和灵活性而言，中蒙俄跨境次区域合作又是一个覆盖多个领域且灵活性强的机制②。以上观点均认为中蒙俄经济走廊的建设不仅会推动中蒙俄三国经济发展，深化中国与周边国家的战略伙伴关系，还能够加速欧洲与亚洲的经济融合，重构东北亚区域及亚欧地区的新经济建设体系和政治经济格局。

从中蒙俄三国经济发展情况看，陈岩认为中国经济发展速度快，资本雄厚，制造业发达，市场发展前景广阔，而俄罗斯和蒙古国资源丰富，是稳定的原料和能源供给国，中蒙俄三国在资金、资源、技术、市场等方面优势互补，合作空间巨大；另外，中俄、中蒙均已建立全面战略伙伴关系，中蒙俄经济走廊将中国的"一带一路"建设与俄罗斯的"跨欧亚大铁路"、蒙古国的"草原之路"有机结合起来，通过交通、运输、电网等互联互通促进中蒙俄经济共同发展③。在具体产业合作方面，于洪洋等认为中俄高科技领域军事安全战略合作的拓展，尤其是在核能、航天技术、远程飞机、纳米技术、信息技术和生物技术等领域的合作深化，以及俄罗斯海军和中国海军正在发展的反舰、防空和太空反制、网络战、电子战和特战能力领域的合作，将会极大增强中俄战略关系；而中蒙通过贸易、投资、优惠贷款与援助等经济合作，特别是在中蒙进出口贸易方面，蒙古国向中国大规模出口铜、煤、金、牲畜、畜产品、羊毛、皮革等产品，并对中国进口机械设备、燃料、食品等商品，双方的经贸往来更加频繁，贸易合作不断扩

---

① 王海燕：《"一带一路"视域下中蒙俄经济走廊建设的机制保障与实施路径》，《华东师范大学学报》（哲学社会科学版）2016年第5期。
② 西仁塔娜：《中蒙俄经济走廊建设探析：一种跨境次区域合作视角》，《俄罗斯东欧中亚研究》2017年第2期。
③ 陈岩：《"一带一路"战略下中蒙俄经济走廊合作开发路径探析》，《社会科学辑刊》2015年第6期。

大①。在实证分析方面，刘威和丁一兵利用贸易互补性指数、贸易结合度指数以及出口集中度指数，对1998~2014年中国与蒙古国、俄罗斯的贸易发展历程及进出口产品进行分析，发现中国与蒙古国、俄罗斯的贸易结构具有很强的互补性特征及很大的合作潜力②。通过以上分析可以看出，中蒙俄经济走廊的建设在经贸合作、战略对接、产业合作等方面表现出良好的合作基础，三方合作潜力巨大。米军和李娜认为蒙古国是经济走廊发展跨境运输贸易的重要一环，而俄罗斯在经济走廊以及"一带一路"倡议布局中的跨境交通联通及多边政治协调中的作用无可替代，三国战略诉求在诸多方面有效契合③。

二 中蒙俄经济走廊建设中的中俄双边合作研究

早期中国和俄罗斯的合作研究多集中在对合作机制问题的探讨上。孙长雄认为要改变中俄经贸合作规模小、合作层次低的现状，必须建立符合中俄面向21世纪战略协作伙伴关系的经贸合作新思想，中俄要从两国长远发展来寻求更宽广的产业科技合作领域，强调要突破传统合作思维局限，建立牢靠的、高信任度的合作思想基础，着眼未来发展，从21世纪两国产业结构的互补性与主导产业的共生性中规划战略性合作目标④⑤。2001年，中国和俄罗斯签订《中俄睦邻友好合作条约》，为两国经贸关系发展提供了法律保障，中俄两国经贸合作进入了新的阶段。李靖宇和韩瑜建议中国抓住这一有利时机，通过扩大对俄罗斯的农副产品出口和农业劳务输出等领域的合作，实现企业的对接合作，并在继续推动边贸的基础上建立中俄自由贸易区，以实现中俄经贸合作的战略升级目标⑥。

2004年10月，中俄两国元首共同批准了《〈中俄睦邻友好合作条约〉

---

① 于洪洋等：《试论"中蒙俄经济走廊"的基础与障碍》，《东北亚论坛》2015年第1期。
② 刘威、丁一兵：《中蒙俄经济合作走廊贸易格局及其贸易潜力分析》，《商业研究》2016年第10期。
③ 米军、李娜：《中蒙俄经济走廊建设：基础、挑战及路径》，《亚太经济》2018年第5期。
④ 孙长雄：《中俄产业战略合作的规划研究》，《中国软科学》1999年第9期。
⑤ 孙长雄：《中俄产业互补与共生合作的规划研究》，《管理世界》2000年第1期。
⑥ 李靖宇、韩瑜：《开创中俄两国经贸合作新局面的对策》，《财经问题研究》2002年第11期。

实施纲要》，对两国各领域的合作做出了总体规划。对此，朱显平和李天籽探讨了中俄能源合作对东北亚区域经济合作的影响，认为中俄的能源合作具有客观需要性强、优势明显的特点，合作的深入开展不仅会促进整个东北亚地区的能源优质化，改善该地区的能源结构，而且作为东北亚能源合作的前导和组成部分，将加强东北亚各国间的相互联系，为该地区的合作提供良好机遇[①]。李靖宇和张璐指出，中俄经贸合作态势良好，双方应该更进一步挖掘中俄经贸合作的巨大潜力，改善贸易结构，在能源、科技、服务等领域实现突破，努力开创经贸合作新局面[②]。郭连成认为随着中国西部大开发、东北老工业基地振兴和俄罗斯西伯利亚与远东开发战略的实施，中俄区域经济合作迎来了一个新的战略发展时期，双方区域合作的领域不断扩大，合作内容更加丰富[③]。常树春对中俄产业内贸易进行可行性分析，指出两国均致力于将发展经济作为首要的发展目标，双方实现了高速增长的预定目标，也带动了两国的消费需求、投资需求和贸易的新一轮增长，从而使两国发展经济尤其是开展经贸合作的基础条件更坚固[④]。刘清才和张海霞认为随着双方在2011年签署了《中俄两国政府关于经济现代化领域合作备忘录》，以及2012年俄罗斯正式加入世界贸易组织，中俄两国将会发挥各自的科技优势，全面提升中俄经济贸易合作水平，推动中俄经贸关系发展到新的阶段[⑤]。

2014年，中蒙俄经济走廊概念正式提出后，中俄区域合作研究的相关文献增多，已有研究大致沿四个方面展开。一是关于中俄合作机遇和前景方面。杨闯认为中俄两国经济互补性强，双方不断推动科技、军工、农业、能源等领域的密切合作，两国总理定期会晤、立法机关合作委员会和政府

---

① 朱显平、李天籽：《加强东北亚区域能源合作保障我国能源安全》，《东北亚论坛》2004年第6期。
② 李靖宇、张璐：《中俄经贸合作战略升级的历史机遇》，《和平与发展》2005年第4期。
③ 郭连成：《中俄区域经济合作路径探析》，《东北亚论坛》2007年第3期。
④ 常树春：《中俄开展产业内贸易的可行性分析》，《俄罗斯中亚东欧研究》2009年第5期。
⑤ 刘清才、张海霞：《中俄两国经贸关系发展现状及其广阔前景》，《东北亚论坛》2012年第3期。

各级别磋商合作机制高效运转,不断为中俄关系发展注入新的动力①。姜振军认为中俄双方在共同建设"一带一路"和欧亚经济联盟框架内的合作潜力巨大,特别是在基础设施联通、贸易畅通方面,双方互利共赢,合作层次日益提升,规模不断扩大,为巩固、深化、提升中俄全面战略协作伙伴关系奠定了坚实的物质基础②。王巍建议从推进中俄全面战略协作伙伴关系深入发展、利用"一带一路"机遇推进中俄经贸投资关系更加密切、积极推进中俄民间及人文交流三个方面,共同促进中俄经贸合作长期发展③。罗会钧和戴薇薇认为中方"一带一路"倡议与俄方"欧亚经济联盟"的对接将会加快,且双方的传统合作将会扩大,贸易结构不断优化,此外双方文化交流与合作将紧密化、机制化和扩大化④。

二是关于中俄合作与贸易潜力研究方面。杨希燕和王笛以中俄1990~2004年数据为样本对中俄贸易情况进行测算分析,计算贸易结合度、RCA指数、贸易互补性指数、经常市场份额等指标,发现中俄间贸易互补性极强,双方贸易发展的潜力巨大⑤。蔡春林以中俄2002~2006年数据为样本,分析双方贸易的竞争性和互补性,研究发现中俄之间的贸易互补性大于竞争性,说明中俄间贸易潜力发展空间依旧广阔⑥。赵传君以中俄2004~2008年数据为样本,计算分析双边的比较优势指数、互补性和贸易强度指数,发现中国制成品比较优势明显,而俄罗斯的能源、矿产品保持强竞争优势,且中俄贸易的互补性和强度都较高⑦。张英以中俄1989~2010年贸易数据为样本,构建贸易引力扩展模型,研究两国贸易流量的影响因素以及发展

---

① 杨闯:《从分歧到契合——"一带一路"下俄罗斯的战略调整与选择》,《人民论坛·学术前沿》2015年第12期。
② 姜振军:《中俄共同建设"一带一路"与双边经贸合作研究》,《俄罗斯东欧中亚研究》2015年第4期。
③ 王巍:《中俄经贸合作展望》,《学术交流》2017年第2期。
④ 罗会钧、戴薇薇:《"一带一路"背景下中俄合作的动力、风险与前景》,《中南大学学报》(社会科学版)2018年第1期。
⑤ 杨希燕、王笛:《中俄贸易互补性分析》,《世界经济研究》2005年第7期。
⑥ 蔡春林:《中俄、中印、中巴经贸合作——基于竞争性与互补性分析》,《国际经济合作》2008年第3期。
⑦ 赵传君:《对中俄贸易优势互补的实证分析》,《北方经贸》2010年第6期。

潜力问题，发现中俄双边贸易的主导产品为初级产品，资本和技术密集型产品的贸易比重仍然较低，同时，俄罗斯关税水平每上升1个百分点对双边贸易的阻碍作用要大于中国[1]。康成文以中俄2010~2012年数据为样本，分析双边贸易的商品结构、显性比较优势指数以及贸易互补性指数，发现中俄贸易互补性强，贸易潜力巨大[2]。项义军和赵阳阳以2000~2013年数据为样本，建立多元线性回归模型分析关税对中俄两国双边贸易量的影响程度，发现关税总水平降低1个百分点会导致中俄双边贸易额增加0.56个单位，因此，降低关税将有效促进中俄两国双边贸易的发展[3]。刘志中利用显性竞争优势指数和贸易互补性指数分别估算了中俄两国贸易的出口竞争优势和贸易互补性，发现中国在劳动密集型产品出口方面优势明显，而俄罗斯在初级产品出口方面存在较强显性竞争优势，并通过使用拓展引力模型研究得出中俄间具有显著的贸易合作潜力[4]。刘用明等基于随机前沿引力模型和扩展的随机前沿引力模型对中俄2002~2016年的贸易效率和潜力进行实证分析，发现中国与俄罗斯的贸易往来中依然存在非效率因素的影响，中方对俄方出口效率明显偏低，总体上，中方对俄方出口及进出口贸易的潜力提升空间持续扩大[5]。

三是关于中俄合作存在问题研究方面。在双方经贸合作领域，刘晓音认为中俄之间的贸易结构比较单一且多年未变，俄罗斯对中国出口中能源原材料比重较大，中国对俄罗斯出口的主要商品是劳动密集型产品；在产业投资和交通运输方面，中俄投资合作中中国对俄罗斯的直接投资多集中在林业、农业、矿产开采业、商业和建筑业等领域，而俄罗斯对中国的投资集中于制造业、建筑业和运输业，且由于贸易壁垒和投资不便利的影响，

---

[1] 张英：《基于引力模型的中俄双边贸易流量与潜力研究》，《国际经贸探索》2012年第6期。
[2] 康成文：《中俄、日俄双边贸易比较分析》，《现代日本经济》2014年第3期。
[3] 项义军、赵阳阳：《中俄双边自由贸易区创建基础及其贸易效应分析》，《商业研究》2016年第1期。
[4] 刘志中：《"一带一路"战略下中俄双边贸易的竞争性、互补性及发展潜力》，《经济问题探索》2017年第7期。
[5] 刘用明等：《"一带一路"背景下中俄双边贸易效率及潜力研究——基于随机前沿引力模型（SFGM）》，《经济体制改革》2018年第5期。

双方投资领域集中，合作进展缓慢①。项义军和张金萍认为中俄区域经济合作存在诸多障碍：第一，中俄缺乏长期稳定的经贸合作基础，目前双方良好的合作态势能否持续还有待检验；第二，中俄货物贸易规模与两国大国地位不符，双方贸易规模小且层次低②；第三，中俄两国交接的口岸公路与铁路运输能力低下，仓储规模与能力严重不足，互联网使用与信息管理滞后，制约了经济走廊建设的快速发展。就战略对接及文化冲突方面，潘志平认为处理丝绸之路经济带与欧亚经济联盟的关系至关重要，特别是在对接方面，开放包容的丝绸之路经济带倡议与严格排他的地区经济组织"对接"以及双方具体的"对接"操作都将是中俄合作不可避免的难题③。

四是关于中俄合作对策研究方面。刘爽认为中俄经贸合作应从项目合作、贸易结构、投资合作、农业、科技等方面进行结构调整④。周延丽认为中俄两国需要在金融领域、人文领域、制度机制等方面深化调整⑤。针对国家政策及合作制度，王明昊和吴丹认为可加强在产业政策、贸易政策、投融资合作政策等方面的协调配合，提升边境贸易水平，推进中蒙俄边境口岸贸易优化升级，还可以通过建立制度性合作框架，厘清三方合作的基本制度安排，加强政府间经贸合作沟通协调机制建设；还提出以"一带一路"为基础，依托以亚洲基础设施投资银行、丝路基金为主的国际金融机构的融资机制，加快中蒙俄基础设施互联互通，提高贸易流通效率⑥。刘彦君认为应重点在对话机制、公共服务、跨境交通、边境合作、人文交流等专门领域进行机制完善，解决资源、金融、市场、投资领域的交叉利益问题；

---

① 刘晓音：《"丝绸之路经济带"对中俄贸易投资便利化的影响》，《学习与探索》2015年第6期。
② 项义军、张金萍：《中俄区域经济合作战略对接的障碍与冲突》，《国际贸易》2016年第1期。
③ 潘志平：《对丝绸之路经济带与中俄合作研究的评估》，《俄罗斯东欧中亚研究》2017年第1期。
④ 刘爽：《后金融危机时期加快中俄经贸结构调整研究》，《俄罗斯中亚东欧研究》2010年第3期。
⑤ 周延丽：《新形势下发展中俄经贸合作需要调整思路》，《俄罗斯中亚东欧市场》2010年第3期。
⑥ 王明昊、吴丹：《"一带一路"背景下中俄蒙自由贸易区建设构想研究》，《经济纵横》2016年第8期。

另外，应加强两国在产业间、产业内和产品内分工，形成产业链布局，并形成拉动沿途国家发展的经济走廊①。盛昕和刘明明认为应从发展战略共商、发展规划共商、运作机制共商的角度深化以政策沟通为保障的支持体系，通过打破跨境水运瓶颈、弥补交通道路缺损、完善口岸基础设施等手段提升以设施联通为基础的交通体系②。

三 中蒙俄经济走廊建设中的中蒙双边合作研究

20世纪90年代，中蒙经贸合作进入快速发展阶段。中蒙两国的贸易经营范围进一步扩大，中国于1998年成为蒙古国第一大投资国。邱济洲等认为从政治、经贸、社会改革、制度建设等方面看，随着中蒙两国经济的不断发展、法律制度的完善、经济政策的出台，两国贸易的积极性将进一步提高，必将促使中蒙两国贸易迈向新台阶③。1999年，中国成为蒙古国第一大贸易伙伴。然而，庞德良、张建政认为，东北亚金融合作的滞后已经成为区域经济不稳定和制约区域经济合作进一步发展的重要因素，因此加强中、日、韩金融合作，为东北亚区域经济合作提供更多的开发资金，有效地防范区域金融危机十分必要④。巴特尔指出，中国已成为蒙古国的主要经贸合作伙伴，为了进一步促进中蒙经贸合作，双方应基于国家利益首位的原则、平等互利的原则以及立足自身优势等原则，充分利用和发挥现有条件，保持和巩固目前中蒙两国的经贸合作地位⑤。2003年，中蒙双方宣布建立和发展中蒙睦邻互信伙伴关系，使双方关系提升到一个新的发展水平。娜琳认为，从长远看，中蒙经贸关系还需要进一步扩大和发展，同蒙古国与其北邻俄罗斯的传统经济合作关系相比较，目前中蒙经贸合作存在较明

---

① 刘彦君：《"一带一路"倡议下的中俄经济合作：新趋势、挑战及应对》，《国外社会科学》2017年第3期。
② 盛昕、刘明明：《构建"中俄命运共同体"的区域效应》，《当代世界》2018年第2期。
③ 邱济洲等：《中蒙经贸关系及发展前景》，《世界经济文汇》1998年第2期。
④ 庞德良、张建政：《中、日、韩金融合作与东北亚区域经济发展》，《东北亚论坛》2002年第4期。
⑤ 巴特尔：《中蒙经贸合作问题的策略思考》，《东北亚论坛》2002年第2期。

显的结构性差距①。赵儒煜和冯建超认为,东北亚各国和地区交通物流领域的双边和多边合作发展迅速,并已经初步形成铁路、公路、海运、航空、管道等交通物流体系的基本框架,以此框架为基础,建立一体化交通物流网络,将在推进东北亚区域合作的过程中发挥基础性作用②。杨云母认为中蒙资源合作蕴藏着拓展双边经贸关系的无限商机,中国应从营造合作气氛、寻找合作契机、调动合作力量、选择合作项目、确保合作顺畅几个环节入手,切实搞好新时期中蒙资源合作③。曹海波认为随着国际关系格局的不断变化,中蒙两国关系日益密切,双方进出口规模空前高涨,在矿产、能源及建筑等领域的合作面临前所未有的良好机遇,从长远来看,两国合作前景广阔,如何抓住良好的历史机遇,应对现实中的挑战,将成为双方的主要课题④。许海清认为蒙古国矿产资源丰富,而中国对原煤、铁矿石等大宗资源性产品的市场需求巨大,若中国能抓住蒙古国矿业兴国的战略机遇,克服障碍,积极展开经贸合作,将会推进双方关系的稳步发展⑤。马立国认为中蒙战略伙伴关系的建立极大地拓宽了两国的合作领域,涉及基础设施、矿产资源开发、金融合作等,两国在军事安全领域的互信也得到了加深,将会深刻影响两国的未来走势⑥。

2014年,中蒙俄经济走廊概念正式提出后,中蒙区域合作研究的相关文献日益丰富。保利尔对中国企业在蒙古国直接投资的发展历史与现状的研究非常细致,包括投资模式、地域分布、主体特征、投资股权分配、投资规模与速度等多方面,在此基础上还研究了中国企业在蒙古国投资的发展背景、投资环境与投资优势⑦。张秀杰对中蒙经贸合作可能存在的机遇和挑战进行了深入研究,指出中蒙关系的提升将为两国关系健康、稳定发展

---

① 娜琳:《中蒙经贸关系现状及双方在矿产领域的合作》,《当代亚太》2004年第10期。
② 赵儒煜、冯建超:《东北亚交通物流合作框架研究》,《东北亚论坛》2007年第6期。
③ 杨云母:《跨越障碍寻求中蒙资源合作的新路径》,《国际经济合作》2008年第8期。
④ 曹海波:《中蒙合作面临良好历史机遇》,《东北亚论坛》2009年第1期。
⑤ 许海清:《基于利益共享的中蒙经贸合作关系研究》,《东北亚论坛》2011年第5期。
⑥ 马立国:《中蒙战略伙伴关系的建立及其影响》,《中央民族大学学报》(哲学社会科学版)2013年第6期。
⑦ 保利尔:《中国对蒙古国直接投资分析》,吉林大学博士学位论文,2014。

奠定政治、法律基础，特别是在中蒙俄经济走廊的推动下，将为蒙古国带来更多投资并带动产业升级，也将对中国企业在煤炭、石油、铁路、农牧业等领域合作创造条件和发展空间。然而，在中蒙经贸合作中，双方以传统商品交易为主，贸易商品结构比较单一，中国主要向蒙古国出口工业制成品，蒙古国则主要向中国出口能源矿产品，贸易结构高度集中。此外，蒙古国矿业开发市场竞争比较激烈，加拿大和澳大利亚公司在蒙古国规模最大，且中国与之相比实力和技术均处于劣势，以上因素均会严重制约中蒙经贸合作的进程①。李建军和孙慧认为蒙古国国内政策稳定性和连续性差、投资环境法制环境不完善等因素将会给包括中俄两国投资者在内的国外投资者带来难以预估的政策风险；此外，中蒙两国人文交流与合作发展不平衡，与中俄频繁的人文交流相比，中蒙双边人文交流有待加强②。

在中蒙投资合作方面，保健云运用国际经济与贸易合作理论，结合实证分析，研究中蒙两国之间开展投资合作的发展历程、体现的主要特征、投资模式存在的主要问题以及投资活动开展的影响因素与问题的成因等多个方面③。芳芳和图门其其格研究了促进中国对蒙古国直接投资的有利环境与不利影响因素，并对中国对蒙古国投资的不同阶段、不同特征展开了详细的分析，重点阐述了中国对蒙古国直接投资的发展现状以及主要带来的经济效应，如促进蒙古国就业形势好转，提升蒙古国产业升级与技术进步，促进蒙古国收支平衡等。但是，他认为中国对蒙古国直接投资的不良影响也较多，如对蒙古国资源环境的破坏，对其国内产业带来的冲击与竞争等④。芳芳以中国在蒙古国锌矿投资企业的案例为基础，深入研究中国对蒙古国直接投资的各种情况，探讨中国企业在蒙古国进行直接投资的优势与劣势，从多个角度分析中国企业在蒙古国直接投资的市场环境，对中国企

---

① 张秀杰：《蒙古国经济发展放缓与中蒙经贸合作新思路》，《内蒙古社会科学》（汉文版）2015年第2期。
② 李建军、孙慧：《共建丝绸之路经济带背景下中蒙俄经济走廊建设研究》，《新疆社会科学》2016年第6期。
③ 保健云：《中国对蒙直接投资的特点及问题》，《当代亚太》2007年第6期。
④ 芳芳、图门其其格：《中国对蒙古国直接投资的现状及影响分析》，《财经理论研究》2010年第4期。

业在蒙古国直接投资的规模、速度、产业结构等特征进行探究，并分析中国企业在蒙古国直接投资所能产生的经济效应，如对蒙古国的劳动力就业、GDP 以及技术升级等的影响①。

在中蒙经济合作所存在的问题与对策方面，图雅从中国企业微观层面，对中国企业在蒙古国进行直接投资的过程中所表现出的自身问题与缺陷，如经营管理模式不科学、技术投入不足、专业人才与综合素质人才缺乏，以及对蒙古国投资风险评估机制不健全等，提出改善中国企业对蒙古国直接投资的措施建议②。李俊江和孟勐认为中国应尽可能减少为经济急速增长而对外采取的短期高收益导向的投资行为，考虑到蒙古国经济增长的高外贸依存度、低工业生产能力的经济特点，扩大对蒙古国制造业领域的投资，促进中蒙经贸合作的质量升级，维持双方的稳定关系；增加对蒙古国居民生活领域的投资和出口，为蒙古国人民生活质量的改善提供直接帮助；着重加大蒙古国资本密集型和知识密集型产业中的高技术领域投资力度，减少投资不平衡引发的恶性竞争③。陈国喜建议从六个方面推动中蒙经贸合作：一是利用中蒙俄经济走廊的磋商平台和机制，积极构建宏观政策沟通交流机制，及时交流和对接双方经济发展战略和对策，协商解决合作中的问题；二是中蒙双方要通过加大基础设施投入，整顿边境贸易秩序，建设现代化的物流和运输信息系统，推进报关电子化和运输的便利化，提高贸易效率；三是蒙古国要建立完善的招商引资制度，改善投资环境，在公共服务领域优化配置资源，分散风险，提升企业的管理效率；四是双方要积极探索新能源、新技术等新兴产业的合作，拓宽合作领域；五是中资企业要通过媒体等宣传媒介、活动载体改善在蒙古国的形象，做好企业的塑造和宣传；六是积极推进文化、体育等方面的交流，利用经贸合作、学术研讨、文化交流等多种形式，形成多层面的交流合作机制，加强双方的文化

---

① 芳芳：《中国对蒙古国直接投资现状研究》，内蒙古大学博士学位论文，2010。
② 图雅：《关于中国企业对蒙古国直接投资的思考》，《商品与质量：房地产研究》2014 年第 2 期。
③ 李俊江、孟勐：《中蒙经贸合作实现"量—质—量"升级的利益平衡策略研究》，《内蒙古社会科学》2016 年第 3 期。

交流，促进双方经贸合作迈向更高层次和水平①。

四 中蒙俄经济走廊建设存在的问题与对策

中蒙俄经济走廊建设面临众多的制约因素。杨淑杰和于国政指出历史、经济发展水平、体制和政治等方面的因素制约了中蒙俄等东北亚区域制度性经济合作的发展②。张秀杰认为中蒙俄三边关系相互制约、经济合作面临升级、蒙俄两国对中国存在戒备心理等问题会制约中蒙俄经济走廊的建设进程。蔡振伟和林勇新认为中蒙俄三国间的政治关系将会受到蒙古国由一党制过渡到多党制的政党轮替制度以及中美、美俄等大国之间博弈的影响；此外，中蒙俄修建的大型基建项目都有建设周期长、投入大、投资回收周期长的特点，且在建设过程中不可避免地遇到资金、技术等难题，将会成为中蒙俄经济走廊建设面临的重大挑战③。何茂春和田斌认为交通基础设施的互联互通是中蒙俄经济走廊建设的优先内容，基础设施不联通将会成为制约中蒙俄经贸合作的瓶颈④。关于中蒙俄三国基础设施建设的问题，于洪洋等提出蒙俄两国基础设施不发达，交通基础设施落后，成熟劳动力的稀缺导致企业运营成本增加，中国与蒙俄的贸易结构不对称等问题均严重制约了"中蒙俄经济走廊"的建设进程⑤。鄂晓梅针对中蒙俄经济走廊建设中的"五通"问题，指出经贸领域在政策沟通、设施联通方面实施不力，且存在投资贸易便利化以及投资贸易壁垒等问题，需要理智分析和积极解决⑥。中蒙俄经济走廊需要三方共同努力，积极应对各种挑战来

---

① 陈国喜：《"一带一路"倡议下的中蒙次区域经贸合作关系研究》，《延边大学学报》2017年第4期。
② 杨淑杰、于国政：《影响东北亚区域经济合作的因素分析》，《石家庄经济学院学报》2005年第1期。
③ 蔡振伟、林勇新：《中蒙俄经济走廊建设面临的机遇、挑战及应对策略》，《北方经济》2015年第9期。
④ 何茂春、田斌：《"一带一路"的先行先试：加快中蒙俄经济走廊建设》，《国际贸易》2016年第12期。
⑤ 于洪洋等：《试论"中蒙俄经济走廊"的基础与障碍》，《东北亚论坛》2015年第1期。
⑥ 鄂晓梅：《中蒙俄经济走廊"五通"建设中的问题与对策》，《内蒙古社会科学》2017年第5期。

推动建设进程。

在加快中蒙俄经济走廊建设的对策方面，陈岩认为应推进基础设施建设，完善跨境铁路的对接建设以及跨国陆港通道建设，此外，还要加强以下三方面的合作，一是加快创新产业合作方式，创新能源合作模式和推动建设境外产业园区，带动优势产业发展，进而打造面向国际市场的产业加工基地；二是加快人民币的国际化进程和国际金融资本的投资合作，吸引国际资本发展实体经济；三是利用中蒙俄三国间良好的双边贸易合作基础推动建立中蒙俄自贸区，从而促进中蒙俄经济走廊的繁荣发展，优化东北亚区域合作格局①。郑伟建议通过形成咨询全面、通关简单、物流高效"三位一体"的贸易服务体系以及完善能够承接中蒙俄过货量的边境口岸设施和加强铁路、公路、航运、航空等交通基础设施建设，以中蒙俄经济走廊沿线各口岸现有发展为基础，明确口岸功能定位，引导产业集聚②。黄凤志认为可以从共商、共建、共享的角度来思考中蒙俄经济走廊的建设问题，以扩大三方首脑的议题范围、高层交往摒弃冷战思维、推动中蒙俄三方首脑外交对象的社会化形式来发展多层次战略对话；以促进蒙俄两国基础设施建设，加强中蒙俄三国信息化输送网络建设的方式构建中蒙俄自贸区；在人文交流合作中以求同存异、多元认同、避免文化认同的自我中心主义的原则化解文化、宗教等方面的冲突，促进民心相通③。王淑敏和戴蕊建议改善中蒙俄贸易结构，一是在更加充分、多元地利用贸易国先天贸易互补优势的基础上，协调进出口贸易比例，逐渐改善现存的贸易依赖性不平衡的问题；二是通过搭建信息共享平台，完善相关法律法规和配套政策的修订，提高口岸部门管理水平和行政效率，营造便捷高效的通关环境，有效降低非关税贸易壁垒④。杨丽花和董志勇认为要发挥中国产业园区的发展经

---

① 陈岩：《"一带一路"战略下中蒙俄经济走廊合作开发路径探析》，《社会科学辑刊》2015年第6期。
② 郑伟：《"一带一路"倡议下构建中蒙俄经济走廊的路径选择》，《北京工商大学学报》2016年第5期。
③ 黄凤志：《对中蒙俄经济走廊建设的战略分析》，《人民论坛·学术前沿》2016年第13期。
④ 王淑敏、戴蕊：《中蒙俄贸易结构对实现中蒙俄经济走廊的影响及对策》，《海关与经贸研究》2017年第2期。

验，发挥中国在发展中国家之间新经济循环的中心地位优势，发挥中国的技术优势，通过投资对产业结构的升级效应来促进中蒙俄三国的产业结构共同升级，从而加快中蒙俄经济走廊建设的进程①。

---

① 杨丽花、董志勇：《中蒙俄自贸区构建的经济制约因素与推进路径》，《中共中央党校学报》2018年第4期。

第二章　国际区域经济合作理论

第一节　国际贸易理论

一　分工与国际贸易成本理论

分工最早来自斯密的经济学理论研究。国际分工指的是世界范围的劳动分工，是一个国家内部分工向其他国家的延伸，是社会生产力发展到一定阶段的产物[①]。国际分工依赖自然条件和社会经济条件，伴随生产力的发展而发展。国际分工是劳动分工的国际交换，是国际贸易和国际经济合作的基础。随着全球化的深入发展，国与国之间的界限变得越来越模糊，国际产业流动性增强，不同国家在国际分工体系中扮演不同的专业化角色。在参与经济全球化发展和国际经贸合作时，准确定位一国在国际分工体系中的位置，把握国际分工的发展趋势，对于充分发挥比较优势进而更好地融入世界经济体系意义重大。

古典政治经济学的主要代表之一斯密在其1776年出版的《国民财富的性质和原因的研究》一书中批评了重商主义思想，并论证了一国只要专门生产本国成本绝对低于他国的产品，用以交换本国生产成本绝对高于他国的产品，就会使各国的资源得到最有效率的利用，获得总产量增加、消费

[①] 徐康宁、王剑：《要素禀赋、地理因素与新国际分工》，《中国社会科学》2006年第6期。

水平提高和劳动时间节约的利益①。斯密不仅论证了国际贸易分工的基础是各国商品之间存在绝对成本差异，还进一步指出了存在绝对成本差异的原因。斯密认为，每一个国家都有其适宜生产某些特定产品的绝对有利的生产条件，因而生产这些产品的成本会绝对低于他国。一般来说，一国的绝对成本优势来源于两个方面：一是自然禀赋的优势，即一国在地理、环境、土壤、气候、矿产等自然条件方面的优势，这是天赋的优势；二是人民特殊的技巧和工艺上的优势，这是通过训练、教育而后天获得的优势。一国如果拥有其中的一种优势，那么这个国家某种商品的劳动生产率就会高于他国，生产成本就会绝对地低于他国②。该理论认为分工可以提高劳动生产率，原因在于工人熟练程度的提高、避免工序转换损失和工人劳动技能的专业化。

斯密主张国际贸易自由化，在无政府干预的情况下，每个国家充分发挥自身的优势，生产最具优势的产品参与国际贸易，参与贸易各方均能获利。该理论克服了重商主义者认为国际贸易只是对单方面有利（即一国之所得必然是另一国之所失）的片面看法，从某种意义上讲，这种"双赢"理念仍然是当代各国扩大对外开放，积极参与国际分工贸易的指导思想。一个国家，一个民族，闭关自守肯定落后；以邻为壑的贸易保护主义政策，只会导致"两败俱伤"的结果。斯密关于人们"在不同职业上表现出来的极不相同的才能，在多数场合，与其说是分工的原因，倒不如说是分工的结果"的论述，是杨小凯教授所创立的新兴古典贸易理论研究的出发点。杨小凯的内生分工与专业化的贸易模型认为，"随着交易效率不断改进，劳动分工演进会发生，而经济发展、贸易和市场结构变化现象都是这个演进过程的不同侧面"。新兴古典贸易理论的发展，为解释国内贸易和国际贸易提供了一个统一的理论内核，使得新兴古典贸易理论成为当代贸易分工理

---

① 〔英〕亚当·斯密：《国民财富的性质和原因的研究（下卷）》，郭大力等译，商务印书馆，1983，第28页。
② 〔英〕亚当·斯密：《国民财富的性质和原因的研究（上卷）》，郭大力等译，商务印书馆，1983，第29页。

论的重要流派,也是斯密的贸易分工理论生命力的有力证明①。

但是,斯密把互利性贸易限制在绝对成本优势的范围内,其理论局限性是明显的。李嘉图提出著名的比较成本理论,第一次论证了国际贸易分工的基础不限于绝对成本差异,只要各国之间产品的生产成本存在相对差异,即"比较成本"差异,就可参与国际贸易分工。一国应该按照"两利相权取其重,两弊相权取其轻"的原则,生产并出口自身具有比较优势的产品,进口具有比较劣势的产品②。

比较优势理论从一般的层面解释了国际贸易的发生,基于比较成本的分工原理比基于绝对成本的分工原理更具有一般性。比较成本理论揭示了国际贸易领域客观存在的经济运行的一般原则和规律。比较成本理论表明,无论这个国家处于什么发展阶段,经济力量是强是弱,都有各自的相对优势,即使处于劣势的也可能找到劣势中的相对优势,在国际分工体系中找到自己的定位,从参与国际贸易分工中获得利益③。比较成本理论标志着国际贸易学说总体系的建立,萨缪尔森称它为"国际贸易不可动摇的基础"。穆勒的相互需求理论是对比较优势理论的补充,建立比较利益的概念,解释参与国际贸易的不同国家的利益分配情况;相互需求理论通过供求决定价值来解释国际商品交换比率,认为两国的交换比率取决于各自对商品的需求情况,供求规律决定商品流转与商品价格④。

分工导致贸易,贸易又进一步促进了分工。从国与国之间的关系来看,国际上的国家分工会出现。在世界生产体系中,国际分工格局存在一定的变化规律,研究主权国家经济政策对其参与国际分工体系的影响成为追求国家利益的手段。跨国家的自由市场机制是保障国际分工的前提,通过市场机制的作用,不同国家间分享基于成本差异和要素差异的国际分工收益,

---

① 杨小凯、张永生:《新贸易理论、比较利益理论及其经济研究的新成果:文献综述》,《经济学》2001年第1期。
② 〔英〕大卫·李嘉图:《政治经济学及赋税原理》,郭大力等译,上海商务印书馆,1976。
③ 张二震:《国际贸易分工理论演变与发展述评》,《南京大学学报》(哲学·人文科学·社会科学版)2003年第1期。
④ 〔英〕约翰·穆勒:《政治经济学原理及其在社会哲学上的若干应用》,赵荣潜等译,商务印书馆,1991。

而跨国公司在国际分工中扮演重要的角色。

二 要素禀赋理论

20世纪30年代,俄林在《地区间贸易和国际贸易》一书中提出了生产要素禀赋理论,用生产结构中的多种生产要素理论代替李嘉图的单一生产要素理论[1]。该理论被视为现代国际贸易分工理论的基石,称为新古典贸易理论。由于俄林引用并借鉴了其老师赫克歇尔于1919年发表的《对外贸易对收入分配的影响》一文中要素禀赋差异形成分工和贸易基础的观点[2],因此,生产要素禀赋理论也被称为赫克歇尔-俄林模型。

模型假定各国的劳动生产率是一样的,即各国生产函数相同,在这种情况下,产生比较成本差异的原因有两个,一是各个国家的生产要素禀赋比率不同。生产要素禀赋是指各国生产要素或经济资源的拥有状况,各国生产要素禀赋比率不同是产生比较成本差异的重要决定因素。各国都生产使用本国禀赋较多、价格相对便宜的生产要素的商品以供出口,这样,双方都可获得利益。二是生产各种商品所使用的各种生产要素的组合不同,即商品生产的要素密集度不同。根据商品所含有的密集程度大的生产要素的种类,可以把商品大致分为劳动密集型、资本密集型、土地密集型、资源密集型、技术密集型、知识密集型等不同类型。即使生产同一种商品,在不同国家生产要素的组合也不完全相同,例如同样生产大米,泰国主要靠劳动,而美国则主要靠资本和技术。无论是生产不同的商品,还是生产相同的商品,只要各国生产商品所投入的生产要素的组合或比例不同,就会产生比较成本差异,从而产生贸易分工。如此,一国如果对生产要素进行最佳组合,在某种商品的生产中多用价格低廉的生产要素,就能在该种商品上具有较低的比较成本。

---

① Ohlin, B., *Interregional and International Trade* (Cambridge, MA: Harvard University Press, 1933).

② Heckscher, "The Effect of Foreign Trade on the Distribution of Income", *Eknomisk Tids-krift* 21 (2), 1919, pp. 497-512.

商品价格差异是国际贸易的基础，商品价格的差异是由于生产商品的各种生产要素的价格比率不同，生产要素价格比率是根据各国的生产要素禀赋比率决定的。因此，生产要素禀赋比率的不同是产生国际贸易最重要的基础。俄林指出："贸易的首要条件是某些商品在某一地区生产要比在别的地区便宜。在每一个地区，出口品中包含着该地区拥有的比其他地区较便宜的、相对大量的生产要素，而进口别的地区能较便宜地生产的商品。简言之，进口那些含有较大比例生产要素昂贵的商品，而出口那些含有较大比例生产要素便宜的商品。"要素禀赋理论强调要素分布对生产函数进而对国际贸易的决定性影响，依托比较优势原则，一国应该生产并出口密集使用本国丰裕生产要素的产品，进口密集使用本国稀缺生产要素的产品，进而满足各自的生产消费需求。

赫克歇尔－俄林模型继承并创新了古典比较成本理论。第一，李嘉图用比较成本差异阐述了贸易互利性的普遍原理，俄林用生产要素禀赋差异解释了为什么比较成本有差异。第二，俄林把李嘉图的个量分析扩大为总量分析，不是单单比较两国两种产品的单位劳动耗费的差异，而是直接比较两国生产要素总供给的差异，从一国经济结构中的资本、土地、劳动力等这些最基本的因素来解释贸易分工基础和贸易格局。第三，俄林模型不仅能说明商品比较成本的决定因素，而且也能说明要素价格的变动以及收入分配。在开展贸易后的短时期内，由于只发生商品价格的变动而没有发生生产要素在进出口部门之间的流动，出口行业的所有生产要素的报酬都会上升，进口行业的所有生产要素的报酬都会降低。

以资源禀赋理论为基础，萨缪尔森提出要素价格均等化理论。在特定条件下，国际贸易将使各国同质生产要素的收益趋于相等[①]。开展贸易后的长时期内，商品相对价格的变动引起了生产要素在进出口部门之间的流动，引起了生产要素市场供求关系的变化，从而导致生产要素价格的变化，影响到要素所有者的报酬收入。如果各国都以各自的生产要素禀赋比率差距

---

① Samuelson, P., "International Fator-Price Equalisation Once Again", *International Trade: Selected Readings*, ed. JadishN. Bhagwati (The MIT Press, 1996), pp. 6–20.

为基础进行贸易,其结果是贸易前相对丰富的要素价格上涨,相对稀少的要素价格下降,最终会逐渐达到要素价格比率的国际均等化。这就是所谓"要素价格均等化定理"。里昂惕夫赋予生产要素新的含义并拓宽生产要素的范围,认为生产要素还包括技术、人力资本、信息、研发等各种软要素,在快速发展的现代社会能够对一国的比较优势格局产生重要影响[1]。

赫克歇尔-俄林模型从一个国家的经济结构来解释国际贸易格局,而要素价格均等定理则反过来说明国际贸易能够影响一国的经济结构。国际贸易改变了单个国家的要素稀缺情况,要素价格均等意味着稀缺要素可以在不同国家间调配。国际贸易可以使一国的生产要素得到最有效率的利用,增加非稀缺要素的收入,优化经济结构。这意味着每一个国家都可以利用本国的资源禀赋优势,积极参与国际贸易分工,获得贸易利益。

三 新国际贸易理论

20世纪60年代以来,国际上的产业内贸易发展迅速,大部分国际贸易却发生在要素禀赋相同或相近的国家之间,出现了同一产品在一个国家既出口又进口的情况。对此,出现了大量新的国际贸易理论来解释这种国际贸易现象。

波斯纳认为国家之间的竞争优势来源于技术创新方面的差距,除了劳动和资本投入的差别之外,还存在技术投入上的差别。技术领先国家进行技术创新后研究出新产品,然后凭借技术领先优势向国外出口这种新产品。然而当国外渐渐熟悉并通过技术合作、跨国公司的对外直接投资等途径掌握这些高新技术之后,就能模仿生产这些产品,从而减少进口,最终凭借劳动力成本优势反而向技术领先国家出口该产品,技术领先国的创新利润完全消失。技术领先国不断更新产品和工艺流程,又制造出新一轮技术差距[2]。

---

[1] Leontief, W., "Domestic Production and Foreign Trade: The American Capital Position Re-examined", *Proceedings of the American Philosophical Society* (97), 1953, pp. 332 – 349.

[2] Posner, M., "International Trade and Technical Change", *Oxford Economic Papers* 13 (3), 1961, pp. 323 – 341.

弗农提出的产品生命周期理论进一步扩展了技术差距理论,他认为,在产品被引入的初期,需要大量研究与开发工作和高技术人才,并在产品实现标准化生产的过程中需要大量投资,发达国家在技术、人才和资本上是存在比较优势的,因此这一阶段常常在发达国家进行[1]。当产品生产标准化之后并不需要高技术人才,而是需要操作工人,这样产品初期在技术人才和资本密集的发达国家生产,标准化之后产品的生产向劳动力成本低廉的不发达国家转移。一般发达国家在产品进入成熟阶段、市场竞争趋于激烈、产品利润开始下降后,可以将这种产品的生产拓展到另一个国家,而在新的国家该产品则正处于成长阶段,有较大的市场和较丰厚的利润。当新的国家进入成熟阶段,可将产品的生产拓展到那些更不发达的国家去进行的时候,在这些更不发达的国家这种产品可能还处于成长阶段或初创阶段,而发达国家则可以完全停止生产并依靠进口[2]。生命周期理论指出发展中国家在生产技术已经标准化的产品领域是具有国际竞争力的。

林德提出相似需求假说,指出一国的国内需求决定了潜在进口和出口产品的范围,当一国的产量超过国内需求就会产生出口能力,反之就产生了进口能力,即使不同地域之间要素禀赋条件及生产函数并无不同,只要两个国家需求结构相近,由于存在需求偏好的差异,两国就存在潜在的贸易机会。并且,收入水平影响一国的需求结构,国家之间人均收入越近似,国家之间需求结构就越近似,则潜在的相似产品的贸易可能性就越大,现实的贸易量就越大。相似但差异化产品的大规模生产是产生现实贸易最重要的前提,原材料的低成本优势、科技优势、规模经济和管理技能为次要因素[3]。因此,一国应集中生产本国主要代表性需求的产品,并出口该产品,从其他国家进口相似产品来满足非主要代表性的消费需求。

---

[1] Vernon, R., "International Investment and International Trade in the Product Cycle", *Quarterly Journal of Economics*, 1966, pp. 190–207.

[2] Vernon, R., "International Investment and International Trade in the Product Cycle", *Quarterly Journal of Economics and Statistics*, 1979, pp. 255–267.

[3] Linder, B., "An Essay on Trade and Transformation", *Journal of Economics* 22 (1/2), 1962, pp. 197–199.

克鲁格曼用规模收益递增理论来解释发达国家之间的产业内贸易①。一国可以基于国内市场建立某一商品的规模经济，规模收益递增使得产品的边际收益远大于边际成本，形成国际竞争力，占领产品的出口市场。但是由于产品具有差异性和多样性，一国囊括一个行业全部产品的可能性几乎为零，规模经济下的竞争结果是一个国家专业化生产某一个或几个产品，国家之间进行产业内贸易。

在资本密集和技术密集领域，很容易形成规模经济优势，专业化生产某一种或几种产品是提供一国国际竞争力的可行选择。一个国家通过补贴、进口限制使其国内有成本优势的某种产品的生产达到了国际市场竞争所要求的规模，然后取消补贴或进口限制，就有可能建立某一产品在国际市场上的竞争优势。布兰德和斯宾塞建立古诺式不完全竞争模型②，假定不同国家的厂商均认定其他厂商的产量为既定的，以来确定自己的最优产量，会激励一国厂商采取扩大生产的策略来抢占他国的市场，在国家的出口补贴政策下竞争会更激烈，导致"囚犯困境"的产生。虽然新贸易理论为国家实施出口补贴、关税等所谓的"战略性贸易政策"提供了依据，但是长期的、大面积的补贴出口或刺激出口政策会带来更多的负面影响，表现在本国经济结构的扭曲、财政负担与外贸依存度风险等。

第二节 经济全球化理论

一 经济全球化的基本概念

1960年，加拿大的麦克卢汉提出了"地球村"的概念，指出在当代社会，广播和电视已经进入了我们的生活，如果计算机能够得到进一步开发和有效的运用，那么旧的价值体系和孤立的制度外衣就将崩溃，取而代之

---

① Krugman, P., Helpman, "Trade Policy and Market Structure", *The Canadian Journal of Economics* 23 (3), 1990, pp. 718–720.
② Brander, A., Spencer, "Tariffs and the Extraction of Forein Monopoly Rentsunder Potential Entey", *The Canadian Journal of Economics* 14 (3), 1981, pp. 371–389.

的是人人参与的新型地球村的出现。"城市不复存在,唯有作为吸引游客的文化幽灵。任何路边的小饭店加上它的电视、报纸和杂志,都可以和纽约、巴黎一样,具有天下在此的国际性。"① 1985 年,莱维在《谈市场的全球化》一文中提出"全球化"一词,用其形容世界经济发生的巨大变化,如生产、贸易、资本开始在世界范围内发展和流动,科学技术不仅获得了巨大发展,还开始成为全球的共享资源②。

经济全球化的实质在于生产者与投资者的行为日益国际化。世界经济由统一的世界市场和生产区组成,而不单纯通过国家间的贸易和投资流动连接而成,国家和区域只是世界经济活动运行的分支单位。国际货币基金组织把经济全球化视为世界经济发展的客观过程,提出经济全球化应该是通过贸易、资金流动、技术涌现、信息网络和文化交流,实现世界范围的经济调整融合,其表现为贸易、直接资本流动和转让③。弗里德里希斯把全球化的进程看作一种不断强化的网络化进程,并把这种网络化概括为依赖性的设想、转移性的设想和集中化的设想三个要点④。耶金认为全球化应该是一个过程的结果,而不是过程本身,它是一种已经既成事实的状态⑤。

美国经济学家萨克斯从经济全球化进程所产生的影响和作用的角度出发,指出经济全球化的发生和发展使全世界发生了巨大的变化和变革,即它不仅促进了世界经济的迅猛增长和世界市场中宏观经济的稳定发展,还改变了全球的收入分配情况,世界政治格局随之出现了新的变化⑥。德里克把经济全球化看作全球资本主义,在经济全球化历史进程中,生产、贸易、资本、科学技术以及资本主义生产关系在世界市场上自由发展,从而使资本主义的政治、经济和文化渗入世界上的每一个角落⑦。英国斯克莱尔认为

---

① 〔加〕马歇尔·麦克卢汉:《理解媒介——论人的延伸》,何道宽译,商务印书馆,2000,第 35~36 页。
② 〔美〕莱维:《市场的全球化》,吴臻译,《经济资料译丛》1990 年第 2 期。
③ 国际货币基金组织:《世界经济展望》,中国金融出版社,1997。
④ 〔德〕于尔根·弗里德里希斯:《全球化时代的资本主义》,张世鹏等译,中央编译出版社,1988。
⑤ 〔美〕丹尼尔·耶金:《一个时髦词的诞生》,《新闻周刊》1999 年第 2 期。
⑥ 〔美〕杰弗里·萨克斯:《贫穷的终结》,邹光译,上海人民出版社,2007。
⑦ 〔美〕阿里夫·德里克:《后革命氛围》,王宁等译,中国社会科学出版社,1999。

经济全球化指的就是以资本主义生产方式为核心的经济体系在世界范围内的扩延和发展①。吉登斯从两个方面总结了经济全球化的内涵：一方面，经济全球化体现了一种普遍发展的过程，它的发生和发展促进了各国家和地区相互联系的多样性；另一方面，经济全球化的发生和发展也大大加深了各民族国家和地区之间相互联系、相互影响以及依赖的程度②。

二　全球生产网络理论

20 世纪 80 年代后期，随着科技的发展和产品生产组织的细化，劳动分工已经从要素分工进入以工序、区段、环节为对象的产品内分工阶段③。包括管理学、经济地理学在内的多个学科对产品内分工的不同表现均给予了研究和关注，通过对国际劳动分工最新的演变形态、生产的组织模式及其空间效应等内容的研究，形成了包括"全球商品链"和"全球价值链"等相关理论的研究体系④。全球生产网络理论在综合了上述多个理论的基础上，提出了一个系统的研究框架，成为当前研究全球生产组织的主要理论。

（一）全球价值链

价值链由波特于 1985 年提出，将企业的价值增加活动分为基本活动和支持活动两大部分⑤。基本活动包括生产、销售、进料和发货后勤、售后服务，支持性活动包括人事、财务、计划、研发、采购等，基本活动和支持活动共同构成了企业的价值链，但不是所有环节都会产生价值，只有特定的价值活动才会创造价值，这些真正创造价值的经营活动就是价值链上的"战略环节"，而企业的竞争优势就是要在这些产生真正价值的特定环节上保持优势。随着国际外包业务的兴起，波特将单个企业价值链的分析扩展到行业范围，包括上游研发与设计，中游的制造与组装，下游的广告、销

---

① Sklairm, L., *The Sociology of the Global System* (Baltimore: Johns Hopkins University Press, 1991).
② 〔英〕安东尼·吉登斯：《社会学》，郭忠华译，上海译文出版社，2016。
③ 卢锋：《产品内分工》，《经济学（季刊）》2004 年第 4 期。
④ 李健：《从全球生产网络到大都市区生产空间组织》，华东师范大学博士学位论文，2008。
⑤ 〔美〕迈克尔·波特：《竞争战略》，陈小悦译，华夏出版社，2005。

售及售后服务的整个过程。通过概念的扩展，波特不仅揭示了产品价值的创造过程，同时揭示了服务业和制造业之间的密切关系，从而形成了全球价值链的概念。

1985 年，科格特也提出了价值链概念，指出价值链就是技术、原料及劳动融合在一起形成各种要素投入环节的过程，通过组装把这些分离的环节结合起来形成最终商品，最终通过市场交易、消费等完成价值循环的过程[①]。在整个不断增值的价值链上，大部分企业一般参与某个或某几个增值环节，少量企业通过企业等级制度将整个增值过程纳入企业的生产体系之中。企业国际商业战略的选择是国家的比较优势和企业的竞争能力共同作用的结果。国家的比较优势决定了整个价值链的不同环节在不同国家或地区间进行空间配置，企业的竞争能力决定了在价值链的哪个环节或技术层面增加投入，以确保企业的竞争优势。全球价值链既包括全球范围内各个国家在价值链上的分解，也包括一国内企业在价值链上的专业化。

(二) 全球商品链

格勒菲在价值链基础上研究了全球范围内企业间的合作关系，提出了全球商品链的概念[②]。全球商品链是指围绕某一商品或产品的一系列簇群的内部组织网络，其在世界经济体系中发挥着连接产品上下游，维护企业与地方、国家关系的作用。

按照全球商品链的形成动力，将其分为"生产者驱动型"和"购买者驱动型"两类。其中，生产者驱动商品链是指由生产者投资来推动市场需求，形成本地生产供应链的垂直分工体系，跨国公司通过全球市场网络来组织商品或服务的销售、外包和海外投资等产业前后向联系，最终形成生产者主导的全球生产网络体系。购买者驱动商品链是指拥有强大品牌优势和国内销售渠道的发达国家企业，通过全球采购和原始设备制造商生产等组织起来的跨国商品流通网络，形成强大的市场需求，拉动那些以出口导

---

① Kogut, B., "Designing Global Strategies: Profiting from Operating Flexibility", *Thunderbird International Business Review* 28 (1), 1985, pp. 27–38.

② Gereffi, G., "Governance in Global Value Chains", *Ids Bulletin* 32 (3), 2010, pp. 19–29.

向为发展战略的发展中国家或地区的工业化，成熟的大型零售商和品牌商是链条的核心和动力之源。

全球商品链有四个方面的内容研究，即投入产出结构、地域性、治理结构和制度框架。投入产出结构研究认为价值链是按照价值增值活动的序列串联起来的一系列流程。地域性研究认为由于跨国公司和采购商纷纷将核心竞争力领域以外的环节外包，价值链中的各个环节超越了国家界限，分散到世界上不同的国家或地区，因此形成了真正的全球生产体系。治理结构研究认为价值链是由相互联系的各环节组成的具有特定功能的产业组织，链条治理者对链条进行统一组织、协调和控制。制度框架研究认为国内和国际制度背景，包括政策法规、正式和非正式的游戏规则等，在各个节点对价值链产生深刻的影响。

（三）全球生产网络

在综合了全球商品链、全球价值链等相关概念的基础上，2004年，亨德森等提出全球生产网络的概念，即在一定的契约基础上，通过网络参与者等级层次的平行整合进程来组织跨企业及跨界价值链的一种全球生产组织治理模式[1]。

全球生产网络研究以企业、制度、关系流、地方空间为主要关注点，同时考虑技术、时间等外在因素的影响，主要研究价值、权利和镶嵌三方面的内容。全球生产网络理论发展过程中形成了曼彻斯特和管理学两大学派，曼彻斯特学派强调价值提升与分配而产生的全球地方关系、权利的层级支配关系、领先企业及其供应商的全球功能布局对地方发展的影响，而管理学派强调网络中的相互依赖关系和网络流动与共享对地方产业升级和发展的积极作用。具体来说，全球生产网络主要研究价值的创造、价值提升、价值获取、企业权力、制度权力、集体权力、地域镶嵌和网络镶嵌的内容。

---

[1] Henderson, J., Dicken, P., Hess, M., Coe, N., Yeung, C., "Global Production Networks and the Analysis of Economic Development", *Review of International Political Economy* 9 (3), 2002, pp. 436–464.

全球生产网络把握住了当前世界经济全球化背景下生产组织的最新特征，其理论框架中所关注的价值、权利及镶嵌问题不仅对理解企业的全球战略和生产组织提供了具有说服力的理论解释，同时也因为企业是城市和区域经济的基本单位，为城市和区域的研究提供了新的视角和方向。

三　全球相互依赖理论

在全球化不断深化的背景下，国际相互依赖理论的研究得到学术界越来越多的重视。国际相互依赖理论又称经济相互依赖理论，专门研究世界各国如何在世界经济中相互依赖、相互联系，特别注重研究一国经济发展与国际经济往来之间的关系[①]。

20世纪50年代和60年代，西欧共同市场的发展，促进一些西方国家联合起来，形成与美国相对立的经济集团，发达国家间的相互依赖程度加深。20世纪70年代，广大发展中国家积极谋求政治独立和经济发展，表现出参与国际经济秩序和全球治理体系改革的强烈愿望，发展中经济体与发达经济体的经济相互依赖关系成为国际经济学的热门话题。20世纪80年代和90年代，拉美债务危机、亚洲金融危机相继爆发，发展中国家经济发展遭遇困境，国际相互依赖理论面临着发展中国家的质疑，但是世界各国经济相互联系依赖的程度仍在不断加深。2008年，国际金融危机后，逆全球化暗潮汹涌，发达国家经济增长乏力，开始关注与特定区域和群体领域的合作。

在各国相互依赖程度的衡量方面，方法主要有三种。一是贸易增长率与国内生产总值增长率之比，如果贸易的增长速度超过国内生产总值的增长速度，则表明该国经济发展对外部市场的依赖程度加深；二是出口贸易额与国内生产总值之比，比值越高意味着该国的出口依存度越高，反映出该国对外部需求的依赖性越强；三是国际资本流动规模与国民生产总值之比，如果一国的国际资本流动规模、速度不断上升，反映出该国对国际资

---

① 〔美〕罗伯特·基欧汉、约瑟夫·奈：《权力与相互依赖》，门洪华译，北京大学出版社，2002，第12~14页。

本的依赖加深，国家间存在资本联系和传递。

针对国际经贸相互依赖的研究主要体现在经贸结构的相互依赖、经贸目标的相互依赖、经贸政策的相互依赖、经贸干扰因素的相互关联。经贸结构的相互依赖是指发达经济体一般在资本密集型产品和技术密集型产品方面具有比较优势，发展中经济体更多地出口资源密集型和劳动密集型产品，二者的经贸结构存在互补性。经贸目标的相互依赖是指一国经贸目标的实现有时需要依赖其他国家经济政策的协调。经贸政策的相互依赖是指基于经贸结构和经贸目标的依赖，一国经贸政策变动对他国经济的影响及其经贸政策调整。经贸干扰因素的相互关联是指干扰国家经贸的因素是外生的、全域的、相互联系的。

四 地缘政治经济理论

"地缘"是在国际关系领域里频繁使用的一个内涵丰富的词。地缘政治学（Geo-politics）与地缘经济学（Geo-economics）强调从地理学的角度进行研究，探讨地理因素是怎样在不断变化的国际关系中发挥作用的。地缘政治学是研究地缘要素对国家外交政策、国际关系之影响的学科，在研究过程中一般要综合考虑地缘要素、地缘环境、地缘战略等因素的影响。其中，地缘要素指的是一个国家在国际上的地位作用以及对国际关系产生全局性影响的地理之总称，包括地理区位、幅员形状、自然条件、综合国力、社会状况和地缘利益等方面。地缘环境指一个国家在国际地缘关系中所处的外部状态，是一国地理上的国际环境，对国家的生存和发展有着重大影响。就一个国家的外部地缘环境而言，领土、资源、环境、经济要素仍为主要制约和限制因素。地缘战略是指国家从特定的地理区位、相对固定的周边环境、激烈竞争的国际态势出发，对国家的生存与发展做出的带有长远性、总体性、连续性的筹划、指导和谋略。它在国家战略中处于最高层次，起着统摄国家对外行为之方向、决定国家对外行为之性质的作用，具有空间上的全局性、时间上的长远性、系统层次上的整体性和综合性特征。

19世纪末，德国地理学家拉策尔将达尔文的生物进化论引入国际政治研究，提出"国家有机体说"，认为国家与国家之间就像达尔文进化论中描述的动物之间的关系一样，经历着无穷的争夺生存空间即领土的斗争，国家的边界是动态的[①]。瑞典地理学家契伦把地理学、人类学和政治学相结合，将地理因素引入政治学特别是国际政治研究之中，创立了地缘政治学[②]。早期的地缘政治学理论较有影响的主要包括马汉的"海权论"、麦金德的"陆权论"、杜黑的"空权论"等。马汉分析大英帝国崛起的影响因素，包括地理位置、自然结构、领土范围、人口数量、民族素质、政府性质等，认为大陆是受海洋包围的，控制了海洋实际上就是控制了大陆，所以海洋国家比大陆国家享有更多的有利条件和优势[③]。麦金德把世界分成12份，其中海洋占9份，陆地占3份，认为世界的中枢地区即心脏地区是东欧和西伯利亚平原地区，该地区占据了世界战略中心的地位，拥有难以估计的巨大资源[④]。随着工业的迅速发展和陆地机械运输革命的发生，海权将逐步让位于陆权。陆权论认为整个世界的历史就是大陆强国和海洋强国相互斗争的历史，尽管海权强国占过优势，但从长远的观点来看，由于陆权国家人力和物力资源丰富，并且交通日益改善，海权国家最终会被陆权国家所压制。斯皮克曼提出边缘地带理论，世界人口与资源大部分位于海洋边缘地带，战略位置非常重要[⑤]。空权论认为航空为人类开辟了一个新的活动领域，结果就必然成为一个新的战场，空军极有可能单独完成战争使命，不必有陆、海军参与，空中力量的发展将使陆权和海权受到严重削弱[⑥]。早期的地缘政治理论将研究重点放在全球战略通道和制海权，由此形成大国结盟和势力范围，进而影响全球地缘政治格局的走向。

---

① Ratzel, F., *The History of Mankind*（Butler trans. London/New York: Mac Millan and Co. Ltd, 1896）.
② Geoffrey, Parker, *Western Geopolitical Thought in the Twentieth Century*（London: Croom Helm, 1985）.
③〔美〕马汉：《海权论》，萧伟中、梅然译，中国言实出版社，1997，第29页。
④〔英〕哈·麦金德：《历史的地理枢纽》，林尔蔚译，商务印书馆，1985，第13页。
⑤〔美〕斯皮克曼：《和平地理学》，刘愈之译，商务印书馆，1965，第78页。
⑥〔意〕朱里奥·杜黑：《制空权》，曹毅风、华人杰译，解放军出版社，1986，第19页。

20世纪中后叶，受到第二次世界大战和美俄冷战冲击，国际体系经历两次重大转型，当代地缘政治理论应运而生。当代的地缘政治理论从空间决定要素转向国际体系要素，聚焦在发展中国家与发达国家之间的新地缘空间结构。无论是早期的地缘政治理论还是当代的地缘政治理论，实质都是在于利用地理优势，占据地缘战略制高点，追求国家利益乃至强权。后冷战时代随着各国经济合作与竞争的加剧，以及区域经济的迅猛发展，各国经济相互依存度加深，传统的政治和军事因素在国际关系中的地位和作用骤然下降，一度作为"低级政治""软权力"的经济因素的作用却大大提升。国家对外行为不再主要是构筑政治军事同盟和争夺政治军事主导权，而是为国内经济发展创造良好的外部环境，提供政策支持，争夺区域和世界经济主导权。随着区域化、全球化的快速发展，传统政治军事力量逐渐被市场经济力量超越，成为谋求地缘优势的新战略要素。随之而来的是，地缘政治学的理论框架开始朝着地缘政治经济理论方向转变，地缘经济学逐渐兴起[①]。

地缘经济学的研究是把世界作为一个统一的整体，国家或地区为其基本组成单元，以大国为中心，包括区位关系、资源状况、科技教育、资本流动、国际贸易、市场状况、经济互补、综合国力等方面的内容。通过探讨集团间、大国间以及地区间关系和地缘经济与地缘政治相互关系等问题，为其国际经济利益、国际竞争服务[②]。地缘经济学主要包括四个方面：一是研究地缘经济与地缘政治相互影响与相互作用的关系；二是研究国家经济竞争行为或手段，包括技术、金融、贸易等地缘经济要素的流动组合变化，以及这种变化对世界经济和区域经济的影响；三是研究各国，尤其是大国或大的经济集团、经济组织等的地缘经济战略及其发展变化的态势；四是研究地缘经济地域系统的形成与机制，包括国际和区域性经济集团、经济组织形成发展机制以及相互作用关系等[③]。在经济全球化时代，企业希望其

[①] 李国鹏：《中国与"一带一路"沿线主要新兴经济体的经贸合作研究》，东北财经大学博士学位论文，2017。
[②] 陈才：《地缘关系与世界经济地理学科建设》，《世界地理研究》2001年第3期。
[③] 韩银安：《地缘经济学》，世界知识出版社，2011，第45页。

资本、技术、产品在世界范围内自由流动，以便获得最大收益。但企业无法解决本国以外的诸多问题，如他国的市场准入、关税和非关税壁垒、政策法规等，需要国家出面为企业解决问题，形成相应的经济政策和行为，并以公共产品的方式将之提供给国内企业。

在世界范围内，地缘经济与地缘政治的相互影响与作用远未消失。在全球经济相互融合的新时代，摆脱地缘经济影响，单方面去发展本国军事实力，已不可想象。同样，只谈地缘经济，忽视地区冲突、军事对抗等地缘政治斗争，亦不现实。地缘政治学和地缘经济学都是探讨一个国家或国家集团为了实现自身的利益而对一定地理区域的控制，只是控制手段有所不同。地缘经济学的主要研究方向是大国战略合作的地理空间，超越"国家中心论"，超越传统意义上的领土扩张和势力范围争夺的零和关系，开始把共同安全与共同利益作为研究目标。相比之下，地缘政治框架下的敌友关系较为明确，经济利益一般都服从于盟国之间的政治利益，而在地缘经济框架下的敌友关系较为模糊，即使盟国之间也会发生激烈的经济冲突。地缘政治学和地缘经济学共同构成的地缘战略理论，发展成为主要大国制定国家大战略和判断他国战略走向的重要思维方式及理论工具。在经济全球化新形势下，研究世界范围的经贸合作需要综合考虑政治和经济两大因素，充分利用地缘政治经济学的理论框架，夯实国际政治经济合作的理论基础。

当前国际社会仍处于无政府状态，国家是国际舞台上的主要行为者，国家同个体一样具有理性的一面。从功能主义出发，国家间存在合作的可能，借鉴中国传统社会学的研究，国际上的各国间也存在差序秩序，每个国家都在争取更好的生存状态与发展机遇，谁占据统治优势谁就能更好地保护自身利益。当然，各个国家相互作用在国际社会上形成一种结构与状态，也可以称之为格局，其核心是反映力量对比关系。冷战结束后，世界经济体系逐渐出现了三大地缘经济板块，分别是欧洲、北美和东亚，地理上临近使得区域国家抱团竞争成为一种有益的选择。

第三节 国际区域经济合作与一体化理论

一 国际区域经济合作概念

国际区域经济合作是指地域上相邻或相近的国家与国家集团为了实现共同的利益和目标而进行的，以生产要素的国际移动和重新合理配置以及流通领域的自由化为重要内容的较长期的经济协作活动，其客观基础是一国经济的国际化，其保障为国际经济协调机制，最终目标是实现经济全球化[①]。

国际区域经济合作是一个从低级到高级动态演变的过程，从简单的边境地区贸易安排到完全的经济一体化，国际区域经济合作的发展趋势是区域经济一体化。美国巴拉萨在《经济一体化的理论》一书中，把经济一体化定义为一种状态和一个过程[②]。经济一体化的过程包括采取各种措施消除各国经济单位之间的歧视，经济一体化的状态表现为各国间经济差别的消失。1974年，柯森从生产要素配置的角度，把经济一体化理解为生产要素在成员国之间的再配置，使生产配置更优的过程[③]。

经济一体化的实质是生产要素不断趋向自由流动的一个动态过程。利普塞根据生产要素的流动程度，把经济一体化分为六种级别递增的状态：特别关税区、自由贸易区（商品自由流动）、关税同盟（统一对外关税）、共同市场、经济同盟和完全经济一体化[④]。根据上述各种定义可以发现，区域一体化是以实现商品贸易自由化为起点，逐步向服务贸易自由化、生产要素自由流动以及财政、金融、货币政策协调等更高层次发展的动态过程。从实践层面来看，由于GATT和WTO对区域经济一体化有比较严格的规定，这些规定已经成为国际法公认的准则。因此，从GATT和WTO设定的制度框架来看，区域经济一体化是以自由贸易协定为起点的，最低层次应当撤

---

① 武安：《经济全球化条件下的东北亚区域经济合作研究》，吉林大学博士学位论文，2006。
② Balassa Bela, *Change and Challenge in the World Economy* (New York: St. Martin's Press, 1985).
③ Curson, V., *The Essentials of Economic Integration* (New York: St. martin's Press, 1974).
④ 《新帕尔格雷夫经济学大辞典》（第二卷），经济科学出版社，1996，第45页。

销货物贸易的关税及非关税壁垒，最高层次为经济、政治、安全的全面一体化，即国家主权的深层次让渡。

国际区域经济合作大体有三种形式。一是功能性合作，即区域内各国为实现某个具体目的而进行的多边合作。其中，最普遍的是区域经济合作，通常以市场为导向，以贸易和投资为主要形式，以互相谋求经济利益为目的。二是制度性合作，它建立在一个共同的区域协定基础上，因而也称之为"有形的制度性合作"。这种合作有长远的目标，主要由参与各国的中央政府来推动，合作范围不局限在某个项目或局部的功能上，这种区域经济合作可以是经济领域的，也可以延伸到更广泛的多个领域，经济一体化组织就是最典型的制度性合作机制。三是介于上述两种形态之间的一种过渡型的区域经济合作形态，或称"准制度性"合作形态。它具备一种非约束性的"软制度"，它有长远的目标，也有实现目标的手段。如亚太经合组织（APEC）提出了实现亚太地区贸易和投资自由化的"茂物宣言"和时间表，以"单边行动计划"和"集体行动计划"为手段，以政治领袖的"承诺"为保障，但是不具约束性，是通过成员自愿行动来进行的一种新型的区域经济合作形态[①]。

二 国际区域经济一体化进程

如果按照贸易壁垒取消的程度、商品及服务自由化程度，以及在产业、财政、金融、政治等各方面的联系程度，国际区域经济一体化进程有如下几个阶段。

一是边境地区的贸易优惠安排。在发展中国家，边境地区贸易可以是易货贸易，可以在一定限额内免除关税，这种边境地区的优惠贸易安排主要是为了方便边境地区的居民，也符合WTO的规定。这种边境贸易形势是最初级的国际区域经济合作方式。

二是单一商品的经济一体化。单一商品的经济一体化是指区域内各成

---

① 陆建人、王旭辉：《东亚经济合作的进展及其对地区经济增长的影响》，《当代亚太》2005年第2期。

员国在一种或几种产业领域实现一体化,即逐步取消成员国之间在该类产品的进出口关税和限额,成立共同市场,通过控制投资、产品价格、原料分配、企业的兴办与合并等措施调节共同体成员国对该类产品的生产,并建立具有超国家性质的"协调机构",对各成员国及成员国所属的企业和个人的有关经济活动实行约束。"欧洲煤钢联营"就是二战后初期西欧六国建立的此类区域经济合作组织。

三是自由贸易协定。自由贸易协定是指由签订自由贸易协定的国家组成的贸易区。在贸易区内,各成员之间废除关税与数量限制,使区域内各成员国的商品可以完全自由流动,但每个成员国仍保持各自独立的对非成员国的贸易壁垒。在自由贸易区内,在成员国之间的边界上仍应设置海关检查员,对那些企图通过贸易壁垒较低的成员国进入这一区域以逃避某些壁垒较高成员国的贸易限制的经济活动课征关税或予以禁止,并规定原产地原则。这种区域经济一体化形式不涉及建立共同的关税和共同贸易政策,不建立超国家的协调机构。"欧洲自由贸易联盟""拉丁美洲自由贸易协会"等就是此类区域经济一体化组织。

构建自由贸易区是向区域经济一体化发展的重要一环。自由贸易区(free trade area, FTA)是泛指由签订了自由贸易协定的国家组成的贸易集团,如欧盟、北美自由贸易区等。区内贸易自由,互相免交关税。库珀认为自由贸易区是两个或者两个以上的国家、地区或单独关税区通过谈判同意在它们之间取消商品贸易的关税和非关税壁垒,但是每个国家仍可以对区域外国家的贸易征收关税、实行贸易保护等政策的一种贸易安排[①]。通过自由贸易区谈判,FTA 成员协商签订自由贸易协定,把彼此的贸易壁垒统统取消,允许商品甚至服务、投资、劳动力等在自由贸易区内自由流通,推动区域内实现自由贸易,各成员对区域外国家和地区仍然维持各自的贸易壁垒,且保护政策不要求一致。世界各国高度重视在全球范围内构建自由贸易区。构建自由贸易区的动因和效应研究主要集中在经济领域的成本

---

① Cooper, Manyin, Jurenas, Platzer, "The U. S. – South Korea free trade agreement (KORUS FTA): Provisions and implications", *Congressional Research Service*, 2014.

收益分析上，经济利弊是大多数国家决定是否参与自由贸易区的首要考虑因素，其中，关税效应是分析的重点。

四是关税同盟。关税同盟是指由两个或两个以上国家完全取消关税或其他贸易壁垒，并对非成员国实行统一的关税税率而缔结的贸易同盟。与自由贸易区相比，关税同盟把经济一体化的程度向前推进了一步，它不仅消除了本地区内部的贸易壁垒，而且每个国家都需要调整各自的关税和配额制度，建立起统一的对外贸易壁垒。结盟的目的在于使参加国的商品在统一关税及其他贸易壁垒保护下的市场上处于有利的竞争地位，排除非同盟国商品的竞争。欧盟的前身欧洲经济共同体就是一个非常典型的关税同盟。

五是共同市场。共同市场是指在共同市场内，成员国间不仅完全废除关税与数量限制，并建立对非成员国的统一关税，同时允许资本、劳动力等生产要素在成员国间自由流动。不仅任何生产要素从一国流向另一国的限制都被取消，而且那种限制某国公民或公司在另一国建厂或购买公司的规定也都被取消。1968年欧洲经济共同体就已经实现了农业共同市场。

六是经济同盟。经济同盟是指成员国间不但商品和生产要素可以完全自由流动，建立统一的对外关税，而且要求成员国制定和执行某些共同经济政策和社会政策，逐步废除政策方面的差异，使一体化从商品交换扩展到生产、分配乃至整个国民经济，形成一个庞大的经济实体。目前的欧盟就是这种区域经济一体化组织形式。

维纳在《关税同盟问题》一书中，提出了贸易创造和贸易转移的框架，认为区域内自由贸易带来了贸易创造效果，而对外实行贸易保护则带来了贸易转移效果[①]。"贸易创造"是指在关税同盟内部实行自由贸易，取消内部关税后，国内成本较高的商品生产被成员国中成本较低的商品生产所代替，原来由本国生产的，现在从成员国进口，从而使新的贸易得到"创造"，并带来成员国经济福利的增加。从生产角度来讲，它减少或取消了与

---

① Viner, J., *The Customs Union Issue* (New York: Carnegie Endowment for International Peace, 1950).

国外产品同类的国内商品的生产，国内所需产品转而从成员国进口，这相对于本国国内生产是一种成本的减少，从而使资源的使用效率得到提高，产生一种生产效应；从消费角度来说，从成员国进口的低成本产品替代了本国原有的高成本产品，本国对这种产品的消费需求增加，使得本国消费者剩余增加，从而产生一种消费效应。生产效应与消费效应统一构成了关税同盟的贸易创造效应。

"贸易转移"是由于关税同盟对外实行统一的贸易壁垒，从而对非成员国构成贸易歧视，而导致产品进口从成本较低的非成员国转向成本较高的成员国，即同盟成员国原先与第三国的贸易，因关税同盟的建立而转向在成员国之间进行，从而产生了"贸易转移"，并带来世界福利的减少与损失。关税同盟的建立意味着在成员国之间实行自由贸易，而对成员国以外的第三国，即非成员国实行保护贸易。因此，从世界福利的角度看，关税同盟的建立只是在某些情况下才能促进自由贸易的发展，使世界福利净增加，而在另外一些情况下，则不会产生促进经济增长的作用。关税同盟的静态效应取决于贸易创造和贸易转移的对比，即由贸易创造的收益减去贸易转移造成的损失所取得的实际利益。只有当贸易创造效应大于贸易转移效应时，才意味着资源利用的改进和世界福利的增长。此外，关税同盟的动态效应研究要比静态效应重要。关税同盟产生的动态效应包括促进专业生产，提高生产效率；实现规模经济，提高生产水平；改变国际贸易地位，优化贸易条件；加强国际竞争，提高经济效率；推动科技迅速发展，促进生产要素流动等①，即规模经济效应、竞争效应和投资效应。

七是完全经济一体化。完全经济一体化是指成员国在经济、金融、财政等政策上完全统一，在各成员国之间完全取消在商品、资金、劳动力流动及服务贸易等方面的各种障碍，进而在政治、经济上结成更紧密的联盟，建立起统一的对外政治、外交、防务及经济政策，建立统一的金融管理与调节机构，发行统一的货币。

---

① 〔英〕彼得·罗布森：《国际一体化经济学》，戴炳然等译，上海译文出版社，2001，第19页。

区域经济一体化能够使成员国按照比较优势原则在集团内部进行有效的专业化生产,若建立关税同盟没有引起其他地区或国家的反对,则会提高关税同盟每个成员国的福利水平。当前区域经济合作理论研究大多仍是以关税同盟为理论分析框架的。

三 次区域合作理论

次区域合作始于20世纪80年代末90年代初,"次区域"一词最早是由亚洲开发银行提出来的。亚洲开发银行经济学家对次区域经济合作的定义是,包括三个或三个以上国家的、精心界定的、地理毗邻的跨国经济区,通过利用成员国之间生产要素的不同来促进外向型的贸易和投资。次区域经济合作的首倡者,前新加坡总理吴作栋将其定义为,在政治形态、经济发展阶段不同的三个国家(地区)以上的相邻地带强化生产要素及市场的互补关系,促进贸易、投资,以达到地区政治安定、经济发展的目的而设置的多国籍经济地带[①]。

与传统的国际区域合作形式不同,次区域经济合作更强调跨境地区的合作[②]。传统上边境地区是不被市场经济重视的地区,边境地区通常是人口少、产业规模小、经济活动少的边缘地区。随着边界战争冲突的可能性降低,边境地区在跨国贸易合作上的优势凸显,尤其是临近发达国家的发展中国家的边境地区,面对发达国家的巨大市场,存在巨大的经济发展空间。在边界地区展开次区域经济合作,有助于激活边境地区的经济潜力,吸引企业和人力到边境经济开发区集聚,逐步发展成为经济的中心区[③]。

在次区域合作中,比较优势和政府推动相辅相成。首先,次区域经济合作是利用参与者的比较优势自发产生的,通常是较为松散的和非正式的区域合作安排。具体来说,参与国家或地区可以在双边或多边的基础上,

---

[①] 丁斗:《东亚地区的次区域经济合作》,北京大学出版社,2001,第3页。
[②] 《白通社发表驻白俄罗斯大使崔启明接受专访实录》,中国外交部网站,http://www.fmcoprc.gov.hk/chn/xwdt/zt/ydyl/t1144496.htm。
[③] Hansen, N., "Border Regions: A Critique of Spational Theory and a European Case Study", *The Annals of Regional Science* 11 (1), 1977, pp. 1–14.

在特定的产业项目上进行专业化分工,根据各参与方的民族利益和生产技术要求加以实施。参与的主要角色是企业,特别是非国有部门。其次,政府的角色是为次区域经济合作起催化作用,减少要素流动和经济活动的成本,清除障碍以实现本来就已存在的经济互补性,提供贸易交流和投资活动的基础设施。制度则为这种合作提供保证,在次区域经济合作初期,起主导作用的往往是中央政府和地方政府间的正式组织;在次区域经济合作发展过程中,起主导作用的则是以企业跨边界网络为主的非正式组织;到了次区域经济合作较为成熟的阶段,则中央、地方政府间正式跨边界组织和企业民间的跨边界非正式组织共同参与,形成多种组织共同推动跨边界次区域经济合作的制度安排[①]。

次区域经济合作包括两种组成形式。一种是由多个国家或地区组成的次区域(又称国家与地区混合结构的次区域),参与主体既有国家,又有其他国家的地区,其对内对外协定和政策是由国家和地区两个不同层面的合作方共同完成的。例如,大湄公河次区域合作的主体即包括澜沧江—湄公河流域的老挝、缅甸、柬埔寨、泰国、越南五国和中国云南省。另一种是由不同国家的多个地区组成的次区域(又称纯地区结构的次区域)。其对内对外协定和政策由内部组成的地区之间共同完成。比如,图们江开发计划所涵盖的范围是以朝鲜清津、中国延吉和俄罗斯符拉迪沃斯托克为顶点构成的大三角形区域,区内集中了图们江地区的主要城市和港口。可以看出,相对于国家区域合作,次区域经济合作所涉及的是地方主体。从次区域经济合作的内容考量,合作的模式可分为贸易主导型合作、资源开发型合作、复合型产业合作模式。贸易主导型合作模式主要以贸易的方式实现要素的输入和输出,合作双方通过为对方提供贸易服务而获取报酬;资源开发型次区域经济合作模式是指以自然资源的合作开发为目的的区域合作;复合型产业合作模式以区域比较优势与产业指向相结合为基础,地区之间以市场为纽带,通过产品及资本、技术、劳动等要素的联系,形成相互依赖的

---

① 李铁立:《边界效应与跨边界次区域经济合作研究》,中国金融出版社,2005,第139页。

社会产业合作体系①。

相较于区域经济合作，次区域经济合作具有开放性、松散灵活性、多层协调性等特征。开放性特征包括以下两个层面。第一，次区域经济合作的核心并非关税以及投资和贸易壁垒问题，而是区域经济的发展和比较优势的发挥。这决定了次区域经济合作既有赖于相邻边境区间的跨边界经济交往与互动这样一种内生力量，也不排斥来自区域外部，包括非成员国和国内其他地区的推动力。第二，次区域经济合作的实质是生产要素在"次区域"这个地域范围趋向自由化的流动，但是由于区域内合作资源有限，资本、技术等流动要素相对匮乏，强化了次区域对国内外其他地区先进要素的需求。松散灵活性主要指次区域经济合作可兼顾制度性和非制度性整合。次区域合作所涉及的范围较小，不需要合作方深层次的制度安排，不涉及主权的让渡，能够以比正式的区域贸易集团较低的成本、较少的时间来建立，不需要合作方政府较长时间的论证和准备。相反，次区域经济合作从区域内各成员的需求入手，多着眼于合作地区的经济发展和比较优势的发挥，以消除区域内贫困、消除资源流动障碍、促进当地的发展为目标，合作内容可以包括贸易、投资、基础设施建设、人文交流等各方面。多层协调性指次区域经济合作以地方政府组织、企业组织为协调主体，还需要国家政府及国际组织参与协调。地方政府参与具体的谈判和合作，全面深入了解、研究次区域合作中地方参与的基本情况、发展动态、出现的矛盾、需要解决的问题等，提出相应的建议，并为次区域合作在国家层面的谈判、会议协议提供建议。由于合作的跨国性，有些合作超出了地方政府的管理权限，如关税标准的统一、手续的制定等，国家政府有时会发挥重要的协调作用。一些次区域合作还需要国际组织的参与协调，如大湄公河次区域经济合作是由亚洲开发银行所倡导的②。

---

① 张弛：《中国东北地区与俄罗斯东部地区经济合作模式研究》，经济科学出版社，2013，第19~35页。
② 刘主光：《跨国次区域经济合作区与自由贸易区的分析——以GMS和CAFTA为例》，《亚太经济》2012年第1期。

第三章　中蒙俄三国经济发展情况

第一节　中国经济发展现状

一　经济增长与宏观经济政策

（一）经济增长

自 1978 年改革开放起，中国逐步完成了从计划经济体制到市场经济体制的转变，经历了经济和社会层面的快速发展。1978 年，中国经济总量仅居世界第十位，2010 年成为世界第二大经济体，经济总量占世界的份额由 1978 年的 1.8%，提高到 2017 年的 15.3%。2013~2018 年，我国高速铁路运营里程从 9000 多千米增加到 2.5 万千米，占世界 2/3，高速公路里程从 9.6 万千米增加到 13.6 万千米，新建改建农村公路 127 万千米，新建民航机场 46 个，开工重大水利工程 122 项，完成新一轮农村电网改造，建成全球最大的移动宽带网。

2008 年国际金融危机爆发后，中国经济依然保持快速增长势头，中国成为带动世界经济复苏的重要引擎，对世界经济增长的年均贡献率超过 20%[1]。2009~2017 年，中国国内生产总值从 34.91 万亿元增加到 82.71 万亿元，2017 年中国经济对世界经济增长贡献率在 34% 左右；从人均收入来

---

[1] 《政府工作报告》，中华人民共和国中央人民政府，http://www.gov.cn/premier/2018-03/22/content_5276608.htm。

看，人均国内生产总值由 3838.434 美元增长到 8826.994 美元，中国由典型的低收入穷国成功地跃升至上中等收入发展中国家行列。中国经济速度保持在年均增长率为 8.11%，2010 年 GDP 增长速度达到 10.6%。2013 年以来中国经济进入新常态，经济增长速度缓步下降，2017 年经济增长率达到 6.9%（见表 3.1）。随着中国不断优化经济结构，积极转变经济发展方式，中国经济向高质量发展阶段转变初见成效。

表 3.1 中国经济增长状况（2009～2017 年）

年份	名义 GDP（亿元）	人均 GDP（美元）	GDP 增速（%）
2009	349081.4	3838.434	9.4
2010	413030.3	4560.513	10.6
2011	489300.6	5633.796	9.5
2012	540367.4	6337.883	7.9
2013	595244.4	7077.771	7.8
2014	643974.0	7683.503	7.3
2015	689052.1	8069.213	6.9
2016	743585.5	8117.267	6.7
2017	827121.7	8826.994	6.9

资料来源：《中国统计年鉴》（2010～2018 年）和世界银行数据库。

通货膨胀是指一个国家或地区在一定时期内物价水平持续普遍的上涨现象。因此，如果一个经济体的通货膨胀率过高，将给社会经济带来"鞋底成本""菜单成本"等附加成本，从而减少消费需求，制约企业的正常运行，会对该经济体的稳定发展产生不利影响。衡量通货膨胀率的指标包括衡量生产资料价格水平的生产者价格指数（PPI），衡量所有国内产品和服务价格水平的国内总产值平减指数（GDP 平减指数）等。但是各国政府通常都把 CPI 作为衡量通货膨胀最重要的指标，这主要是因为，一国经济福利水平主要是由最终产品和服务的消费水平决定的，而并非由中间产品的价格水平所决定[1]。因此，选择 CPI 来衡量通货膨胀水平。从图 3.1 可以看

---

[1] 刘亚等：《人民币汇率变动对我国通货膨胀的影响：汇率传递视角的研究》，《金融研究》2008 年第 3 期。

出，随着GDP增速不断向下调整，CPI指数呈现与经济增速一致的变化趋势，2009~2011年CPI指数上涨较为迅速，2009年CPI指数为-0.7%，2011年上涨为5.4%。2012~2017年，GDP增速开始缓慢下降，从7.9%下降至6.9%。国内饭店、宾馆、文化及娱乐等领域的有效需求不足，CPI指数从2.6%下降至1.6%。中国的通货膨胀率基本稳定于2%左右。

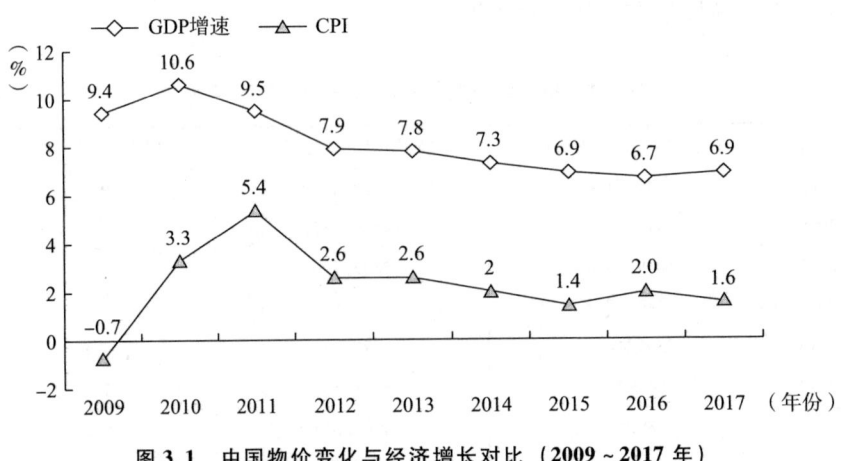

图3.1 中国物价变化与经济增长对比（2009~2017年）

（二）宏观经济政策与外汇储备

中国实施积极的财政政策和稳健的货币政策。中国财政不断调整财政收支结构，制定众多保障民生的优惠政策。在税收种类改革方面，中国分步骤全面推开营业税改增值税，结束了66年的营业税征收历史，累计减税超过2万亿元，加上采取小微企业税收优惠、清理各种收费等措施，共减轻市场主体负担3万多亿元。在地方政府债务管理方面，实施地方政府存量债务置换，降低利息负担1.2万亿元。在财政收支矛盾较大的情况下，中国财政着眼"放水养鱼"、增强后劲的经济战略，率先开启了新一轮大幅减税降费的惠民政策，在此情况下，财政赤字率控制在3%以内。

中央银行继续实施稳健中性的货币政策，为供给侧结构性改革和高质量发展营造了中性适度的货币金融环境。如表3.2所示，在2009~2017年，中国货币供应量呈现逐年增加的趋势，尤其是2013年，中国广义货币供应量M2比上年增加将近13万亿元，突破100万亿元的货币供应量门槛，广义货币中的货币M1和准货币分别为337291.1亿元和769233.9亿元。2013~2017年，货币M1中的流通货币M0、单位活期存款和准货币中的单位定期存款、个人存款、其他存款均有缓慢增长。2017年末，广义货币供应量M2余额同比增长8.2%，人民币贷款余额同比增长12.7%，比年初增加13.5万亿元，同比增加8782亿元，社会融资规模存量同比增长12.0%，体现了金融体系抑制内部杠杆的成效[①]。12月份非金融企业及其他部门贷款加权平均利率为5.74%。2017年末，CFETS人民币汇率指数为94.85，全年上涨0.02%，人民币兑美元汇率中间价为6.5342元，较上年末升值6.16%。

表3.2 中国货币供应与黄金、外汇储备（2009~2017年）

年份	货币供应量（亿元）			黄金和外汇储备	
	货币和准货币M2	货币M1	准货币	黄金储备（万盎司）	外汇储备（亿美元）
2009	610224.5	221445.8	388778.7	3389	23991.52
2010	725851.8	266621.5	459230.3	3389	28473.38
2011	851590.9	289847.7	561743.2	3389	31811.48
2012	974148.8	308664.2	665484.6	3389	33115.89
2013	1106525.0	337291.1	769233.9	3389	38213.15
2014	1228374.8	348056.4	880318.4	3389	38430.18
2015	1392278.1	400953.4	991324.7	5666	33303.62
2016	1550066.7	486557.2	1063509.4	5924	30105.17
2017	1690235.3	543790.1	1146445.2	5924	31399.49

资料来源：《中国统计年鉴》（2010~2018年）。

从黄金和外汇储备看，中国的黄金储备在2009~2014年为3389万盎司，2015年开始黄金储备有了较大幅度增加，储备规模比2014年增加约2300万盎司，同比增长67.19%，2016年和2017年黄金储备量稳定于5924万盎司，这主要是由于黄金作为一种特殊的资产，具有金融和商品的多重属性，与其他资产一起，有助于调节和优化国际储备组合的整体风险收益。

---

① 《2017年第四季度中国货币政策执行报告》，中国人民银行货币政策司，http://www.pbc.gov.cn/zhengcehuobisi/125207/125227/125957/3307990/3484662/index.html。

而且黄金储备一直是各国国际储备多元化构成的一个重要内容,中央银行从长期和战略的角度出发,根据需要,动态调整国际储备组合配置,保障国际储备资产的安全、流动和保值增值①。而中国外汇储备规模在2009~2017年整体呈现先上升后下降的趋势,2014年中国外汇储备达到最大规模,储备金额达38430.18亿美元。2015年和2016年外汇储备分别为33303.62亿美元和30105.17亿美元,随着人民币汇率形成机制的不断完善以及2016年10月人民币加入特别提款权(SDR)货币篮子等人民币国际化的推进,中国黄金和外汇等储备更加多元化,逐渐增强了中国金融体系抵御风险能力、经营管理能力,加快中国与国际接轨的发展进程。

二 城镇化与产业结构

(一) 城镇化水平

城镇化是指第二、第三产业在城市集聚,农村人口不断向非农产业和城市转移,使城市数量增加、规模扩大,城市生产方式和生活方式向农村扩散,城市物质文明和精神文明向农村普及的经济、社会发展过程②。中国总人口与中国城镇化水平均呈现直线缓慢上升的趋势③。2009年,中国的总人口数为133450万人,城镇化水平为48.34%;2017年,中国人口数增长至139008万人,增长幅度为4.16%,而中国城镇化水平达到58.52%(见图3.2)。中国的城镇化水平远高于中国人口增长速度,这主要是由于中国近年来有针对性地实施产业政策,各地方根据自身情况提出特色化的城市发展战略,加快了二、三线城市的经济发展。此外,各大城市为了发展经济、吸引人才,纷纷采取了一系列户籍开放措施,这在一定程度上加快了城镇化的进程。

---

① 《中国人民银行、国家外汇管理局有关负责人就我国全口径外债、外汇储备、黄金储备等情况答记者问》,中国人民银行,http://www.pbc.gov.cn/goutongjiaoliu/113456/113469/2813879/index.html。
② 简新华、黄锟:《中国城镇化水平和速度的实证分析与前景预测》,《经济研究》2010年第3期。
③ 城镇人口总数占全国总人口的比重作为衡量城镇化水平的指标。

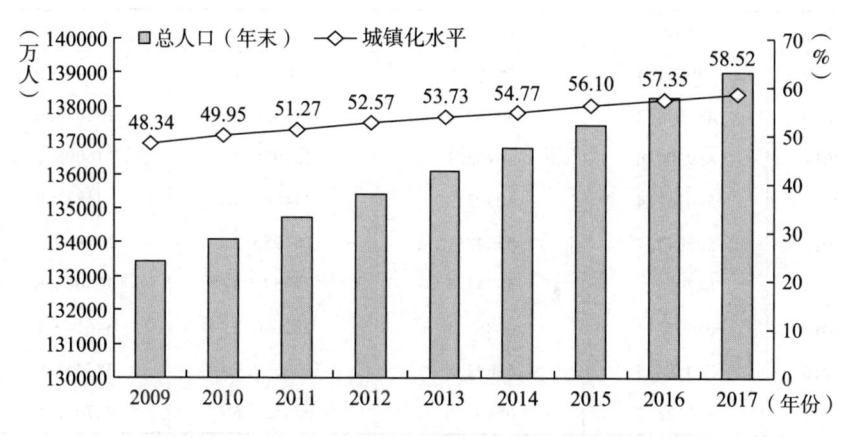

图 3.2　中国人口增长与城镇化水平（2009~2017 年）

（二）产业结构

自 2008 年国际金融危机以后，受短期波动和中长期下行双重影响，中国经济增长进入换档期。在经济增速放缓的大背景下，中国政府坚持"稳增长、调结构、惠民生、防风险"的原则，主动适应和引领新常态，不断创新宏观调控方式，深入推进供给侧结构性改革，扎实推动"大众创业、万众创新"，经济保持了总体平稳、稳中有进、稳中有好的发展态势[①]。

产业结构升级加快进行。2006 年，第二产业增加值占国内生产总值的比重达到峰值 47.95%，随后开始下降。2013 年，第三产业占比为 46.09%，首次超过第二产业占比 43.89%。2015 年，中国第三产业增加值为 346149.7 亿元，同比增长 8.3%，在国内生产总值中的比重首次超过 50%，达到 50.5%，高于第二产业 10 个百分点（见表 3.3）。2017 年，中国第三产业增加值 427031.5 亿元，同比增长 11.39%，占国内生产总值的比重为 51.62%，三次产业结构调整为 7.91∶40.45∶51.62。

---

① 国家开发银行等：《"一带一路"经济发展报告》，中国社会科学出版社，2017，第 14~17 页。

表3.3 中国三次产业产值情况（2009～2017年）

单位：亿元

年份	GDP	第一产业	第二产业	第三产业
2009	349081.4	34161.8	160171.7	154747.9
2010	413030.3	39362.6	191629.8	182038.0
2011	489300.6	46163.1	227038.8	216098.6
2012	540367.4	50902.3	244643.3	244821.9
2013	595244.4	55329.1	261956.1	277959.3
2014	643974.0	58343.5	277571.8	308058.6
2015	689052.1	60862.1	282040.3	346149.7
2016	743585.5	63672.8	296547.7	383365.0
2017	827121.7	65467.6	334622.6	427031.5

资料来源：《中国统计年鉴》（2010～2018年）。

中国政府持续加大的"三农"政策支持力度，促进农业综合生产能力不断提升。2016年，粮食总产量61623万吨，比2014年增加921万吨，增长1.5%。2016年10月，中国政府推出了《全国农业现代化规划（2016～2020年）》。该规划从着力推进农业转型升级、着力促进农业均衡发展、着力提升农业可持续发展水平等七个方面布局，推进农业结构调整，深化农业农村改革，推进农村第一、第二、第三产业融合发展，促进区域农业统筹发展。深化农业供给侧结构性改革，扶持新型经营主体，种植业适度规模经营比重从30%提升到40%以上。

中国新兴产业快速增长。2015年，高技术产业增加值比2014年增长10.2%，比规模以上工业高4.1个百分点，占规模以上工业比重为11.8%，比2014年提高1.2个百分点。但是，由于受到市场需求不足、产品价格下降、成本费用上升及企业流动资金紧张制约生产经营等因素的影响，2015年中国规模以上工业企业利润总额比2014年下降2.3%。其中采矿和原材料行业利润下降明显，2015年煤炭开采和洗选业利润总额仅为2012年的1/9，2015年石油和天然气开采业的利润降为2014年的1/4；而符合转型升级方向的行业利润则保持较快增长，计算机、专用设备、汽车、医药制造等行业利润保持稳步增长。总体来看，高技术制造业利润比2014年增长8.9%，装备制造业增长4%，消费品制造业增长7%。2016年，全部工业增加值为247860亿元，比上年增长6.0%；规模以上工业增加值增长6.0%；工业战略新兴产业增加值增长10.5%；高技术制造业增加值增长10.8%，占规模以上工业增加值的12.4%；装备制造业增加值增长9.5%，占规模以上工业增加值的32.9%；六大高耗能行业增加值增长5.2%，占规模以上工业增加值的比重达28.1%。全年规模以上工业企业实现利润68803亿元，比上年增长8.5%。分门类看，采矿业实现利润1825亿元，比上年下降27.5%；制造业62398亿元，增长12.3%；电力、热力、燃气以及水生产和供应业4580亿元，下降14.3%。全年规模以上工业企业每百元主营业务收入中的成本为85.52元，比上年下降0.1元。年末规模以上工业企业资产负债率为55.8%，比上年末下降0.4个百分点。

2013~2018年，中国研发投入年均增长11%，规模跃居世界第二位。科技进步贡献率由52.2%提高到57.5%。载人航天、深海探测、量子通信、大飞机等重大创新成果不断涌现。高铁网络、电子商务、移动支付、共享经济等引领世界潮流。"互联网+"广泛融入各行各业，网上零售额年均增长30%以上。"大众创业、万众创新"蓬勃发展，日均新设企业由5000多户增加到1.6万多户。为加快新旧发展动能接续转换，我国深入开展"互联网+"行动，实行包容审慎监管，推动大数据、云计算、物联网广泛应用，新兴产业蓬勃发展，传统产业深刻重塑。为全面推进实施"中国制造2025"规划，中国加快了工业强基、智能制造、绿色制造等重大工程的进程[①]。

第三产业对我国经济增长与扩大就业贡献巨大。2013年以后，第三产业对GDP增长贡献率超过第二产业（见图3.3）。2016年，服务业对国民经济增长的贡献率为58.2%，比上年提高5.3个百分点，比第二产业高出20.8个百分点，我国进入以服务业发展为重要驱动力的发展新阶段。在投资增速总体趋缓的形势下，2016年，服务业投资仍保持两位数增长，完成固定资产投资345837亿元，比上年增长10.9%，增速高出第二产业7.4个

---

① 《政府工作报告》，中华人民共和国中央人民政府，http://www.gov.cn/premier/2018-03/22/content_5276608.htm。

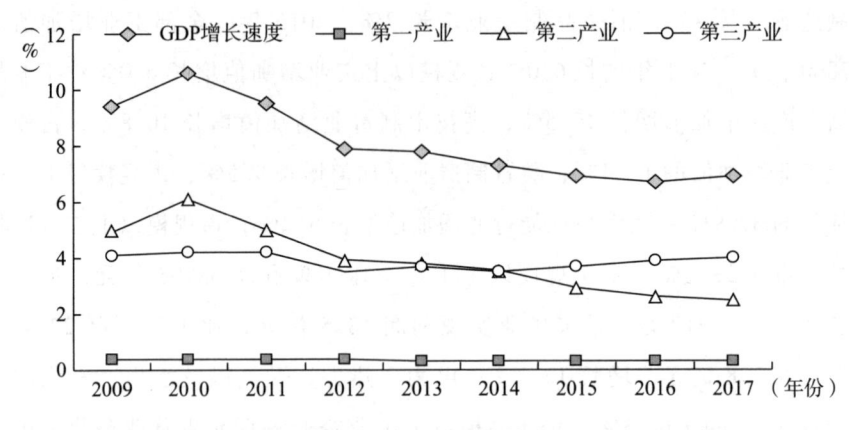

图 3.3 中国三次产业对 GDP 增长的拉动（2009~2017 年）

百分点，占全部固定资产投资的 58.0%，比上年提高 1.4 个百分点，高出第二产业 19.1 个百分点，服务业新增投资占全部新增投资的 76%。同时，服务业成为拉动社会就业总量上升的主要力量。2013~2015 年，中国服务业就业人员年均增长 5.8%，比全部就业人员年均增长率高出 5.5 个百分点。2015 年末，服务业就业人员占全部就业人员的比重为 42.4%，分别比第一产业和第二产业高出 14 个和 13.2 个百分点。中国第三产业仍有巨大发展空间，随着中国城镇化的不断推进，未来将有 2 亿多农民工转化为市民，人口向城镇转移给服务业的发展提供广阔空间①。

三 对外贸易

中国坚持对外开放的基本国策，着力实现合作共赢，开放型经济水平显著提升。2013~2018 年，中国政府倡导和推动共建"一带一路"，发起创办亚投行，设立丝路基金，积极开展重大互联互通、经贸合作项目。截至 2018 年，中国共设立 13 个跨境电商综合试验区，国际贸易"单一窗口"覆盖全国，货物通关时间平均缩短一半以上，进出口实现回稳向好。为提高外商投资申请效率，我国外商审核制度由审批制转向负面清单管理，限制

---

① 国家开发银行等：《"一带一路"经济发展报告》，中国社会科学出版社，2017，第 17~20 页。

性措施削减 2/3，极大地简化了外商审批流程。此外，外商投资结构逐步优化，高技术产业占比提高一倍。中国开放的扩大，有力地促进了自身发展，给世界带来重大机遇①。

联合国商品贸易数据显示，2005 年，中国进出口商品总值达到 11.69 万亿元人民币，首次突破 10 万亿元人民币，成为世界第三大贸易国。2012～2014 年，中国对外贸易额持续增长，2014 年，进出口商品总额达到了 4.30 万亿美元，其中出口贸易额约 2.34 万亿美元，成为环球最大贸易国（见表3.4）。随着逆全球化在发达国家的盛行，全球国际贸易总额持续下降，2016年，中国进出口贸易总额下降到 3.69 万亿美元，在 2017 年恢复到 4.11 万亿美元的水平，比 2016 年增长 14.2%。

表 3.4 中国对外贸易发展情况（2009～2017 年）

单位：美元

年份	中国出口总额	中国进口总额	中国进出口总额
2009	1201646758080	1005555225206	2207201983286
2010	1577763750888	1396001565258	2973765316146
2011	1898388434783	1743394866363	3641783301146
2012	2048782233084	1818199227571	3866981460655
2013	2209007280259	1949992314705	4158999594964
2014	2342292696320	1959234625162	4301527321482
2015	2273468224113	1679564324560	3953032548673
2016	2097637171895	1587920688162	3685557860057
2017	2263370504301	1843792938795	4107163443096

资料来源：联合国商品贸易统计数据库。

中国海关总署数据显示，2018 年，我国外贸进出口总值 30.51 万亿元人民币，比 2017 年增长 9.7%。其中，出口贸易额约为 16.42 万亿元，同比增长 7.1%；进口贸易额约为 14.09 万亿元，增长 12.9%。分析对外贸易变动与结构，发现具有以下几个方面的特点。一是年度进出口总值再上新台

---

① 《政府工作报告》，中华人民共和国中央人民政府，http://www.gov.cn/premier/2018-03/22/content_5276608.htm。

阶。2005年，我国外贸进出口总值首次超过10万亿元人民币；2010年，超过20万亿元；2018年，再创新高，超过30万亿元，比2017年的历史高位多2.7万亿元。二是一般贸易进出口快速增长，比重上升。2018年，我国一般贸易进出口总额17.64万亿元，增长12.5%，占我国进出口总额的57.8%，比2017年提升1.4个百分点，贸易方式结构有所优化。三是对主要贸易伙伴的进出口全面增长，与"一带一路"沿线国家的进出口增势良好。2018年，我国对前三大贸易伙伴欧盟、美国和东盟的进出口总额分别增长7.9%、5.7%和11.2%，三者合计占我国进出口总额的41.2%。同期，我国对"一带一路"沿线国家合计进出口8.37万亿元，增长13.3%，高出全国整体增速3.6个百分点，我国与"一带一路"沿线国家的贸易合作潜力正在持续释放，成为拉动我国外贸发展的新动力。其中，对俄罗斯、沙特阿拉伯和希腊的进出口总额分别增长24%、23.2%和33%。四是民营企业进出口增长，比重提升。2018年，我国民营企业进出口总额达12.1万亿元，增长12.9%，占我国进出口总额的39.7%，比2017年提升1.1个百分点。其中，出口7.87万亿元，增长10.4%，占出口总额的48%，比重提升1.4个百分点，继续保持第一大出口主体地位；进口4.23万亿元，增长18.1%。2018年，我国民营企业对进出口增长的贡献度超过50%，成为我国外贸发展的一大亮点。同期，外商投资企业进出口12.99万亿元，增长4.3%，占42.6%；国有企业进出口5.3万亿元，增长16.8%，占17.4%。五是中西部和东北地区进出口增速高于全国整体增速，区域发展更趋协调。2018年，西部12个省份外贸增速为16.1%，超过全国增速6.4个百分点；中部6个省份外贸增速为11.4%，超过全国增速1.7个百分点；东北三省外贸增速为14.8%，超过全国增速5.1个百分点；东部10个省市外贸增速为8.8%。六是机电产品出口占比提升，出口商品结构持续优化。2018年，我国机电产品出口9.65万亿元，增长7.9%，占我国出口总额的58.8%，比2017年提升0.4个百分点。其中，汽车出口增长8.3%，手机出口增长9.8%。同期，服装、玩具等七大类劳动密集型产品合计出口3.12万亿元，增长1.2%，占出口总额的19%。七是原油、天然气和铜等大宗商品进口量价齐升，铁矿砂和大豆进口量有所减少。2018年，我国进口原油4.62亿吨，增加10.1%；进口天然气9039万吨，增加31.9%；进口成品油3348万吨，增加13%；进口铜530万吨，增加12.9%。此外，进口铁矿砂10.64亿吨，减少1%；进口大豆8803万吨，减少7.9%。初步测算，全年我国进口价格总体上涨6.1%。其中，原油上涨30%，成品油上涨20%，天然气上涨22.9%，铜上涨3.2%①。

四 居民生活与就业情况

中国居民收支水平不断提高。2015年，中国完成了联合国"千年发展目标"（MDGs），并对世界范围内该目标的实现做出了卓著的贡献。如表3.5所示，2009~2017年，全国居民人均可支配收入从10977.5元增长到25973.8元，其中城镇居民人均可支配收入从16900.5元增长到36396.2元，农村居民人均纯收入从5435.1元增长到13432.4元。同期，中国私营部门平均工资比非私营部门平均工资的增长幅度更大，其中，非私营部门平均工资从32244元增长到74318元，私营部门平均工资从18199元增长到45761元②。根据世界银行WDI和PennWorldTable的数据，中国的人口预期寿命从1978年的65.52岁上升到2016年的75.8岁，人民的生活水平和医疗条件有了巨大的提升。

表3.5 中国居民生活及就业情况（2009~2017年）

年份	就业（万人）	居民可支配收入（元）			居民消费水平（元）			
		全国居民	城镇居民	农村居民	全国居民	城镇居民	农村居民	消费指数
2009	75828	10977.5	16900.5	5435.1	9514	15127	4402	9.8
2010	76105	12519.5	18779.1	6272.4	10919	17104	4941	9.6
2011	76420	14550.7	21426.9	7393.9	13134	19912	6187	11.0
2012	76704	16509.5	24126.7	8389.1	14699	21861	6964	9.1
2013	76977	18310.8	26467.0	9429.6	16190	23609	7773	7.3

① 中华人民共和国海关总署，http://fangtan.customs.gov.cn/tabid/612/Default.aspx。
② 中国石油、钢铁等垄断性高收入行业集中于非私营部门，且相较于私营部门，非私营部门机构较为精简，就业人数较少，故非私营部门的平均工资高于私营部门的平均工资。

续表

年份	就业（万人）	居民可支配收入（元）			居民消费水平（元）			消费指数
		全国居民	城镇居民	农村居民	全国居民	城镇居民	农村居民	
2014	77253	20167.1	28843.9	10488.9	17778	25424	8711	7.7
2015	77451	21966.2	31194.8	11421.7	19397	27210	9679	7.5
2016	77603	23821.0	33616.2	12363.4	21285	29295	10783	7.6
2017	77640	25973.8	36396.2	13432.4	22902	31032	11704	5.9

资料来源：《中国统计年鉴》（2010~2018年）。

中国居民消费水平与居民可支配收入的增长趋势一致。2017年，中国居民的人均消费为22902元，其中城镇居民消费水平为31032元，农村居民消费水平为11704元。中国城镇与农村居民的收入消费水平差距明显，体现中国显著的二元经济结构特征。伴随中国居民的生活水平不断提升，消费结构不断升级，服务型消费占消费支出的比重正在增加，除了食物、衣服等生活必需品，教育、医疗、文化、艺术、服务、金融中介、保险等占居民消费支出的比重正逐日增加。

表3.6 中国就业情况（2009~2017年）

单位：万人

年份	人口与劳动力		就业情况			
	总人口	劳动力	就业人员	第一产业	第二产业	第三产业
2009	133450	77510	75828	28890	21080	25857
2010	134091	78388	76105	27931	21842	26332
2011	134735	78579	76420	26594	22544	27282
2012	135404	78894	76704	25773	23241	27690
2013	136072	79300	76977	24171	23170	29636
2014	136782	79690	77253	22790	23099	31364
2015	137462	80091	77451	21919	22693	32839
2016	138271	80694	77603	21496	22350	33757
2017	139008	80686	77640	20944	21824	34872

资料来源：《中国统计年鉴》（2010~2018年）。

中国劳动力与就业人数持续增加。2009~2017年，中国劳动力从77510

万人增长到 80686 万人,增加了 3176 万人,同期就业人数从 75828 万人增长到 77640 万人,增加了 1812 万人,新增就业人数低于新增劳动力数量(见表 3.6)。2009 年三次产业就业结构为 38.1∶27.8∶34.1,第一产业劳动力人数占比最高,我国仍具有较大的人口红利。2017 年三次产业就业结构为 27∶28.1∶44.9,大量劳动力从第一产业向第三产业转移,第三产业在劳动力就业中占据主导地位(见图 3.4),这显示中国的人口红利快速消退,正由传统的农业大国向现代化国家加快转变。

图 3.4 中国三次产业就业结构(2009~2017 年)

第二节 俄罗斯经济发展现状

一 经济增长与货币供给

俄罗斯位于欧亚大陆北部,地跨欧亚两大洲,国土面积为 1709.82 万平方公里,占世界陆地面积的 11.4%,水域面积占 13%,是世界上面积最大的国家。2017 年,俄罗斯人口为 1.44 亿人,约占世界总人口的 1.91%。国际金融危机以来,俄罗斯经济呈现强劲的复苏趋势,如表 3.7 所示,2010 年和 2011 年俄罗斯 GDP 增速分别为 4.50% 和 4.30%,经济增长前景良好,2013 年俄罗斯名义 GDP 达到 22971.28 亿美元。受乌克兰危机与美欧等国家经济制裁影响,石油等能源出口工业受到严重损害,俄罗斯经济下滑明显,

2015年GDP负增长，增速为-2.31%，名义GDP为13637.05亿美元。2016年开始，俄罗斯经济开始缓慢复苏，GDP增速为0.33%。2017年，俄罗斯名义GDP约为15784.17亿美元，GDP增速为1.63%。2016年和2017年，俄罗斯人均GDP分别为8745美元和10749美元，均高于"一带一路"沿线国家平均水平[1]，属于中等偏上收入国家。

表3.7 俄罗斯经济增长状况（2009~2017年）

年份	名义GDP（万美元）	人均GDP（美元）	GDP增速（%）
2009	122264428.22	8562.814	-7.80
2010	152491746.84	10675.000	4.50
2011	205166173.21	14351.210	4.30
2012	221025697.69	15434.570	3.70
2013	229712803.91	16007.090	1.80
2014	206366266.52	14125.910	0.70
2015	136370526.55	9314.545	-2.31
2016	128266360.98	8744.964	0.33
2017	157841721.19	10749.060	1.63

资料来源：世界银行和Wind数据库。

通货膨胀是俄罗斯经济发展遇到最严峻的问题之一[2]。严重的通货膨胀会破坏生产发展，导致资本大量外流，不利于一国经济的稳定。比较俄罗斯GDP增速和CPI指数的变化情况（见图3.5），发现俄罗斯CPI指数与GDP增速波动趋势基本一致，在2015年发生背离，CPI指数继续保持上升势头，同期经济增长受乌克兰危机后的国际制裁影响严重下滑。俄罗斯主要进口欧洲等国家的蔬菜和水果，自身生产能力有限，农产品供需不平衡引发了该时期较为严重的通货膨胀。

---

[1] 2015年，"一带一路"沿线国家人均GDP约为5055美元，2016年约为5931美元。
[2] 按照通货膨胀的严重程度分类，当通货膨胀率在0~10%波动，属于温和的通货膨胀；当通货膨胀率在10%~100%波动，属于奔腾的通货膨胀；当通货膨胀率超过100%，则为恶性通货膨胀。

图 3.5　俄罗斯通货膨胀率变化（2009～2017年）

俄罗斯长期依赖货币供应来应对外部冲击、经济增长动力不足和财政赤字问题。2009年以来，俄罗斯货币供应量M2呈逐年上升趋势。2009年俄罗斯M2供应量为15.27万亿卢布，截至2015年，俄罗斯货币供应量已达到35.81万亿卢布，其中，货币现金M0从4.04万亿卢布上升至7.24万亿卢布，非现金货币供应量（主要指银行活期存款和定期存款）从11.23万亿卢布增长至28.57万亿卢布（见表3.8）。

2009～2013年，俄罗斯的国际储备额增长较为显著。2009年，俄罗斯国际储备额为4394.50亿美元，其中，外汇储备额为4166.53亿美元，黄金储备为227.98亿美元。2013年，国际储备额增长至5095.95亿美元，外汇储备增长至4696.05亿美元，黄金储备增长至399.90亿美元。2014年，俄罗斯货币贬值严重，损失大量国际储备，国际储备下降到3854.60亿美元，减少约1200亿美元。除了乌克兰危机爆发的不利影响外，技术进步加快了替代能源的发展，导致世界油价波动剧烈，这对于严重依赖世界油价的俄罗斯卢布汇率来说不是好事①。西方国家的制裁严重限制了俄罗斯的石油出口，同期纽约原油期货价格暴跌，半年时间内国际原油价格从106美元/桶跌至54美元/桶，这些因素导致俄罗斯卢布贬值严重，在此期间卢布汇率从35兑1美元跌至65兑1美元。2015年以后，俄罗斯的国际储备开始缓慢增

---

① 俄罗斯作为石油出口大国，其政府预算的主要来源便是石油。

长，2017 年，俄罗斯国际储备额为 4327.42 亿美元，其中，外汇储备额为 3560.95 亿美元，黄金储备额为 766.47 亿美元。

表 3.8 俄罗斯货币供应与黄金、外汇储备（2009～2017 年）

年份	货币供应量（十亿俄罗斯卢布）			黄金和外汇储备（百万美元）		
	货币供应量 M2	货币现金 M0	非现金	国际储备	外汇储备	货币黄金
2009	15267.60	4038.10	11229.50	439450.00	416653.00	22798.00
2010	20011.90	5062.70	14949.10	479379.00	443591.00	35788.00
2011	24483.10	5938.60	18544.60	498649.00	453952.00	44697.00
2012	27405.40	6430.10	20975.30	537618.00	486578.00	51039.00
2013	31404.70	6985.60	24419.10	509595.00	469605.00	39990.00
2014	32110.50	7171.50	24939.10	385460.00	339371.00	46089.00
2015	35809.20	7239.10	28570.10	368399.00	319836.00	48563.00
2016	NA	NA	NA	377741.00	317548.00	60194.00
2017	NA	NA	NA	432742.00	356095.00	76647.00

注：保留至小数点后两位，NA 表示数据无法获得。
资料来源：Wind 数据库。

二 城镇化与产业结构

（一）城镇化水平

目前，俄罗斯的城市建设还在缓慢推进，但以农村人口向城市流动为指标的城镇化进程已基本处于结束阶段[1]。2009～2017 年，俄罗斯人口整体上呈现缓慢上升的趋势，城镇化水平表现出同步增长态势（见图 3.6）。2009 年，俄罗斯人口总数为 1.4283 亿人，城镇化水平为 73.64%；2017 年，总人口数增长至 1.4449 亿人，城镇化水平为 74.29%，波动不超过 1 个百分点。俄罗斯的城镇化发展进入成熟阶段，但各地区的城镇化程度存在差异。俄罗斯城镇化程度最高的是北方地区，马加丹州、摩尔曼斯克州和汉特－曼西自治区的城市人口比重高达 91%～95%。开发较早的工业化程度较高

---

[1] 俄罗斯的城市建设始于沙俄时期的领土扩张，苏联时期的工业化进程使得城镇化进程加速发展并达到顶峰。

的地区，如克麦罗沃州、斯维尔德洛夫斯克州、车里雅宾斯克州、雅罗斯拉夫尔州、伊万诺沃州、萨马拉州和临近莫斯科市的莫斯科州，城市人口占比达81%~85%。城市人口比例较低的多属欠发达地区的共和国，如阿尔泰共和国的城市人口占比仅为27%，车臣共和国为35%，达吉斯坦共和国、印古什共和国、卡拉恰耶夫-切尔克斯共和国和卡尔梅克共和国的城市人口占比为42%~44%，其他农业区如克拉斯诺亚尔斯克边疆区和阿尔泰边疆区的城市人口占比为53%~54%。[①]

图3.6 俄罗斯城镇化水平（2009~2017年）

（二）产业结构

目前俄罗斯的三次产业结构，第一产业占比最小，第二产业次之，第三产业占比最大。2009~2017年，俄罗斯的三次产业结构基本保持稳定（见图3.7）。俄罗斯三次产业结构的形成有赖于其较早地开始工业化的进程，随着产业资本向第三产业转移，逐渐形成了"三二一"的三次产业结构。但是，受计划经济历史影响，重视重工业发展的国家战略导致俄罗斯的第一产业发展长期落后，第二产业内部的轻重工业发展失衡严重，通过国家政策导向的倾斜扶持，近些年俄罗斯的轻工业发展稍有起色。在短缺经济和激进转轨政策下，俄罗斯的服务业迅速发展和起步，同期的工业生产大幅下降，导致服务业发展势头超过第二产业。由于俄罗斯严重依赖石

---

① 高际香：《俄罗斯城市化与城市发展》，《俄罗斯东欧中亚研究》2014年第1期。

油等能源出口，能源依赖性经济特征明显，其第二产业发展也受此影响剧烈波动。俄罗斯产业结构的变化往往是被动调整的结果，导致政府的主动产业结构优化政策难以实施和实现既定目标。事实上，俄罗斯产业内部结构不合理的问题日益严重①。

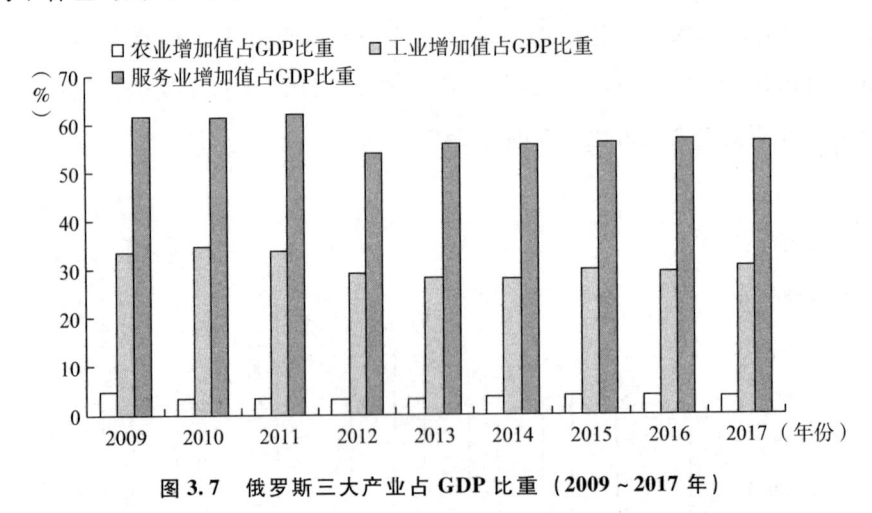

图 3.7　俄罗斯三大产业占 GDP 比重（2009～2017 年）

俄罗斯农作物产品多为粮食作物，如小麦、大豆、甜菜和土豆等，经济作物如棉花、瓜果等的产量极少。2015 年，俄罗斯小麦产量约为 61.8 百万吨，水果、浆果等的产量约为 3.38 百万吨。以粮食作物为主的种植业受俄罗斯自然条件的制约明显，发展缓慢，种植结构单一，严重制约了俄罗斯农业发展。

俄罗斯重工业发展较早，在技术以及经验方面略优于其他国家，自然资源丰富，形成了原材料与能源依赖的工业发展模式。俄罗斯能源工业一直处于领先地位，无论是开采量还是出口量都超出其他产业许多，在拉动 GDP 上为俄罗斯做出很大贡献，俄罗斯石油能源出口量占其开采量的一半左右。2017 年，俄罗斯工业生产总值在全球排名第四，超过了日本，仅次于中国、美国和印度，俄罗斯能源与原材料加工生产、制造业、航天航空业、军事武器生产在国际上具有一定竞争优势。根据表 3.9 所示，2017 年俄罗斯的采矿业、制造业和建筑业增加值占 GDP 的比重分别在 9.7%、12.23%、5.49% 左右。

俄罗斯第三产业内部结构发展很不均衡，批发、零售贸易，机动车及

---

① 张飘飘：《俄罗斯产业结构的调整与对策研究》，新疆大学硕士学位论文，2018。

个人家庭用品修理业，运输和仓储等服务发展迅速，而教育、住宿和餐饮业等部门却发展缓慢。此外，作为国民经济的血液，金融行业所占份额较小，其产业增加值占GDP比重基本保持在3.93%。2009～2016年，第三产业中的批发、零售贸易，机动车及个人家庭用品修理业一直是三产中占比最大的部门，2016年该行业的增加值在国民生产总值中的比例为13.3%，相较于前几年，该行业所占份额有所下降。其次是房地产、租赁和商务服务业，2016年，该行业增加值在国民生产总值中的比例为16.14%[1]。

表3.9 俄罗斯各产业增加值占GDP比重（2009～2017年）

单位：%

行业	2009	2010	2011	2012	2013	2014	2015	2016	2017
农业、狩猎业和林业	3.88	3.13	3.23	3.04	3.00	3.37	3.63	3.59	NA
渔业	0.21	0.21	0.16	0.16	0.16	0.17	0.24	0.26	NA
采矿业	7.44	8.30	8.21	8.17	8.09	7.88	8.78	8.67	9.70
制造业	12.90	12.82	11.58	11.80	11.32	11.60	12.69	12.18	12.23
建筑业	5.42	5.59	6.57	6.64	6.12	5.91	5.71	5.79	5.49
批发、零售贸易，机动车及个人家庭用品修理业	15.62	17.32	15.06	14.53	14.14	14.11	14.27	13.30	13.08
住宿和餐饮业	0.89	0.87	0.78	0.78	0.76	0.76	0.80	0.81	0.85
运输和仓储业	8.37	7.91	6.56	6.58	7.03	6.81	7.26	7.70	NA
金融业	4.40	3.83	3.22	3.53	3.89	3.97	3.11	3.85	3.93
房地产、租赁和商务服务业	10.88	10.58	14.94	14.96	15.57	15.27	15.93	16.14	NA
公共管理和国防，社会保障	5.68	5.23	6.02	6.68	7.11	6.99	6.91	7.14	6.98
教育	2.92	2.65	2.32	2.26	2.35	2.33	2.31	2.32	2.86
卫生和社会性福利	3.51	3.21	2.92	2.88	3.14	3.37	3.35	3.39	2.84
其他团体、社会和个人服务活动	1.51	1.51	1.36	1.34	1.42	1.41	1.54	1.55	NA

资料来源：Wind数据库。

三 对外贸易

中国一直是俄罗斯的最大贸易伙伴国。俄罗斯对外贸易受国际制裁影

---

[1] 张飘飘：《俄罗斯产业结构的调整与对策研究》，新疆大学硕士学位论文，2018。

响较大。2014年国际油价下跌对俄罗斯对外贸易产生严重冲击。据俄罗斯海关统计（见表3.10），2014~2016年，俄罗斯进出口总额从7845亿美元下降为4677亿美元，降幅达40.3%。2017年，俄罗斯进出口总额为5874亿美元，实现了难得的正增长，增速为25%，其中，俄罗斯出口3592亿美元，进口2282亿美元，实现贸易顺差。2017年，俄罗斯同中国、德国、荷兰、意大利和美国的贸易额分别为870亿美元、500亿美元、395亿美元、239亿美元和232亿美元，分别占同期进出口总额的15%、9%、7%、4%和4%，分别增长32%、23%、22%、21%和16%。

当前，俄罗斯对外贸易增速明显，贸易规模持续扩大。2018年，俄罗斯货物进出口总额为6871.2亿美元，增长17.4%。其中，出口4496.9亿美元，增长25.7%；进口2374.2亿美元，增长4.4%。贸易顺差2122.7亿美元，增长62.9%。俄罗斯对中国的食品出口占俄罗斯食品出口总额的11%，中国已经成为俄罗斯最大的食品出口国。2018年，俄罗斯对中国、荷兰和德国的出口额为560.8亿美元、435.2亿美元和341.0亿美元，分别增长44.1%、22.2%和32.5%，占俄罗斯出口总额的12.5%、9.7%和7.6%。2018年，俄罗斯自中国、德国和美国的进口额为522亿美元、255.1亿美元和125.3亿美元，其中，自美国进口下降0.4%，自中国和德国进口增长8.6%和5.3%，占俄罗斯进口总额的22.0%、10.7%和5.3%。俄罗斯前五大贸易逆差来源地依次是法国、越南、泰国、西班牙和厄瓜多尔，逆差额分别为19.4亿美元、11.6亿美元、11.0亿美元、10.3亿美元和9.3亿美元。俄罗斯贸易顺差主要来自荷兰、土耳其、波兰、韩国和白俄罗斯，顺差额分别为398.2亿美元、172.4亿美元、111.5亿美元、109亿美元和98.9亿美元。

表3.10 俄罗斯对外贸易发展情况（2009~2017年）

单位：美元

年份	俄罗斯出口	俄罗斯进口	俄罗斯进出口总额
2009	301796058824	170826590309	472622649133
2010	397067520996	228911658149	625979179145

续表

年份	俄罗斯出口	俄罗斯进口	俄罗斯进出口总额
2011	516992618221	306091490306	823084108527
2012	524766420613	316192918041	840959338654
2013	527265918851	314945094987	842211013838
2014	497833528848	286648776878	784482305726
2015	343907651828	182781964814	526689616642
2016	285491052006	182257213910	467748265916
2017	359151975199	228212749973	587364725172

资料来源：联合国商品贸易统计数据库。

俄罗斯的出口商品结构基本保持不变，石油矿产等自然资源产品出口位于领先位置。矿产品是俄罗斯的主要出口商品，2018年出口额为2419.6亿美元，增长36.3%，占俄罗斯出口总额的62.7%。其中，出口的矿产品主要是矿物燃料、矿物油及其产品和沥青等，出口2371.6亿美元，占俄罗斯出口总额的52.7%。机电产品、化工产品和运输设备是俄罗斯的前三大类进口商品，2018年进口734.2亿美元、298.1亿美元和256.3亿美元，分别增长31.9%、12.9%和11.1%，三类商品合计占俄罗斯进口总额的55.9%[①]。

四 居民生活与就业

影响居民生活水平的因素取决于居民的收入与生活支出，收入取决于居民的有效就业和行业工资水平。2009~2016年，俄罗斯家庭收入总体呈逐年上升的特征（见表3.11）。2009年俄罗斯家庭收入为28.70万亿卢布，2016年家庭收入增长至54.11万亿卢布，比2009年增长了88.56%。从俄罗斯月均工资看，相较于家庭收入的增长，工资增长更为显著，2009年俄罗斯月均工资为18637.50卢布，其中第三产业中的批发零售等行业工资水平为15958.60卢布；2016年月均工资为36746.00卢布，其中批发零售等行业月

---

① 国别报告网，https://countryreport.mofcom.gov.cn/record/view110209.asp?news_id=63198。

均工资为29555.00卢布。俄罗斯人均消费支出水平存在波动①，2009~2014年，俄罗斯人均消费支出增长平稳；2015~2017年，受油价波动和乌克兰危机的影响，尽管名义收入和工资水平在2015年上涨幅度明显，但是国内货币卢布严重贬值，居民消费支出明显下降②。

表3.11 俄罗斯收入与消费情况（2009~2017年）

年份	家庭收入（十亿卢布）	月均名义工资（卢布）	批发零售，汽摩修理月均工资（卢布）	居民人均消费支出（卢布）
2009	28697.50	18637.50	15958.60	285827.0126
2010	32498.30	20952.20	18405.90	301260.0556
2011	35648.70	23369.20	19613.20	320943.6515
2012	39903.70	26628.90	21633.80	345658.3032
2013	44650.40	29792.00	23167.80	362864.3479
2014	47920.60	32495.40	25600.90	369091.4632
2015	53525.80	34029.50	26947.40	332527.6145
2016	54113.00	36746.00	29555.00	317004.5757
2017	NA	39167.00	NA	326704.9485

注：保留小数点后两位，NA表示数据无法获得。
资料来源：Wind数据库。

俄罗斯劳动力供给规模稳定，就业数量缓慢增加，就业率显著上升。2009年，俄罗斯劳动力共7569.4万人，就业人数为6941.0万人，就业率为91.7%；2017年，俄罗斯劳动力为7610.9万人，就业人数为7214.2万人，就业率为94.79%（见表3.12）。分析就业的产业结构，发现农业、工业、服务业就业比例波动幅度较小。2009~2018年，农业就业比例从8.4%降为5.8%，工业就业比例稳定于27%左右，服务业就业比例从64.12%上升至67.21%（见图3.8）。服务业是俄罗斯吸纳劳动力最多的产业，也是创造岗

---

① 居民最终消费支出（以前称为私人消费）是指居民购买的所有货物和服务（包括耐用品，如汽车、洗衣机、家用电脑等）的市场价值，不包括购买住房的支出，但包括业主自住房屋的估算租金，也包括为取得许可证和执照向政府支付的费用。此处居民消费支出包括为居民服务的非营利机构的支出。
② 长期以来，俄罗斯存在严重的贫困问题和大量低收入群体。

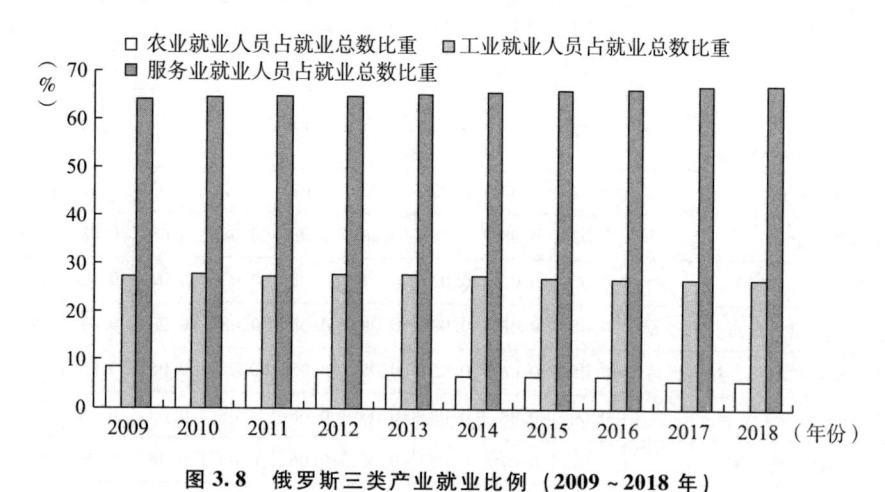

位最多的产业，一部分农业就业人员转移至服务业。

图 3.8　俄罗斯三类产业就业比例（2009~2018年）

在第二产业中，就业人数较高的行业依次为制造业，建筑业，电力、燃气和水，采矿业。近几年，这些行业的就业比例基本稳定于14%、8%、3%、2%。第三产业是俄罗斯产业结构中就业比例最高的产业，其中批发、零售贸易，机动车及个人家庭用品修理业所占就业比例为所有行业中最高，2017年该行业就业比例为19%。此外，交通和通信行业，房地产、租赁和商务服务业，教育行业的就业比例不相上下，均维持在8%的水平，仅次于批发、零售贸易，机动车及个人家庭用品修理业的就业比例。可以发现，相较于农业和工业两类产业，服务业作为典型的劳动力密集型产业，该产业较高的就业比例恰好反映出服务业的本质特征。

表 3.12　俄罗斯各行业就业比例（2009~2017年）

	2009	2010	2011	2012	2013	2014	2015	2016	2017
劳动力（千人）	75694	75478	75779	75676	75529	75428	76588	76636	76109
就业人数（千人）	69410	69934	70857	71545	71391	71539	72324	72393	72142
渔业	0.00	0.00	0.00	0.00	0.00	0.00	0.00	0.00	NA
采矿业	0.01	0.02	0.02	0.02	0.02	0.01	0.01	0.02	0.02
制造业	0.15	0.15	0.15	0.14	0.14	0.14	0.14	0.14	0.14
电力、燃气和水	0.03	0.03	0.03	0.03	0.03	0.03	0.03	0.03	NA

续表

	2009	2010	2011	2012	2013	2014	2015	2016	2017
建筑业	0.08	0.08	0.08	0.08	0.08	0.08	0.08	0.08	0.09
批发、零售贸易，机动车及个人家庭用品修理业	0.17	0.17	0.17	0.17	0.17	0.18	0.18	0.18	0.19
住宿和餐饮业	0.02	0.02	0.02	0.02	0.02	0.02	0.02	0.02	0.02
交通和通信	0.08	0.08	0.08	0.08	0.08	0.08	0.08	0.08	NA
金融业	0.02	0.02	0.02	0.02	0.02	0.02	0.02	0.02	0.02
房地产、租赁和商务服务业	0.08	0.08	0.08	0.08	0.08	0.08	0.08	0.08	NA
公共管理和国防，社会保障	0.05	0.06	0.05	0.05	0.05	0.05	0.05	0.05	NA
教育	0.09	0.08	0.08	0.08	0.08	0.08	0.08	0.08	0.08
卫生和社会性福利	0.07	0.07	0.06	0.06	0.06	0.06	0.06	0.06	0.06
其他团体、社会和个人服务活动	0.04	0.04	0.04	0.04	0.04	0.04	0.04	0.04	NA

资料来源：Wind 数据库。

第三节 蒙古国经济发展现状

一 经济增长与外汇储备

蒙古国位于中国和俄罗斯之间，是被两国包围的一个内陆国家，国土面积1564120平方公里，占"一带一路"沿线国家的3.02%，占世界的1.16%。2015年，蒙古国人口数量为2959134人，占"一带一路"沿线国家的0.06%，占世界的0.04%。2018年，蒙古国人口数量达到3121772人，人口增长较快。蒙古国早期实行计划经济体制，效果不显著，经济出现严重衰退。1991年苏联解体和经济互助委员会的解散，使蒙古国失去了主要的投资者和市场，带来了巨大的经济损失。为了赢得西方国家的政治、经济援助，蒙古国政府不断复制以自由化、私有化和市场化为核心内容的西方新自由主义话语与实践。在较短的时间内，蒙古国政府对国有财产进行了大规模的私有化，涉及农牧业、房产、土地、服务行业等多个领域，同时实行人口流动自由化以及经济领域的市场化和自由化①。随着1994年逐步转入市场经济正轨，蒙古国经济开始复苏。作为世界上丰富的矿产煤炭资源大国，资源类国际大宗商品的价格变化对蒙古国经济发展的影响较大，蒙古国在国际竞争中的比较优势主要体现在矿产资源上。2002年以来，资源类国际大宗商品价格上涨明显，通过与国际市场接轨，蒙古国的矿产资源得到了大规模开发，矿产贸易业发展迅速，经济实现了较快发展。

蒙古国的经济增长具有"过山车"式特征，经济增速主要受国际能源产品价格变化以及进出口规模影响，蒙古国的对外贸易依赖度较高。如表3.13所示，2009年，蒙古国GDP为45.84亿美元，2013年，蒙古国GDP达到125.82亿美元。2011年，蒙古国经济增速达到17.29%的高速度，这一时期中国作为蒙古国的第一大出口国和重要邻国，双方加强贸易往来和贸易额，中蒙间的矿产煤炭等资源商品贸易规模激增。2014年开始，蒙古国经济总量呈现下降趋势，2016年蒙古国GDP增速降至1.17%的低点，主要是受矿产煤炭等资源出口不利影响。2016年，蒙古国GDP约为111.87亿美元，占"一带一路"沿线国家的0.05%，占世界的0.02%，人均GDP约为3695.17美元，低于"一带一路"沿线国家平均水平。随着2016年末国际市场煤炭等大宗商品价格的回升，蒙古国经济开始缓慢回升，2017年蒙古国GDP为114.34亿美元，GDP增速为5.30%，人均GDP为3717.47美元，目前蒙古国属于中等偏下收入（1045~4125美元）国家行列②。

表3.13 蒙古国经济发展状况（2009~2017年）

年份	名义GDP（万美元）	人均GDP（美元）	GDP增速（%）
2009	458385.04	1717.899	-1.27
2010	718948.18	2650.354	6.37
2011	1040979.76	3769.595	17.29

---

① 伊丽娜、石腾飞：《蒙古国"牧民工"城市化及其问题——基于乌兰巴托"蒙古包区"的实证研究》，《内蒙古民族大学学报》（社会科学版）2016年第2期。
② 国家开发银行等：《"一带一路"经济发展报告》，中国社会科学出版社，2017，第123~124页。

续表

年份	名义GDP（万美元）	人均GDP（美元）	GDP增速（%）
2012	1229277.06	4368.082	12.32
2013	1258212.26	4385.379	11.65
2014	1222651.47	4181.583	7.89
2015	1174962.06	3946.962	2.38
2016	1118673.47	3695.165	1.17
2017	1143363.59	3717.473	5.30

资料来源：世界银行。

蒙古国通货膨胀较为严重[①]，CPI指数波动周期与经济增速相比要滞后一段时间（见图3.9）。2010~2014年，蒙古国的CPI指数在中高位徘徊。2012年蒙古国CPI指数为14.32%，2013年CPI指数略有下降，2014年CPI指数急剧上升，达到12.23%，这是由于食品、能源、电力、燃料等行业的价格急剧上升，这些与居民生活息息相关的行业对居民影响较大，使得蒙古国居民对货币的信心产生动摇，影响了经济社会稳定。2015年开始，蒙古国的CPI指数逐步下降。

图3.9 蒙古国通货膨胀率变化（2009~2017年）

① 蒙古国在市场经济未步入正轨时，商品价格稳定，售价偏低，通货膨胀率一直处于较低水平。随着市场经济体制的正式运营，蒙古国正式与国际市场接轨，为了缓解通货紧缩，蒙古国加大了货币杠杆的调节作用，适时增加市场上货币供应量，至此各类商品价格上扬，出现通胀现象。

蒙古国货币增发量超过正常发行规模。2009~2017年，蒙古国货币供应量M2变化剧烈，2009年蒙古国货币供应量M2为2.88万亿图格里克，2014年突破10万亿图格里克的流通量，2017年M2达到15.86万亿图格里克（见表3.14）。2012年末，蒙古国通过国家开发银行向国际市场筹集20.8亿美元资金，形成了预算外支出的重要渠道来源。2013年，蒙古国银行采取了一系列的扩张性货币政策以刺激经济发展。主要政策有：向商业银行追加9000亿图格里克存款，增加商业银行的流动性；2013年分三次降低政策利率，从13.25%降低到10.5%；为保持价格稳定，重点强化了对建筑业、肉类、面粉相关产业的信贷支持。2013年央行增加信贷资金3.2万亿图格里克，相当于GDP的17%。宽松的货币政策维持了当年双位数的经济增长，尤其是维持了建筑业和住房市场的繁荣，因为两者就占银行信贷的70%。流动性信贷增加带来的不利后果就是转变为需求拉动型通货膨胀，中央银行不得不在稳定经济增长与保持物价稳定之间进行取舍，尤其是在国际收支与财政收支双赤字的情况下，政策的选择就变得尤为困难。2014年开始，蒙古国央行调整了货币政策，以解决通货膨胀和国际收支问题①。同时，蒙古国商业银行不良贷款管控效果不明显，不良率持续攀升，银行资产质量进一步恶化。截至2016年末，蒙古国商业银行贷款余额12.4万亿图格里克（约51.67亿美元），不良贷款达10828亿图格里克（约4.51亿美元），同比增长4.5%，其中，关注类贷款余额9128亿图格里克（约为3.8亿美元），同比增长6.9%。不良率从2013年末的5.27%增至2016年末的9.2%。随着经济增速放缓，沉重的内外债压力成为制约政府财政政策实施的重要掣肘因素②。

蒙古国对外债务负担严重。2017年，蒙古国全部外债总额达到281.99亿美元，按人口平均，人均债务额为9168.34美元，全部国家债务总额占GDP的比重为246.63%。在债务形式上，蒙古国对外债务多是与多边、双

---

① 张俊勇、张玉梅：《蒙古国经济形势分析》，《内蒙古财经大学学报》2017年第2期。
② 姜其林：《蒙古国经济金融发展现状及内蒙古对蒙金融货币合作问题研究》，《中国信用卡》2018年第8期。

边机构签订协议获得的软贷款,也有是工商企业从境外获得的商业贷款。2017年,蒙古国迎来密集的债务兑付期,年初甚至一度出现民众捐献工资、珠宝、马匹等帮助国家还债的情况。在采矿业复苏拉动和国际社会的帮助下,2017年上半年蒙古国经济增长5.3%,8月末外汇储备余额达16亿美元,债务形势有所好转。在此情况下,蒙古国币值汇率出现暂时的相对稳定。2017年9月末,1美元兑2454.29图格里克,虽较2016年末有微弱回升,但相比2013年末仍下降46.56%。

蒙古国外汇储备波动剧烈。2016年,蒙古国外汇储备仅为12.96亿美元,同比下降2.03%。与此对应,蒙古国货币图格里克对美元大幅贬值。2016年6月24日,汇率为1937.5图格里克兑换1美元,8月24日,汇率为2260图格里克兑换1美元,两个月下跌逾16%。2016年末,汇率为2482.57图格里克兑换1美元。2017年,蒙古国的国际储备为30.08亿美元,同比增长132.04%,外汇储备增加使得蒙古国的对外支付能力有所提升(见表3.14)。

表3.14 蒙古国货币供应、外汇储备及外债情况(2009~2017年)

年份	货币供应量M2 (百万图格里克)	货币供应量M1 (百万图格里克)	国际储备 (百万美元)	国际储备同比增长(%)	外债总额存量 (美元)
2009	2880033.9	651247.00	1327.40	101.90	2985760385
2010	4679981.4	1157617.90	2288.00	72.40	5927964745
2011	6412259.3	1741075.70	2450.60	7.10	9629385296
2012	7617272.4	1835413.20	4125.80	68.40	15567002572
2013	9450952.8	2083310.40	2248.00	-45.50	19181038170
2014	10635821.8	1816686.60	1649.90	-26.60	21190754589
2015	10050229.5	1685442.80	1323.10	-19.81	21939939185
2016	12075747.2	2089379.20	1296.30	-2.03	25740084790
2017	15861198.5	2825996.80	3008.10	132.04	28198565581

资料来源:Wind数据库和世界银行数据库。

二 城镇化与产业结构

(一)城镇化水平

蒙古国总人口数量呈现逐年增长的特征,城镇化保持在较高的水平。

2011年，蒙古国城镇化率达到67.96%，至2017年，蒙古国的城镇化率仅增长0.4个百分点（见图3.10）。蒙古国要实现人口从农村向城市的转移，必须提升医疗、卫生、教育等社会公共服务水平，使之能够满足城市新增人口的生活需要。

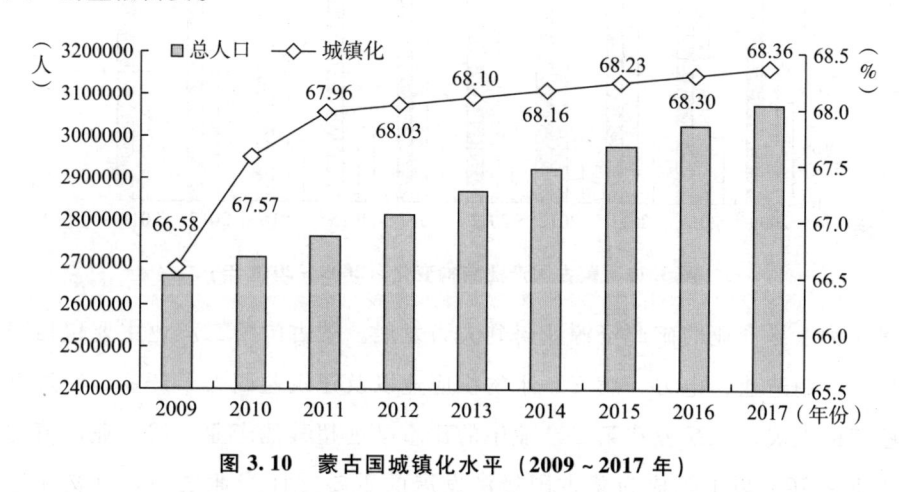

图3.10 蒙古国城镇化水平（2009~2017年）

（二）产业结构

蒙古国产业结构持续调整，农业、工业、服务业增加值占GDP比重的变化较为明显，1995年蒙古国农业、工业、服务业产业增加值比为41∶25∶34，2009年三个产业比值调整为18∶30∶52，2015年变化为14∶34∶52，2017年三个产业结构调整为10∶38∶52（见图3.11）。农业在蒙古国国民经济中的地位持续走低，工业比重有所上升，服务业比重稳步提升。但与世界同期的三次产业结构水平3.9∶27.7∶68.4相比，蒙古国农业比重相对较高，服务业比重仍有较大上升空间[1]。

矿产业和畜牧业是蒙古国的经济支柱性产业。畜牧业是其传统产业，是国民经济的基础，也是加工业和生活必需品的主要原料来源，畜牧业产值占农牧业总产值的80%；随着近几年蒙古国粮食产量逐年增加，可以完全满足本国需求。蒙古国实行市场经济体制后，确立能源矿产的主导经济地位，引进先进的能源生产工艺，制定了科学合理完善的开采战略，使

---

[1] 国家开发银行等：《"一带一路"经济发展报告》，中国社会科学出版社，2017，第125页。

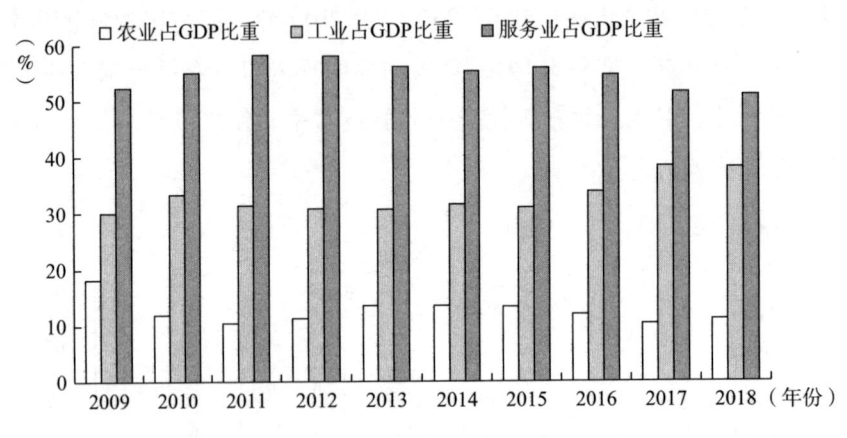

图 3.11 蒙古国产业结构变化（2009～2018 年）

得作为主导产业的矿产资源业得到大力发展。蒙古国第二产业主要包括采矿业、制造业、电力、燃气、水的供应业以及建筑业四大子产业，经过近些年的发展，采矿业在第二产业中的比重已远超其他产业，占工业产值的比重在 70% 以上，成为蒙古国经济发展的重要支柱产业之一。以交通运输、信息通信、金融保险、旅游产业为主的现代化第三产业发展尚不成熟。

三 对外贸易

因矿产能源丰富，蒙古国在国际分工中的地位日益重要，随着国际接轨的程度日渐加深，蒙古国对外贸易稳定增长，虽有回落但已经回暖。2017 年，蒙古国与世界 163 个国家开展贸易，对外贸易总额 105.38 亿美元，增长 27%（见表 3.15）。其中，出口额 62.01 亿美元，增长 26.1%；进口额 43.37 亿美元，增长 29.1%。2014 年，蒙古国进出口总额达到历史最高值，为 109.05 亿美元，并在 2014 年开始实现贸易顺差。2015 年，蒙古国进出口总额达到 84.66 亿美元，约为 GDP 的 90%。其中，出口额为 46.69 亿美元，进口额为 37.97 亿美元。蒙古国经济的对外贸易依存度很高，占"一带一路"沿线国家总进口额的 0.08%。对外贸易依存度过高增大了蒙古国经济发展的不确定性。

表 3.15 蒙古国对外贸易发展情况（2009～2017 年）

单位：美元

年份	进口	出口	进出口总额
2009	2131300000	1902600000	4033900000
2010	3278000000	2899200000	6177200000
2011	6598400000	4817500000	11415900000
2012	6738400000	4384700000	11123100000
2013	6357821461	4269100000	10626921461
2014	5131455440	5774330000	10905785440
2015	3796591418	4669300000	8465891418
2016	3339603834	4916300000	8255903834
2017	4337319902	6200700000	10538019902

资料来源：联合国商品贸易统计数据库。

四 居民生活与就业

蒙古国消费支出占 GDP 的比重波动较为剧烈（见图 3.12），2009 年消费支出占比为 72.55%，2011 年为 63.74%，2015 年为 72.58%，2017 年为 62.65%。主要原因是蒙古国自身产业结构较为单一，矿产收入受国际价格波动影响较大，当大宗商品价格下行压力严重时，蒙古国居民收入会大幅缩水，蒙古国国内存在的通货膨胀、货币贬值等因素也会影响消费支出。

蒙古国居民消费差异大，总体上处于生存型消费层次。蒙古国作为典型的以畜牧、矿产业为主的内陆型国家，畜牧业和采矿业生产收入是其主要收入来源。除此之外，收入来源还有采集业收入、手工业收入、服务业收入、工资性收入、社会保障性收入（养老金）和转移性收入[①]。蒙古国消费结构基本以生活必需品为主，受自然条件的限制，其食物、服装等必须依赖国外进口，进口商品的价格将会影响居民的消费支出。蒙古国牧民的

---

① 达古拉、乌日陶克套胡：《蒙古国牧户收入研究》，《内蒙古师范大学学报》2015 年第 6 期。

消费总体上处于生存型消费层次，衣、食、住等方面的消费刚刚得到满足，与发展型消费和享受型消费尚存在一定的差距。蒙古国居民消费呈现多元化特征，自给性消费与商品性消费相互补，本土性消费品与国际性消费品相融合。蒙古国国内所需91.7%和87.7%的植物油和面粉都是从俄罗斯进口，96.9%的大米从中国进口。居民生活用品大多从俄罗斯、中国进口，同时也依靠蒙古国国内生产的肉乳、皮毛、毡子、蒙古包、蒙古袍、靴子、羊绒制品等本土性消费品来满足生活所需①。

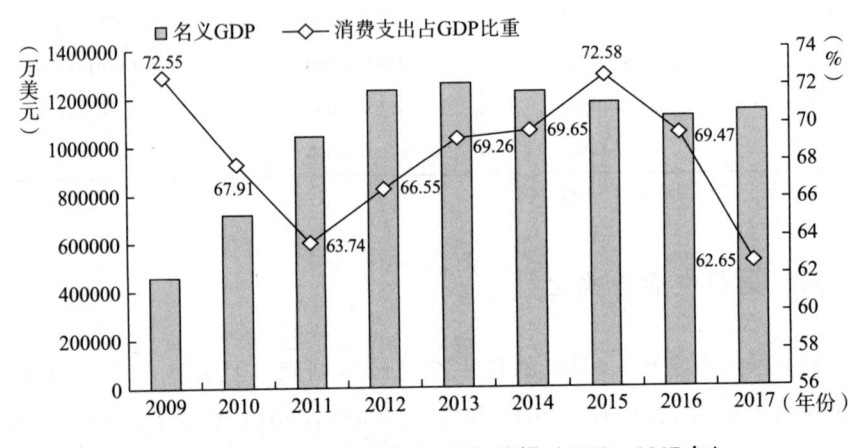

图 3.12 蒙古国消费支出占 GDP 份额（2009～2017 年）

蒙古国三次产业就业结构与三次产业增加值结构基本保持同步变化。2009年，蒙古国农业就业人数占比为40.01%，工业就业比重为14.94%，服务业就业比重为45.04%，农业和服务业是蒙古国的主要就业部门；2017年，蒙古国服务业就业人员比重为52%，占据绝对主导地位，农业就业比重为28.78%，工业就业人员比重为19.22%（见图3.13）。伴随蒙古国工业的发展，吸纳了较多的农业就业人口，同时服务业也创造了更多的工作岗位。随着蒙古国产业结构升级的持续进行，三次产业就业结构将会进一步调整。

---

① 格日乐其其格、楚力顿苏荣：《蒙古国牧民的消费研究》，《内蒙古师范大学学报》2015年第6期。

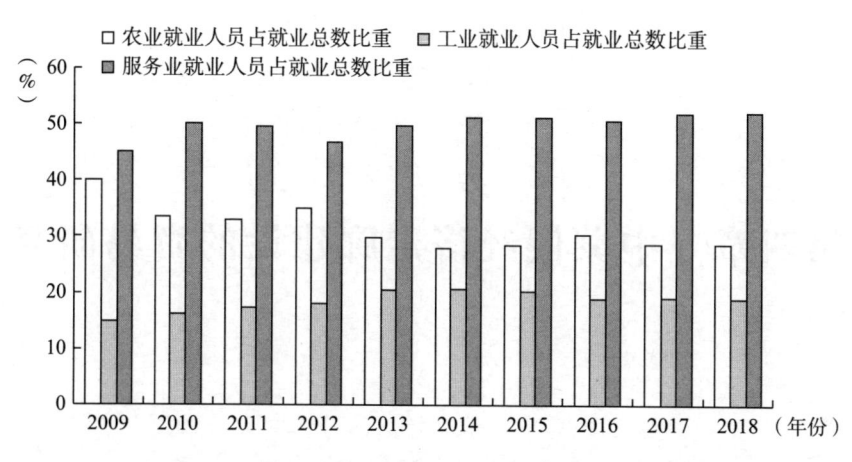

图 3.13　蒙古国三类产业就业比重（2009～2018 年）

第四章　中蒙俄经济走廊建设的贸易研究

第一节　中国与俄罗斯双边贸易分析

一　中国与俄罗斯贸易现状

中国是俄罗斯第一大贸易伙伴，并且是俄罗斯对外出口的十五大贸易伙伴中增速最快的国家。2018年，中俄双边贸易总额为1070.26亿美元，其中中国对俄罗斯出口479.11亿美元，进口591.15亿美元，处于贸易逆差状态（见表4.1）①。长期以来，除了个别年份，中国对俄罗斯贸易一直处于逆差状态。中俄两国的贸易总额增长迅速，从1999年的57.19亿美元增长到2018年的1070.26亿美元，双边贸易呈现稳步增长形势。2015年，中俄双边贸易额严重下降，从952.70亿美元下降到680.16亿美元，2016年中俄双边贸易额保持在696.16亿美元，中国对俄罗斯出口和俄罗斯对中国出口均严重下滑。2017年，中俄双边贸易总额为842.21亿美元，其中，中国对俄罗斯出口428.31亿美元，同比增长14.5%；进口413.90亿美元，同比

---

① 据俄罗斯海关统计，2018年俄罗斯与中国的双边货物贸易额为1082.8亿美元，增长24.5%。其中，俄罗斯对中国出口560.8亿美元，增长44.1%，占其出口总额的12.5%，提高1.6个百分点；俄罗斯自中国进口522.0亿美元，增长8.6%，占其进口总额的22.0%，提高0.9个百分点。俄罗斯对中国贸易顺差38.7亿美元，增长142.4%。

增长 28.3%①。

表 4.1 中国与俄罗斯进出口状况（2009~2018 年）

单位：万美元

年份	中俄进出口总额	中国对俄罗斯出口总额	中国对俄罗斯进口总额
2018	10702600	4791126	5911474
2017	8422089	4283060	4139029
2016	6961592	3735577	3226015
2015	6801554	3475688	3325866
2014	9527045	5367694	4159351
2013	8925900	4959117	3966783
2012	8821100	4405596	4415504
2011	7927339	3890352	4036987
2010	5553311	2961207	2592104
2009	3875154	1751858	2123296

资料来源：《中华人民共和国统计年鉴》（2010~2019 年）和中华人民共和国海关总署。

农产品合作成为中俄两国经贸务实合作的新热点。近年来，中俄农产品贸易稳步发展，成为双边贸易新增长点。每年我国出口大量农产品，出口最多的国家是俄罗斯。经过俄罗斯海关统计，我国是俄罗斯农产品进口最多的国家，且进口数量每年都在增加。我国每年都从俄罗斯进口大量的鱼类产品，俄罗斯是我国鱼类产品进口最多的国家。2017 年中俄农产品贸易总额突破 40 亿美元，中国从俄罗斯进口了大量的海产品、油籽、粮食等。俄罗斯大豆、植物油、糖果、海鲜、面粉、油菜籽、亚麻籽等产品先后进入中国市场。根据中国商务部数据，2017 年前 11 个月，中俄农产品贸易增长了 31%。绥芬河地区已有诸多中国企业与俄罗斯食品企业合资设厂生产俄罗斯食品，并有部分俄罗斯企业直接投资设厂，以满足不断扩大的市场需求。2015 年 10 月，中国成立了"亚太粮食产业发展基金"，并在俄罗斯建立了农工产业一体化的经济贸易合作区。2016 年 4 月，为促进远东地区

---

① 据俄罗斯海关统计，2017 年俄中贸易额达到 869.64 亿美元，同比增长 31.5%。其中，出口达到 389.22 亿美元，同比增长 38.9%；进口 480.42 亿美元，同比增长 26.1%。

的农业发展,中俄两国签署中俄两国农工产业发展的协议,审核的项目约有27个。农业是国家发展的基础,中俄两国农产品深入合作对促进中俄两国农业快速发展起到重要作用,也拉动了两国间其他产品贸易的发展,有效促进了中俄经贸可持续发展。

能源贸易是中俄贸易的重要内容。我国每年需要从俄罗斯进口大量石油和天然气。俄罗斯自然资源储量丰富,中东部地区石油和天然气产量丰富,一直都是世界上出口石油、天然气、金属材料等物资的资源大国。俄罗斯中东部地区与我国接邻,为中俄能源合作提供了机遇。随着中俄能源贸易的发展,中俄拓展了油气融资、油气工程装备制造和技术开发等领域的合作,取得了较大进展。在原油方面,2016年中国从俄罗斯进口原油5238万吨,同比增长23.4%,是俄罗斯最大的原油进口国。2017年这一数据达到5975万吨,增长14.07%。2018年1月中俄输油管道二期工程正式运营以来,截至2月28日已经突破11495万吨。在天然气和石化方面,2016年9月,中俄双方共同开展天然气和石化的研究。在矿产品方面,矿产品是俄罗斯对中国出口的主要产品。2018年俄罗斯对中国出口矿产品427.1亿美元,增长61.9%,占俄罗斯对中国出口总额的77.9%。俄罗斯对中国出口的矿产品主要为矿物燃料、矿物油及其产品、沥青等,2018年出口412.2亿美元,占其对中国出口总额的73.5%。伴随中俄能源贸易的不断扩大,中俄能源技术合作是中俄贸易发展的新领域,将使中俄经济合作迈上新的台阶。

2018年5月17日,在哈萨克斯坦阿斯塔纳经济论坛期间,中国商务部与欧亚经济委员会执委会及欧亚经济联盟各成员代表共同签署了《中华人民共和国与欧亚经济联盟经贸合作协定》①。协定范围涵盖海关合作和贸易便利化、知识产权、部门合作以及政府采购等13个章节,包含电子商务和竞争等新议题。双方同意通过加强合作、信息交换、经验交流等方式,进一步简化通关手续,降低货物贸易成本。协定目标是进一步减少非关税贸易壁垒,提高贸易便利化水平,为产业发展营造良好的环境,促进我国与

---

① 《欧亚经济联盟同中国签署经贸合作协议》,哈萨克国际通讯社,https://www.inform.kz/cn/article_a3255193。

联盟及其成员经贸关系深入发展,为双方企业和人民带来实惠,为双边经贸合作提供制度性保障。2018年12月6日,欧亚经济最高理事会会议在俄罗斯圣彼得堡召开,会议决定中国与欧亚经济联盟及其成员签署的《中华人民共和国与欧亚经济联盟经贸合作协定》正式生效[1]。中国与欧亚经济联盟成员发展自由贸易区前景向好[2]。

中俄两国的跨境电商发展迅猛。电商是互联网飞速发展时代中的一种新兴业态,中俄贸易合作快速发展为跨境电商发展提供了机遇,中俄跨境电商发展速度迅猛,中俄跨境电商的快速发展也促进了中俄贸易的深入开展。目前有很多电商平台开展中俄跨境电商业务,比如阿里、京东和淘宝。中国成为俄罗斯跨境电商的第一大商品来源国。

二 中国与俄罗斯贸易强度分析

(一) 指标介绍

贸易强度(结合度)指数由布朗首先提出[3],后经小岛清等人的完善,逐渐发展成为统计学和经济学一项重要的贸易指标[4]。贸易强度指数是一个较为综合的指标,常被用来衡量贸易伙伴间贸易联系的紧密程度,可分为出口强度和进口强度。贸易出口强度指数是指一国对特定贸易伙伴国的出口占该国出口总额的比重,与该贸易伙伴国进口总额占世界进口总额的比重之比。该指标也可以看作一国对特定贸易伙伴国的出口占该国所有进口的比重,除以一国出口占全世界出口的份额。举例来说,中国出口占全世界出口的20%,那么中国对俄罗斯等所有单一国家的出口应该也占俄罗斯

---

[1] 《中国与欧亚经济联盟签署的经贸合作协定正式生效》,中国经济网,http://intl.ce.cn/specials/zxgjzh/201812/11/t20181211_31007835.shtml。

[2] 2017年5月,欧亚经济联盟与越南签署了自贸区协议,2018年与伊朗也签署了自贸区临时协议。

[3] Brown, J., *App lied Economics: Aspects of the World Economy in Warand Peace* (London: Allenand Unwin, 1949).

[4] Kiyoshi, K., "The Pattern of International Trade among Advanced Countries", *Hitotsubasbi Journal of Economics* 5 (1), 1964, pp. 16 – 36.

等所有单一国家进口的20%，否则，中国对特定国家的出口可能出现其他情况，多于20%或者少于20%。贸易进口强度指数是指一国与该贸易伙伴国进口总额占该国进口总额的比重，与该贸易伙伴国出口总额占世界出口总额的比重之比。具体计算公式为：

$$TII_x = (X_{ij}/X_i)/(M_j/M_w) \quad (4.1)$$

$$TII_m = (M_{ij}/M_i)/(X_j/X_w) \quad (4.2)$$

其中，TII_x代表i国对j国的出口强度，TII_m代表i国对j国的进口强度；X_{ij}和M_{ij}分别表示i国对j国进口总额和出口总额；X_i和M_i分别表示i国的出口总额和进口总额；X_j和M_j分别表示j国的出口总额和进口总额；X_w和M_w分别表示世界的出口额和进口额。

如果贸易强度指数小于（或等于）1，说明i、j两国的双边贸易联系不紧密，低于与世界其他国家的联系程度；如果贸易强度指数大于1，则说明i、j两国的双边贸易联系紧密，高于与世界其他国家的联系程度。并且，贸易强度指数越大，说明双边贸易联系越紧密；反之，双边贸易联系越疏远。此外，如果i国对j国的出口强度（或进口强度）与j国对i国出口强度（进口强度）出现一高一低的情况，则说明两国的产业内贸易水平不高。

（二）商品贸易强度分析

根据公式（4.1）和公式（4.2），计算得出2009~2017年中国与俄罗斯的贸易强度指数（见表4.2）①。

表4.2　中国与俄罗斯的贸易强度指数（2009~2017年）

项目	指标	2009年	2010年	2011年	2012年	2013年	2014年	2015年	2016年	2017年
中国对俄罗斯	TII_x	1.09	1.27	1.24	1.27	1.35	1.53	1.40	1.59	1.49
	TII_m	0.89	0.72	0.83	0.86	0.74	0.81	0.96	1.15	1.11
俄罗斯对中国	TII_x	0.70	0.55	0.71	0.70	0.66	0.73	0.82	1.01	1.02
	TII_m	1.41	1.66	1.53	1.49	1.46	1.45	1.41	1.61	1.67

① 中国、俄罗斯的商品贸易统计数据来源于联合国商品贸易数据库（International Trade Statistics Data base）和各年度世界商品进出口总额数据来源于世界银行数据库，本章同下。

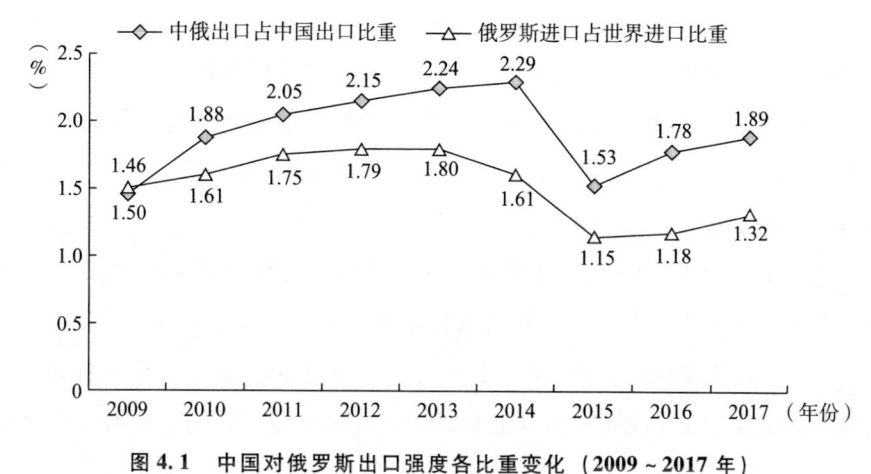

图 4.1　中国对俄罗斯出口强度各比重变化（2009～2017 年）

图 4.2　俄罗斯对中国进口强度各比重变化（2009～2017 年）

根据表 4.2，分析中国对俄罗斯的出口强度和俄罗斯对中国的进口强度。2009～2017 年，中国对俄罗斯的出口强度和俄罗斯对中国的进口强度始终大于 1，说明中国对俄罗斯的出口水平始终高于同期俄罗斯在世界贸易中的进口水平，俄罗斯对中国的进口水平同样高于同期中国在世界贸易中的出口水平。与之不同的是，中俄进口强度在中蒙俄经济走廊纲要发起后开始快速回升，直到 2016 年中国对俄罗斯的进口强度和俄罗斯对中国的出口强度实现大于 1，扭转了长期以来中国对俄罗斯的进口水平低于同期俄罗斯在世界贸易中的出口水平、俄罗斯对中国的出口水平低于同期中国在世界贸易中的进口水平的状况，这与中俄双边贸易地区的结构有关。2009～

2017年中国对俄罗斯出口强度各比重变化如图4.1所示,俄罗斯对中国进口强度各比重变化如图4.2所示。2017年中国在俄罗斯的十大进出口市场中双双位列第一,俄罗斯在中国十大进口来源地中位列第九,但排在中国十大出口市场之外;2013年中国为俄罗斯第六大出口市场和第一大进口来源地,俄罗斯并非中国主要进出口国家。

进一步分阶段分析中国对俄罗斯的出口强度和俄罗斯对中国的进口强度,发现中国与俄罗斯双边贸易紧密程度变化可以分为三个阶段。

第一阶段为2009~2013年,中国对俄罗斯的出口强度和俄罗斯对中国的进口强度大于1,说明中国对俄罗斯的出口水平高于同期俄罗斯在世界贸易中的进口水平,俄罗斯对中国的进口水平高于同期中国在世界贸易中的出口水平。其中,中国对俄罗斯的出口强度在2010年大幅上升后在1.2~1.3的区间小幅波动,俄罗斯对中国的进口强度自2010年上升后持续下降。2010年,中国对俄罗斯出口强度、俄罗斯对中国进口强度大幅上升(见图4.1和图4.2),2010年中国出口占世界出口比重相较2009年基本持平,但2010年俄罗斯对中国进口占俄罗斯进口比重和中国对俄罗斯出口占中国出口比重相较2009年大幅上升,说明中国对俄罗斯出口、俄罗斯对中国进口在2010年规模剧增,这与2010年中国成为俄罗斯最大的贸易伙伴事实相符。关秀丽在对中俄经贸结构分析中发现,2010年中俄边境贸易占双边贸易总额的13.7%,增长32%;另外,2010年中国对外直接投资额为5.94亿美元,同比增长43.8%[①]。贸易强度的上升与中国对俄罗斯的投资和边境贸易规模的扩大密不可分。造成俄罗斯对中国的进口强度持续向下的原因是,2010~2011年俄罗斯进口额占世界进口比重明显下降,中国出口占世界出口比重相对平稳。由图4.2可知,俄罗斯在2011年进口总额明显增加,俄罗斯对中国的进口比重上升速度低于俄罗斯总进口额的上升速度,由此俄罗斯对中国的进口强度在2011年大幅下降。2011~2013年,俄罗斯对中国进口额占俄罗斯进口比重低于中国出口额占世界出口比重,主要是中国的出口规模在此期间连续上升,虽然俄罗斯对中国进口以及俄罗斯进口都有

---

① 关秀丽:《俄罗斯入世后中俄经贸结构的调整探析》,《宏观经济管理》2011年第12期。

较大的增长，但其增长速度远不及中国出口水平的增长速度。

第二阶段为 2013~2015 年，中国对俄罗斯出口强度与俄罗斯对中国进口强度都大于 1，且都呈现波动上升的趋势。说明中国对俄罗斯的出口水平高于同期俄罗斯在世界贸易中的进口水平，俄罗斯对中国的进口水平高于同期中国在世界贸易中的出口水平。2014 年，中国对俄罗斯出口占中国出口总额的比重达到了 2009~2017 年的最高值，中国的出口规模依然处于稳步增长的态势，俄罗斯进口占世界进口比重却出现了"跳水式"下降。根据联合国贸易数据库统计，2014 年中国对俄罗斯出口额首次突破 500 亿美元，比 2013 年增加近 40 亿美元，可以看出，中国经济强劲的增长动力对"一带一路"沿线国家的对外经贸发展影响深远。2014 年，由于乌克兰危机的爆发，俄罗斯受到以美国为首的西方国家的经济制裁，对外贸易总额骤降，其中出口额同比下降 5.8%，进口额同比下降 9.2%。可见，进口总额比出口总额下降的幅度更大。其中，俄罗斯与主要贸易伙伴欧盟、独联体国家、意大利、德国的贸易额相比 2013 年都有所下降。吴盼盼针对俄罗斯受到西方制裁的背景下，分析了俄罗斯的外贸地区结构、外贸国别结构、外贸商品结构，得出 2014 年俄罗斯对外贸易呈现显著下降、燃料能源产品动力减弱、贸易合作对象有所转变的特点[①]。2015 年，中国对俄罗斯出口占中国出口比重和俄罗斯进口占世界进口比重双双出现断崖式下跌，与中国出口占世界出口比重持续上升的表现截然相反。2015 年中俄贸易总额同比下降 27.8%，是全球经济危机以来的最低值。中国经济进入新常态，转型升级是中国当前面临的严峻考验。而俄罗斯经济逐步衰退，市场萎缩严重，国际大宗商品价格大幅跳水，国际油价跌幅超过 43%，对于同样数量的商品，贸易额大幅减少。针对中俄贸易下滑的原因，张红霞分析认为中俄贸易规模小且贸易失衡、俄罗斯贸易壁垒问题突出、俄罗斯贸易秩序问题突出等因素导致中俄贸易的萎缩[②]。

第三阶段为 2015~2017 年，中国对俄罗斯的出口强度和俄罗斯对中国

---

① 吴盼盼：《西方制裁下的俄罗斯对外贸易现状分析》，《经济论坛》2015 年第 6 期。
② 张红霞：《中俄贸易下滑原因和对策分析》，《改革与战略》2017 年第 5 期。

的进口强度大于1，且都出现了小幅回升，贸易强度指数较为稳定。由于受到美国贸易保护主义的影响，中国出口规模呈现小幅下滑。与此同时，中蒙俄经济走廊建设进入实质性阶段，双边贸易合作计划逐渐实施，"一带一路"成果初步显现。中国与俄罗斯在经贸、投资、人文等领域展开较大规模合作，俄罗斯对中国进口占俄罗斯进口额的比重、中国对俄罗斯出口占中国出口的比重逐年回升，双边贸易联系愈发紧密。苏哈列夫和徐向梅对中国和俄罗斯1995~2017年的贸易结构进行分析研究发现，中国在俄罗斯的市场地位明显提高，中国在俄罗斯出口及其对外贸易中的比重在2011~2017年分别增长近6%和5%。2017年俄罗斯与中国的贸易逆差从180亿美元降至80亿美元。随着中俄贸易规模的扩大，中俄贸易结构也在调整优化。俄罗斯对中国的出口结构中，矿产品比重正在减少，木材、纸制品、化工产品、金属和食品的出口正在增加。俄罗斯自中国进口的情况也在发生变化，机械和设备的进口增长近10%，纺织品和鞋类在进口中的比重正在下降[①]。

根据表4.2，分析中国对俄罗斯的进口强度和俄罗斯对中国的出口强度。2009~2017年，中国对俄罗斯的出口强度（或进口强度）与俄罗斯对中国的出口强度（或进口强度）出现一高一低，这说明俄罗斯对中国出口市场的依赖强于中国对俄罗斯出口市场的依赖，双方贸易往来不对称，以中国进口强度反映的双边贸易强度不及以中国出口强度反映的双边贸易强度，也说明2016年以前中俄之间产业内贸易水平不高。尽管中俄贸易近年来面临较大挑战，波动较为剧烈，但在中蒙俄经济走廊的建设下，中俄双边贸易仍然表现出紧密联系，与世界其他国家横向对比，属于高贸易强度之列。以美国为例，2015年中美贸易额为5980.7亿美元，中俄贸易额为347.57亿美元，中国对美国的贸易出口强度为1.30，而中国对俄罗斯的贸易出口强度为1.40，中俄之间的贸易强度大于中美间的贸易强度，2009年的对比结果与此类似，充分说明中俄之间的贸易联系相对密切。

进一步分阶段分析中国对俄罗斯的进口强度和俄罗斯对中国的出口强

---

① 苏哈列夫、徐向梅：《中国和俄罗斯的宏观经济发展：贸易现状、结构和前景》，《欧亚经济》2019年第1期。

度，发现中国与俄罗斯双边贸易紧密程度的变化可以分为两个阶段。

第一阶段为 2009~2013 年，中国对俄罗斯的进口强度和俄罗斯对中国的出口强度均小于 1，说明中国对俄罗斯的进口水平低于同期俄罗斯在世界贸易中的出口水平，俄罗斯对中国的出口水平低于同期中国在世界贸易中的进口水平。2009~2013 年，中国对俄罗斯进口强度呈现震荡上升趋势，2009 年由于受国际金融危机影响，中俄双边贸易出现较大程度的缩水，贸易额为 381.4 亿美元，同比下降 30.7%。但随后两年，中俄进出口总额恢复迅速，2010 年双边贸易额为 570.5 亿美元，同比增长 49.6%，超过金融危机之前水平。2011 年，俄罗斯对中国出口 268.8 亿美元，同比增长 39.5%；中国出口俄罗斯 454.5 亿美元，同比增长 20.3%。2013 年中国对俄罗斯进口结构达到近几年最低值，主要原因为国际大宗商品价格指数下滑，由此导致贸易规模缩小。从双边贸易结构来看，中国自俄罗斯的进口一直以资源类产品为主，如矿物燃料、木材、化工产品等。2011 年，中国自俄罗斯进口的矿物产品价值约为 177 亿美元，同比增长 60.8%，占据自俄罗斯进口总额的 65.8%。中国对俄罗斯进口结构较为单一，规模较小，产品层次略低，贸易结构以初级产品为主，贸易联系不紧密。

第二阶段为 2013~2017 年，中国对俄罗斯的进口强度和俄罗斯对中国的出口强度逐渐上升，于 2016 年突破 1，之后在 1 上下波动。2013 年后，尤其是"一带一路"倡议提出后，中国对俄罗斯进口强度和俄罗斯对中国的出口强度呈现大幅上升的态势。2017 年，俄罗斯对中国出口额增加了近 100 亿美元，而 2015~2017 年受经济制裁影响，俄罗斯对中国出口额均低于"一带一路"倡议提出以来的平均水平，贸易额的缩小并没有严重影响中国与俄罗斯的进口强度，相应指数仍然保持上涨趋势。从贸易结构看，中俄两国目前各个领域合作良好，中国加大了对俄罗斯产品的进口，包括但不限于能源矿产，还包括木材、纸制品、运输工具、食品和农业原料。苏哈列夫和徐向梅发现，俄罗斯对中国的出口结构中，矿产品比重正在减少，木材、纸制品、化工产品、金属和食品的出口正在增加；俄罗斯与中国贸易往来的特点是俄罗斯提供初级加工产品和原材料，而中国则提供机械和设备，在俄罗斯实施基础设施项目和大规模建设的背景下，中俄在机械制造领域的合作前景广阔，双方的贸易联系将更加紧密①。

三 中国与俄罗斯产品的比较优势分析

（一）指标介绍

通过中俄贸易强度的计算结果和分析，可以得出中俄间存在紧密的贸易联系。这种紧密的贸易联系是否缘于两国之间存在贸易互补关系？对此，比较中国与俄罗斯两国的显性比较优势指数和显性比较劣势指数，推断中国、俄罗斯分别在不同种类商品上的优势、劣势，以便检验后续的中俄贸易互补性。

显性比较优势指数是巴拉萨测算部分国际贸易比较优势时采用的一种方法，是衡量一国产品或产业在国际市场竞争力的指标②，旨在定量地描述一个国家内各个产业（产品组）相对出口的表现。显性比较优势指数可以通过测算一国总出口中某类商品的出口所占的份额相对于世界贸易总额中该商品贸易所占份额的比率，判定一国的哪些产业更具出口竞争力，从而揭示一国在国际贸易中的比较优势。具体计算公式为：

$$RCA_{xik} = (X_{ik}/X_i)/(W_k/W) \tag{4.3}$$

$$RCA_{mjk} = (M_{jk}/M_j)/(W_k/W) \tag{4.4}$$

其中，RCA_{xik} 代表国家 i 在 k 类商品上的显性比较优势指数，X_{ik} 表示国家 i 在 k 类商品的出口额，X_i 表示国家 i 所有商品的出口总额，W_k 表示 k 类商品的世界出口总额，W 表示所有商品的世界出口总额。RCA_{mjk} 代表 j 国在 k 类商品上的显性比较劣势指数。M_{jk} 表示国家 j 在 k 类商品的进口额，M_j 表示国家 j 所有商品的进口总额。

如果 RCA_{xik} 大于 1，表明该国该类商品的出口相对集中，由此可以推断该国在该类商品上具有一定的比较优势；若指数值为 1.25~2.5，表明该国

---

① 苏哈列夫、徐向梅：《中国和俄罗斯的宏观经济发展：贸易现状、结构和前景》，《欧亚经济》2019 年第 1 期。
② Balassa, B., "Trade Liberalization and Revealed Comparative Advantage", *Manchaester School* 33 (2), 1965, pp. 99–123.

该类商品在国际市场上具有很强的国际竞争力；若指数值小于1，表示该国该类商品国际竞争力较弱，尚不具备比较优势。显性比较优势指数的数值越大则比较优势越显著。同样，显性比较劣势指数 RCA_{mjk} 的数值越大，表明国家 j 在商品 k 上的进口比例越大，说明该国在此类商品上处于比较劣势[①]。

从产业层面细分各产业贸易竞争力，根据联合国标准国际贸易产品分类第三次（STICRev3）的方法，将贸易产品分为10类。0~4类贸易产品属于初级生产产业，分别为0类食物和动物，1类烟草和饮料，2类非燃料和非食用原材料，3类矿物原材料、润滑剂等相关产品，以及4类动植物油、脂和蜡类产品。产业结构依赖农业、畜牧业的国家或资源出口型国家，初级产品应具备相对较高的竞争力。在工业制成品方面，5~9类产品分别统计为5类化学及相关产品、6类根据生产材料分类的工业制成品、7类机械及运输设备、8类混合制品和9类涵盖所有其他未分类的产品。第二产业占产业结构比重较大的国家在工业制成品贸易方面应具备较高竞争力。

（二）中国贸易商品的比较优势分析

利用2009~2017年中国与世界数据对公式（4.3）进行计算，根据计算结果（见表4.3），对中国贸易商品的显性比较优势进行分析，获得如下结论。

表4.3 中国显性比较优势指数（2009~2017年）

年份	0类	1类	2类	3类	4类	5类	6类	7类	8类	9类
2009	0.46	0.16	0.20	0.13	0.06	0.46	1.26	1.48	2.21	0.02
2010	0.47	0.16	0.19	0.12	0.05	0.52	1.26	1.49	2.24	0.02
2011	0.48	0.17	0.19	0.10	0.05	0.58	1.34	1.51	2.35	0.03
2012	0.46	0.17	0.18	0.09	0.05	0.54	1.37	1.50	2.45	0.01
2013	0.44	0.15	0.17	0.09	0.05	0.52	1.38	1.48	2.41	0.01
2014	0.42	0.16	0.19	0.10	0.05	0.55	1.42	1.39	2.33	0.02
2015	0.42	0.18	0.18	0.12	0.06	0.53	1.41	1.32	2.08	0.02

---

① 于津平：《中国与东亚主要国家和地区间的比较优势与贸易互补性》，《世界经济》2003年第5期。

续表

年份	0类	1类	2类	3类	4类	5类	6类	7类	8类	9类
2016	0.45	0.20	0.19	0.15	0.05	0.53	1.40	1.30	2.05	0.05
2017	0.46	0.19	0.18	0.19	0.07	0.60	1.44	1.41	2.15	0.06

第一，中国混合制品的比较优势稳居首位，这与中国预制建筑物以及基础设施设备配件、鞋类服装等产品长期大量出口的事实相吻合。根据显性比较优势指数大小，2017年，中国具有比较优势的产品依次为混合制品、根据生产材料分类的工业制成品、机械及运输设备。其中，混合制品包括预制建筑物，卫生、水道、供暖和照明设备及配件，家具及其零件，床上用品、床垫、床垫支架、软垫及类似填制的家具，旅行用具、手提包、各类服装和服饰用品，鞋类，专业科学控制用仪器及器具，摄影仪、设备和供应品、光学产品等。

第二，在初级产品方面，中国0～4类产品的显性比较优势指数均小于1，表明中国初级产品不具备比较优势，在国际市场上竞争力较弱，同时说明中国并非依赖农业、畜牧业或资源出口的国家。具体分产品来看，0类产品的比较优势指数在2009～2017年始终高于其他四类初级产品的比较优势指数，0类食物和动物主要是指肉制品、乳制品、蔬菜水果等产品，与我国数千年来以农业为主的产业结构相符；1类烟草和饮料产品的比较优势指数在2015后出现小幅上升；2类非燃料和非食用原材料的比较优势指数在2009～2017年基本维持在0.18～0.20，这是由于我国1类和2类产品生产量相对稳定，没有发生生产过剩等情况，且产品大多用于满足国内需求，故两类产品出口份额较小，比较优势不明显；4类产品动植物油、脂和蜡类产品的比较优势指数始终在0.05～0.07，为所有产品中仅高于其他未分类产品比较优势指数的一类。

第三，在工业制成品方面，除5类化学及相关产品和9类涵盖所有其他未分类的产品的显性比较优势指数小于1外，其他三类产品的显性比较优势指数均大于1。其中，中国比较优势最为明显的产业为混合制品，其显性比较优势指数呈现先升后降的趋势，在2012年达到最高值2.45，随后在2016

年达到最低值 2.05，虽然相对其他类产品波动较大，但数值始终维持在 2 以上的高水平，说明中国的混合制品具有很强的国际竞争力。另外两类产品从时间序列的角度观察，6 类根据生产材料分类的工业制成品的比较优势日益上升，而 7 类机械及运输设备的比较优势逐渐下降。按照生产材料分类的工业制成品中包括皮革制品，橡胶制品，木制品以及钢铁、有色金属制品等，其中钢铁、有色金属制品出口在该类产品出口占据主要地位。近年来欧、美、日等发达经济体经济回暖，国际钢材市场需求有所恢复，再加上国内需求不足，在国家出口退税政策的刺激下，钢铁、有色金属制品企业加大了出口力度，出口规模和增长幅度均逐年上升。对比之下，我国机械设备出口形势不容乐观，出现这种现象与 2008 国际经济危机后发达国家的需求疲软与"再工业化"措施有关。这一"再工业化"浪潮导致各国注重发展本国的优势制造业，如机械及运输设备与制造业等，使得我国对 9 个主要贸易伙伴国的机械及运输设备出口遭受到严重的冲击。

（三）俄罗斯贸易商品的比较优势分析

利用 2009~2017 年俄罗斯与世界数据对公式（4.4）进行计算，根据计算结果（见表 4.4），对俄罗斯贸易商品的显性比较优势进行分析，获得如下结论。

表 4.4 俄罗斯显性比较优势指数（2009~2017 年）

年份	0 类	1 类	2 类	3 类	4 类	5 类	6 类	7 类	8 类	9 类
2009	0.42	0.31	0.92	4.83	0.51	0.37	1.01	0.11	0.07	1.79
2010	0.29	0.21	0.80	4.48	0.29	0.38	0.89	0.08	0.05	2.13
2011	0.33	0.19	0.79	4.00	0.31	0.40	0.78	0.07	0.04	2.20
2012	0.45	0.30	0.82	4.31	0.70	0.46	0.92	0.11	0.09	0.64
2013	0.41	0.31	0.80	4.23	0.75	0.43	0.86	0.13	0.10	0.64
2014	0.51	0.34	0.88	4.60	0.85	0.45	0.88	0.12	0.11	0.62
2015	0.60	0.42	1.06	6.40	0.99	0.54	1.03	0.15	0.14	0.64
2016	0.71	0.45	1.28	5.51	1.35	0.50	1.22	0.14	0.11	2.71
2017	0.74	0.37	1.26	7.09	1.26	0.51	1.27	0.16	0.12	1.14

图 4.3　俄罗斯出口额变化趋势（2009~2017年）

第一，俄罗斯矿物原材料的比较优势最强，这与俄罗斯自身的自然资源密切相关。俄罗斯矿产资源丰富，石油、天然气储量丰沛，天然气产量居世界首位，在其一次能源消费构成中天然气占53.6%，其次石油占19.1%，煤炭占16.4%，核电占5.0%，水电占5.9%。按照显性比较优势指数的大小，2017年，俄罗斯具有比较优势的产品依次为矿物原材料、润滑剂等相关产品，根据生产材料分类的工业制成品，动植物油、脂和蜡类产品，非燃料和非食用原材料，涵盖所有其他未分类的产品。其中，矿物原材料、润滑剂等相关产品的显性比较优势指数为7.09，为该类产品历年最高值，也是所有产品比较优势指数的最高值。矿物原材料、润滑剂等相关产品包括煤、焦炭及煤砖，石油、石油产品及有关原料，天然气及人造气，电流等。长期以来，俄罗斯是世界各国的能源供应国家，也是支撑其经济增长的重要支柱。

第二，在初级产品方面，2009~2017年，俄罗斯0~4类产品中仅有3类矿物原材料、润滑剂等相关产品的比较优势指数始终大于1，说明俄罗斯保持了矿物原材料、润滑剂等相关产品在国际市场上极强的竞争力。2类非燃料和非食用原材料产品的比较优势指数在2009~2014年围绕0.8上下波动，2015年首次突破1之后维持在1.28左右，成为俄罗斯又一具有比较优势的产品。俄罗斯非燃料和非食用原材料的出口额变化不大，出口份额基本在 3% 小幅波动，该类产品的比较优势指数在 2016 年大于 1，其主要原因是 2014 年底乌克兰危机的爆发，致使俄罗斯在西方发达国家的经济制裁下总出口额骤降，而非燃料和非食用原材料作为生产生活必需品，其需求弹性较小，不易受价格或其他因素影响，故该类产品的比较优势指数上升幅度相对较大。紧随其后的是 4 类动植物油、脂和蜡类产品，该类产品的比较优势指数呈现逐年上升的趋势，且在 2016 年的比较优势指数为 1.35，2017 年比较优势指数为 1.26，说明俄罗斯动植物油、脂和蜡类产品在 2016 年、2017 年比较优势明显，具有很强的国际竞争力。2015 年俄罗斯葵花籽油市场最新调研表明，俄罗斯植物油出口的快速增长，主要依赖于葵花籽油、菜籽油和大豆油等产量爆炸性增长。与此同时，在俄罗斯葵花籽油传统上用于食品，家庭和食品企业均有需求。但菜籽油和大豆油的情形有所不同，其产量大幅增长得不到内需的保障，所以俄罗斯生产的产品大多数出口到其他国家[①]。

第三，在工业制成品方面，2009 年 6 类根据生产材料分类的工业制成品和 9 类涵盖所有其他未分类产品的比较优势指数大于 1，2016 年与 2017 年两类产品的比较优势同样显著。纵向来看，根据生产材料分类的工业制成品呈现先下降后上升的趋势。主要原因是俄罗斯作为钢铁和金属生产大国，2009~2014 年向国外出口大量钢材和金属制品，且出口幅度上涨迅速，然而 2014 年后，俄罗斯总体出口规模呈逐年下降的趋势，其下降速度大于根据生产材料分类的工业制成品的下降速度，故 2015 年开始，根据生产材料分类的工业制成品的比较优势指数大于 1，在国际市场上竞争力较强。

（四）中国和俄罗斯贸易商品的比较劣势分析

与中国和俄罗斯贸易商品的比较优势分析相对应，分析中国和俄罗斯贸易商品的比较劣势。利用 2009~2017 年数据，分别计算中国和俄罗斯的显性比较劣势指数。

---

① 《俄罗斯葵花籽油市场 2015 年现状及 2016 年展望》，黑龙江省人民政府，http://www.hlj.gov.cn/ztzl/system/2016/09/19010791404.shtml。

表 4.5 中国显性比较劣势指数（2009~2017年）

中国	0类	1类	2类	3类	4类	5类	6类	7类	8类	9类
2009	0.25	0.23	4.22	0.94	1.53	1.00	0.88	1.22	0.75	0.06
2010	0.28	0.23	3.86	0.92	1.26	1.00	0.75	1.18	0.76	0.26
2011	0.30	0.29	3.91	0.94	1.13	0.99	0.68	1.15	0.71	0.58
2012	0.35	0.32	3.80	1.05	1.28	0.96	0.68	1.14	0.70	0.72
2013	0.37	0.30	3.83	0.97	1.11	0.94	0.64	1.14	0.65	0.96
2014	0.40	0.34	3.79	1.07	0.95	0.94	0.73	1.13	0.62	0.89
2015	0.49	0.42	3.72	1.20	0.94	0.95	0.65	1.15	0.64	0.92
2016	0.48	0.45	3.78	1.30	0.87	0.94	0.64	1.15	0.64	0.81
2017	0.48	0.48	4.04	1.63	0.87	1.01	0.66	1.18	0.64	0.89

表 4.6 俄罗斯显性比较劣势指数（2009~2017年）

年份	0类	1类	2类	3类	4类	5类	6类	7类	8类	9类
2009	2.20	2.06	0.91	0.11	1.18	1.18	0.94	1.12	0.91	1.42
2010	2.11	2.02	0.55	0.08	1.33	1.19	0.95	1.17	1.03	1.61
2011	1.83	1.82	0.50	0.10	1.04	1.12	0.92	1.33	0.97	1.85
2012	1.84	1.85	0.72	0.08	0.94	1.19	1.08	1.48	1.10	0.09
2013	1.89	1.94	0.73	0.07	0.95	1.24	1.07	1.41	1.12	0.10
2014	1.84	1.92	0.86	0.09	0.85	1.24	1.04	1.35	1.08	0.06
2015	1.79	1.95	1.13	0.17	1.13	1.40	1.00	1.18	0.96	0.10
2016	1.56	1.92	1.08	0.09	1.11	1.36	0.99	1.14	0.95	0.61
2017	1.55	1.89	1.03	0.11	0.98	1.37	1.05	1.34	1.03	0.18

根据计算结果（见表4.5和表4.6），2017年，中国在2、3、5、7类产品上的比较劣势较为突出，而俄罗斯除4、9两类产品外，其余产品均为比较劣势。该计算结果与比较优势的计算结果正好相反，再次说明了中国与俄罗斯的比较优势产品领域。

四 中国与俄罗斯贸易的互补性分析

（一）指标选取

各国应利用技术、资源或规模上的比较优势进行专业化生产，通过贸易满足社会的多样化需求。贸易虽然能够给一国整体带来福利，但也会导致部分利益阶层受损。中俄在产品比较优势上具有差异，其贸易关系加强必然会加速各自的产业调整。这一调整对各国造成的影响与各国贸易在行业上的互补性紧密相关。如果两国的贸易具有互补性，即一方集中出口的产品与另一方集中进口的产品相吻合，贸易关系的发展将使两国现有的生产模式得到维持。通过消除贸易壁垒与实现规模化生产可以给贸易双方带来较大利益。尽管具有互补性产业结构的国家在发展水平上通常具有较大差距，在一些产业上贸易不平衡现象尤为突出，但这样的贸易不仅使各国达到取长补短的目的，而且可以避免同行业的过度竞争所产生的一些负面影响，降低产业调整的费用。相反，如果双方的贸易互补性较小，即一方集中出口的产品并不是另一方集中进口的产品，则两国贸易发展的潜力会受到限制。

贸易互补性指数由 Drysdale 提出[①]。如果两国存在紧密的贸易联系，那么这种联系存在的原因既可能是贸易互补，也可能是贸易偏向。对此，利用国家 i 的显性比较优势指数与国家 j 的显性比较劣势指数的乘积，可以衡量两国的贸易互补性程度，判断两国贸易紧密的原因。在多种产品（行业）存在的情况下，两国贸易的综合性互补指数可用各产品（行业）所呈现的互补性指数的加权平均来计算。单个产品的贸易互补性指数的计算公式为：

$$C_{ijk} = RCA_{xik} \times RCA_{mjk} \tag{4.5}$$

多种产品（行业）的贸易互补性指数的计算公式为：

$$C_{ij} = \sum_{k} [(RCA_{xik} \times RCA_{mjk}) \times (W_k / W)] \tag{4.6}$$

其中，C_{ij} 表示国家 i 出口与国家 j 进口之间的贸易互补性指数，RCA_{xik} 表示用出口来衡量的国家 i 在产品 k 上的比较优势，RCA_{mik} 表示用进口来衡

---

① Drysdale, P., "Japan, Australia and New Zealand: The Prospects for Western Integration", *Economic Record* 45 (3), 1969, pp. 321 – 342.

量的国家 j 在产品 k 上的比较劣势。W_k/W 为世界贸易中各类产品的贸易比重的加权系数。如果国家 i 在产品 k 上的比较优势明显（RCA_{xik} 大），而国家 j 在产品 k 上的比较劣势明显（RCA_{mjk} 大），则在产品 k 的贸易上国家 i 的出口与国家 j 进口呈互补性[1]。

当某国的主要出口产品类别与另一国的主要进口产品类别相吻合时，两国间的互补性指数就大；相反，当某国的主要出口产品类别与另一国的主要进口产品类别不能对应时，两国间的互补性指数就小。在世界各国各产品的比较优势均相同时，该互补性指数为 1。这一指数间接反映了产业间贸易在两国贸易中所占的比例。如果两国间的贸易以产业间贸易为主，该互补性指数就大；相反，如两国间的贸易以产业内贸易为主，该互补性系数就小。

（二）互补性分析

首先，以中国为出口国，根据公式分别计算 10 类产品的互补性指数及中俄两国的综合贸易互补性指数。其次，以俄罗斯为出口国，根据公式分别计算出 10 类产品的互补性指数及中俄两国的综合贸易互补性指数。

表 4.7 中俄贸易互补性指数（2009～2017 年）

	年份	0类	1类	2类	3类	4类	5类	6类	7类	8类	9类	综合
以中国为出口国	2009	1.00	0.33	0.19	0.01	0.07	0.55	1.19	1.66	2.01	0.03	1.05
	2010	1.00	0.33	0.10	0.01	0.06	0.62	1.19	1.74	2.32	0.03	1.11
	2011	0.88	0.30	0.09	0.01	0.05	0.65	1.23	2.01	2.29	0.05	1.15
	2012	0.85	0.31	0.13	0.01	0.05	0.65	1.49	2.22	2.70	0.00	1.27
	2013	0.82	0.30	0.13	0.01	0.05	0.65	1.48	2.08	2.69	0.00	1.25
	2014	0.78	0.30	0.16	0.01	0.05	0.68	1.48	1.88	2.52	0.00	1.20
	2015	0.74	0.35	0.21	0.02	0.07	0.74	1.41	1.55	1.99	0.00	1.10
	2016	0.70	0.38	0.20	0.01	0.06	0.72	1.38	1.48	1.94	0.03	1.07
	2017	0.71	0.36	0.19	0.02	0.07	0.83	1.51	1.90	2.21	0.01	1.20

---

[1] 于津平：《中国与东亚主要国家和地区间的比较优势与贸易互补性》，《世界经济》2003 年第 5 期。

续表

	年份	0类	1类	2类	3类	4类	5类	6类	7类	8类	9类	综合
以俄罗斯为出口国	2009	0.10	0.07	3.89	4.56	0.79	0.37	0.88	0.13	0.05	0.10	0.96
	2010	0.08	0.05	3.08	4.14	0.36	0.38	0.67	0.10	0.04	0.56	0.93
	2011	0.10	0.06	3.09	3.78	0.35	0.40	0.53	0.08	0.03	1.27	0.98
	2012	0.16	0.10	3.10	4.54	0.89	0.44	0.62	0.13	0.06	0.46	1.10
	2013	0.15	0.09	3.05	4.10	0.83	0.41	0.55	0.15	0.07	0.61	1.02
	2014	0.20	0.12	3.34	4.93	0.80	0.42	0.64	0.14	0.07	0.55	1.10
	2015	0.30	0.18	3.93	7.70	0.93	0.51	0.67	0.17	0.09	0.58	1.20
	2016	0.34	0.20	4.84	7.16	1.17	0.47	0.79	0.16	0.07	2.19	1.17
	2017	0.36	0.18	5.10	11.54	1.10	0.51	0.83	0.19	0.07	1.01	1.55

图 4.4 中俄综合贸易互补性变化（2009~2017 年）

根据计算结果（见表4.7），发现中俄两国的贸易呈现强烈的互补关系。2009~2017年，以中国为出口国计算的中俄两国综合贸易互补性指数始终大于1，围绕1.20小幅波动（见图4.5），两国贸易互补性呈现非常稳定的状态，是一种持久的互补关系。以俄罗斯为出口国计算的俄中两国综合贸易互补性指数自2012年开始大于1，2009~2011年保持在0.9以上，2013年以后的俄中综合贸易互补性指数呈稳定上升的趋势，俄中两国的贸易互补性显著，且两国贸易互补性不断增强。2009~2014年，以中国为出口国的贸易综合互补性指数高于以俄罗斯为出口国的贸易综合互补性指数，说明中国对俄罗斯的出口依赖和进口依赖强于俄罗斯对中国的出口依赖和进口依赖；2014~2017年，以俄罗斯为出口国的贸易综合互补性指数高于以中国为出口国的互补性指数，说明俄罗斯对中国的出口依赖和进口依赖强于中国对俄罗斯的出口依赖和进口依赖。

从行业角度看，中俄两国贸易的互补关系存在明显的产品（行业）差异。以中国为出口国计算的中俄贸易综合互补性指数显示，在6、7、8类产品中具有较强的互补性。其中，6类根据生产材料分类的工业制成品和8类混合制品属于劳动密集型产品，与中国具有的劳动力资源优势相关。2009~2017年，这两项产品的互补性指数均表现出先升后降的趋势，反映了这一时期我国劳动力成本上升的不利影响，2010年开始我国人口红利日益消退，珠三角等经济发达地区出现了"民工荒"，这使得我国在制成品领域的出口优势有所下降。在我国劳动力成本逐步攀升成为必然的趋势下，可以通过提高产品的技术含量和附加值来巩固我国向俄罗斯出口的性价比优势。

7类机械及运输设备的互补性指数也呈现上升到高点后下降的抛物线走势，尤其是在2012年达到2.22的最高值后，在2016年下降到最低点1.48。机械及运输设备属于资本密集型产品，2012年以前，中国是世界上储蓄率最高的国家。同时，中国吸引外国投资者在本国投资的数量、规模均处于世界前列，中国的资本形成占GDP的比重仍旧可以维持在较高的水平。2013年后，中国经济进入新常态，经济发展方式开始由粗放型向集约型转变，产业结构由传统以工农业为主向工业、服务业过渡，在供给侧结构性改革的推动下，以"去产能、去库存、去杠杆、降成本、补短板"为核心的宏观调控方案稳步实施，逐步转变经济发展理念。2017年，6、7、8类以中国为出口国计算的中俄贸易综合互补性指数相较2016年均有大幅提高，说明中国经济发展改革成效显著，在相关产品出口方面与俄罗斯需求产品结构更加吻合，中俄两国贸易互补性更强。

以俄罗斯为出口国计算的俄中贸易综合互补性指数显示，2017年，俄中贸易在2、3、4、9类初级产品中具有较强的互补性，其中，2、3、4类为资源密集型产品，俄罗斯是世界原材料型产品的重要出口国，工业基础雄厚，具备丰富的铁矿和有色金属等资源型产品。此外，俄罗斯9类产品中含有武器、弹药等军工产品,作为世界传统的军事大国,俄罗斯军事技术先进,军事科技设备在国际市场上有较强的竞争力。整体来看,2009~2017年,2类非燃料和非食用原材料、3类矿物原材料及润滑剂等相关产品的贸易互补性指数呈现稳步上升的趋势,主要原因是我国国内能源性产品储量有限,经济的高速增长特别是近年来大型基础设施(公路、铁路、住房等)的兴建刺激了国内对该类产品的需求。同时,俄罗斯自然资源丰富,石油、煤炭等能源性产品储量巨大,在满足本国需求的同时还可用于出口创汇,这正好可以弥补中国巨大的能源需求缺口。俄中贸易产品中第4类动植物油、脂和蜡类产品在2009~2015年的互补性指数均小于1,但表现出逐年增强的变化,2016年此类产品的俄中贸易互补指数为1.17,2017年互补指数为1.10,这体现了俄罗斯加工动植物油、脂和蜡类产品的技术越发先进,生产企业更倾向于从消费角度考虑,抓住中国人口基数大、市场广阔且农产品大量依靠进口的特点,根据中国人的消费偏好调整生产方式和生产产量,逐步扩大出口产量,增强俄罗斯与中国此类产品的贸易互补性。

总体而言,中俄贸易综合互补性显著,且近年来呈现不断加强的趋势。从生产要素看,中国质优且低廉的劳动力成本是发展劳动力密集型产品的显著优势,储蓄、投资规模的上升促进了资本、技术密集型产品的升级,人均资源占有量低是经济发展的短板。俄罗斯以石油、天然气储量成为世界资源大国,先进的军事技术为军事技术密集型产业提供了发展动力,然而,俄罗斯较高的劳动成本限制了其劳动密集型产业的发展,双方在贸易领域表现出极高的互补性。分产品来看,中俄贸易现阶段在2、3、4、6、7、8、9类等资源密集型、资本密集型、劳动密集型、技术密集型产品均具有贸易互补性,互补产品种类丰富且多样。从产业结构看,俄罗斯第一产业的资源密集型产品具有较强竞争力,另外,俄罗斯第二产业中的第9类产品也与中国具有较强的互补性,其对中国的出口依赖度强于中国对俄罗斯的依赖度。中国第二产业中的工业制成品具有较强竞争力,其对俄罗斯的出口依赖度强于俄罗斯对中国的出口依赖度。

第二节 中国与蒙古国双边贸易分析

一 中国与蒙古国贸易现状

蒙古国自1992年实施市场经济制度改革后，中国连续多年保持蒙古国第一大贸易伙伴和第一大投资国地位[①]。据中国海关统计（见表4.8），中蒙双边贸易总额从2009年的24.29亿美元持续增加至2014年的历史新高73.18亿美元，与2013年相比，2014年中国对蒙古国出口增长了134%，进口增长了150%。2016年，中蒙贸易总额46.11亿美元，较上年减少14.06%[②]。2017年中国对蒙古国贸易总额为64.03亿美元，同比增长38.85%。其中，中蒙双边贸易额占蒙古国对外贸易的57%，蒙古国实现贸易顺差38.564亿美元；中国从蒙古国的进口额为51.67亿美元，同比增长42.64%；中国对蒙古国的出口额为12.36亿美元，同比增长24.98%。2018年，中蒙贸易额为79.9亿美元，同比增长24.7%。其中，中国对蒙古国出口16.5亿美元，自蒙古国进口63.4亿美元，同比分别增长33.1%和22.7%[③]。

表4.8 中国与蒙古国进出口状况（2009~2017年）

单位：万美元

年份	中蒙进出口总额	中国对蒙古国出口总额	中国从蒙古国进口总额
2017	640293	123561	516731
2016	461124	98864	362260
2015	536608	157070	379538
2014	731847	221638	510209
2013	595914	244959	350955

---

① 中资企业数量占蒙古国外资企业首位，目前有数千家中资企业在蒙古国的矿产、纺织、建筑、畜产品加工和服务等领域投资经营。
② 汤晓丹、冷雪莉：《"一带一路"倡议下中蒙经贸物流发展的机遇与挑战》，《物流科技》2017年第6期。
③ 《商务部召开"第三届中国－蒙古国博览会"新闻发布会》，中华人民共和国驻蒙古国大使馆，https://www.fmprc.gov.cn/ce/cemn/chn/sghd/t1669261.htm。

续表

年份	中蒙进出口总额	中国对蒙古国出口总额	中国从蒙古国进口总额
2012	660121	265350	394770
2011	643271	273164	370107
2010	400183	144976	255206
2009	242900	106788	136112

资料来源：《中国统计年鉴》（2010~2018年）。

长期以来，我国从蒙古国进口的基本是蒙古国的天然资源型产品，以非食用原料燃料和矿物燃料、润滑油及原料为主，占我国从蒙古国进口总额的比重从1999年的0.66%攀升至2016年的34%左右，涨幅明显。中蒙间的矿物燃料、矿物油及其蒸馏产品贸易额在出口和进口方面都处于领先地位，由于中国从蒙古国进口的数量远超过出口的数量，该产业成为蒙古国对中国出口贸易的支柱产业。2000年以来，中国对蒙古国的工业制成品出口额占同期中国对蒙古国出口总额的比重逐渐上升，除2013~2014年短暂下降外，始终维持在88%左右[①]。

中国和蒙古国于2011年建立了战略伙伴关系，2014年8月又提升为全面战略伙伴关系，签署了涉及经济、能源、基础设施建设、文化、金融等诸多领域的26项合作文件。随着中蒙俄经济走廊的提出，中国和蒙古国之间的政治、经济合作越来越密切。2017年2月，蒙古国与IMF达成55亿美元的经济稳定计划，其中包括中国人民银行将与蒙古国央行续签150亿元人民币（约合22亿美元）的本币互换协议。此救援资金必定进一步推动蒙古国实施各项经济改革，并促使其积极扩大与包括中国在内的其他国家的经贸合作以缓解自身经济困局。2017年9月，在内蒙古呼和浩特成功举办了第二届中国—蒙古国博览会，双方签署了37个合作项目，涉及能源、农畜产品加工等多个领域，总投资额达364.26亿元。可以看出，中国向北改革开放的发展战略将会加快蒙古国经济贸易结构的升级优化。2018年4月，

---

① 王淑敏、戴蕊：《中蒙俄贸易结构对实现中蒙俄经济走廊的影响及对策》，《海关与经贸研究》2017年第2期。

在中国国务院总理李克强和蒙古国总理呼日勒苏赫的见证下,中国商务部部长钟山与蒙古国对外关系部部长朝格特巴特尔在北京共同签署了《中国商务部与蒙古国对外关系部关于加快推进中蒙跨境经济合作区建设双边政府间协议谈判进程的谅解备忘录》①。2019年2月18日,中国—蒙古国自贸协定联合可行性研究第二次会议在北京举行,双方就联合可研报告提纲达成一致,并就各领域重点关注问题、经济影响分析及下一步工作安排等深入交换意见。双方政府将加快谈判进程,推动中蒙跨境经济合作区建设早日取得实质性进展。在可预见的未来几年,将呈现中蒙经贸合作稳步加强的局面。

二 中国与蒙古国贸易强度分析

根据公式(4.1)和公式(4.2)②,计算得出2009~2017年中国与蒙古国的贸易强度指数(见表4.9)。

表4.9 中国与蒙古国的贸易强度指数(2009~2017年)

项目	指标	2009年	2010年	2011年	2012年	2013年	2014年	2015年	2016年	2017年
中国对蒙古国	TII_x	5.26	4.34	4.03	3.59	3.31	3.52	3.05	2.30	2.27
	TII_m	8.84	9.70	8.13	9.21	8.04	8.61	8.04	7.48	8.05
蒙古国对中国	TII_x	NA	NA	NA	NA	8.45	8.56	8.33	8.10	8.31
	TII_m	NA	NA	NA	NA	2.42	2.70	2.62	2.39	2.56

根据表4.9,分析中国与蒙古国相互的进出口强度。2013~2017年,中国对蒙古国的出口强度和蒙古国对中国的进口强度始终大于1,2013~2017年,中国对蒙古国的进口强度和蒙古国对中国的出口强度同样大于1,中国对蒙古国的进口强度和蒙古国对中国的出口强度远大于中国对蒙古国的出口强度、蒙古国对中国的进口强度,说明中国对蒙古国的出口依赖程度弱于蒙古国对中国的出口依赖程度,而中国对蒙古国的进口依赖程度强于蒙

---

① 《中国商务部与蒙古国对外关系部签署关于加快推进中蒙跨境经济合作区建设双边政府间协议谈判进程的谅解备忘录》,中华人民共和国商务部,http://www.mofcom.gov.cn/article/ae/ai/201804/20180402729737.shtml。

② 由于2009~2012年蒙古国对中国的进出口数据缺失,利用2013~2017年数据进行计算。

图 4.5　中国对蒙古国出口强度各比重变化（2009～2017 年）

图 4.6　蒙古国对中国进口强度各比重变化（2009～2017 年）

古国对中国的进口依赖程度。由于相对于中国进出口贸易规模，中国对蒙古国的进口规模较小，中蒙进口强度实际上会远小于蒙古国对中国的进口依赖程度。整体来看，中蒙进、出口强度显著高于中俄进、出口强度，说明中蒙贸易联系紧密度要高于中俄贸易联系紧密度。在中蒙俄经济走廊的三个国家中，中蒙、中俄双边贸易都表现出高紧密度和高贸易强度，进一步说明中蒙俄经济走廊未来发展前景广阔。2009～2017 年中国对蒙古国出口强度各比重变化如图 4.5 所示，2009～2017 年蒙古国对中国进口强度各比重变化如图 4.6 所示。

进一步分阶段分析中国对蒙古国的出口强度和蒙古国对中国的进口强

度，发现中国与蒙古国双边贸易紧密程度变化可以分为两个阶段。

第一阶段为2009~2012年，中国对蒙古国的出口强度远大于1，且呈现逐年下降趋势。说明中国对蒙古国的出口水平高于同期蒙古国在世界贸易中的进口水平。将中蒙出口强度持续下降走势分解来看，2009~2012年中国对蒙古国出口占中国出口份额呈现先上升后下降的趋势，而蒙古国占世界进口份额持续上升，2012年与2011年持平，相对于中国对蒙古国出口额占中国出口份额的变化，蒙古国进口额占世界进口份额的变化更为平稳。2009年受国际经济危机影响，中蒙双边贸易额小幅度回落，但在2010年后双边贸易开始出现显著回升。2011年中国对蒙古国出口额是2009~2017年期间中国对蒙古国出口的最高值，约为2010年中国对蒙古国出口额的2倍。主要原因是我国对矿产品的需求日益增加，在2011年加大了对蒙古国矿产品的进口。然而在蒙古国贸易中，中国只是其中一部分，美国、日本等国家也加大了对蒙古国的关注和投资，一方面加深了第三国与蒙古国的贸易密切程度，另一方面加大了我国同蒙古国的贸易摩擦。

第二阶段为2013~2017年，中国对蒙古国的出口强度和蒙古国对中国的进口强度远大于1。2013~2015年中国对蒙古国的出口强度大于蒙古国对中国的进口强度，说明在此期间中国对蒙古国的依赖程度强于蒙古国对中国的依赖程度；2016~2017年中蒙出口强度小于蒙中进口强度，说明中国对蒙古国的依赖程度弱于蒙古国对中国的依赖程度。2013~2016年中国对蒙古国出口额和蒙古对中国进口额持续下降，其中，2016年中国对蒙古国出口额缩减至10亿美元以下，2017年有所回升。这主要是受蒙古国执政更迭影响以及营商环境变化，中国企业面临较大的经营困境。

进一步分阶段分析中国对蒙古国的进口强度和蒙古国对中国的出口强度，发现中国与蒙古国双边贸易紧密程度变化可以分为两个阶段。

第一阶段为2009~2012年，中国对蒙古国进口强度始终在8~9区间震荡波动，说明中国对蒙古国的进口水平高于同期蒙古国在世界贸易中的出口水平，中蒙贸易联系高度紧密。中国作为新兴大国，发展基础设施对原材料的需求巨大，而蒙古国矿产资源丰富，矿产品出口额接近蒙古国对中国总出口额的90%，可见蒙古国贸易结构单一，贸易水平易受国际大宗商品价格影响。

从 2011 年起，中国开始成为蒙古国第一大进口来源国，2011 年，中国对蒙古国进口额为 37 亿美元，2012 年中国对蒙古国进口额为 39.477 亿美元，中蒙进口额增长迅速，中国对蒙古国进口强度在 2012 年达到 9.21，贸易联系更为紧密，也说明蒙古国对中国的出口依赖度高于中国对蒙古国的出口依赖度。

第二阶段为 2013~2017 年，中国对蒙古国进口强度和蒙古国对中国出口强度在 8 左右徘徊，且除 2014 年，蒙古国对中国的出口强度始终高于中国对蒙古国的进口强度，说明蒙古国对中国的出口水平高于同期中国在世界贸易中的进口水平，而中国对蒙古国的进口水平高于同期蒙古国在世界贸易中的出口水平，中蒙两国贸易联系更为紧密。中国对蒙古国进口额和蒙古国对中国出口额在 2014 年、2017 年突破 50 亿美元，与 2014 年、2017 年中国对蒙古国进口强度指数和蒙古国对中国出口强度指数上升相吻合。这主要是由于中国近年来加强了对去产能和煤矿安检的政策实施，限制了国内煤炭的生产量，国内需求只能依靠进口煤得到满足。受 2017 年中国禁止朝鲜煤进口影响，中国加大了对蒙古国煤炭等矿产资源的进口量，叠加同期煤炭等大宗商品处于价格高位的影响，中国对蒙古国进口额创历史新高[①]。

三 蒙古国产品的比较优势分析

利用 2013~2017 年蒙古国与世界的数据，对公式（4.3）和公式（4.4）进行计算，根据计算结果（见表 4.10 和表 4.11），对蒙古国贸易商品的显性比较优势和比较劣势进行分析。2009~2017 年蒙古国出口额变化及占世界出口比重如图 4.7 所示。

表 4.10 蒙古国显性比较优势指数（2013~2017 年）

年份	0 类	1 类	2 类	3 类	4 类	5 类	6 类	7 类	8 类	9 类
2013	0.08	0.29	12.96	2.32	0.00	0.00	0.11	0.05	0.06	1.30

---

① 《2017 年蒙古国煤炭出口中国市场份额有望继续保持》，中国煤炭资源网，http://www.sxcoal.com/news/4561261/info。

续表

年份	0类	1类	2类	3类	4类	5类	6类	7类	8类	9类
2014	0.05	0.07	17.37	1.72	0.00	0.00	0.12	0.05	0.05	1.47
2015	0.16	0.05	19.37	2.07	0.00	0.00	0.19	0.04	0.06	1.61
2016	0.19	0.10	14.91	3.13	0.03	0.01	0.20	0.08	0.08	2.58
2017	0.35	0.13	12.03	5.13	0.01	0.00	0.19	0.02	0.07	2.37

表4.11 蒙古国显性比较劣势指数（2013~2017年）

年份	0类	1类	2类	3类	4类	5类	6类	7类	8类	9类
2013	1.17	2.35	0.11	1.54	0.98	0.56	1.37	1.18	0.48	0.00
2014	1.08	2.60	0.16	1.75	1.02	0.68	1.61	0.95	0.53	0.00
2015	1.52	2.99	0.18	2.34	1.32	0.77	1.51	0.85	0.57	0.00
2016	1.80	3.16	0.17	2.38	1.42	0.85	1.18	0.91	0.60	0.00
2017	1.56	2.90	0.16	2.69	1.07	0.82	1.27	1.04	0.55	0.00

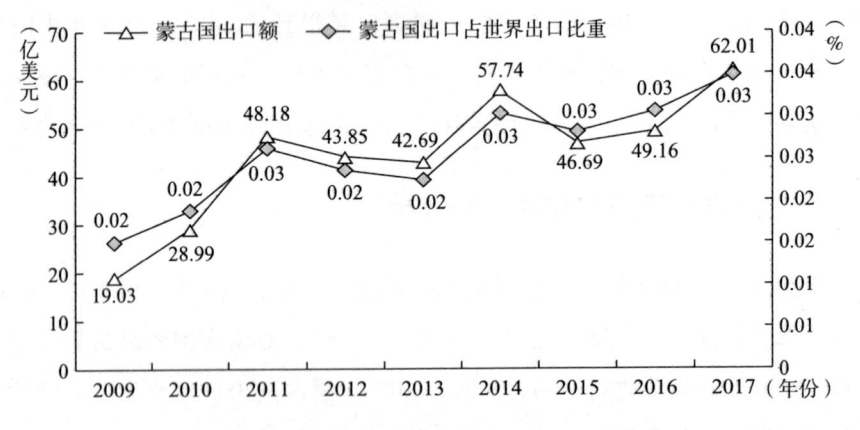

图4.7 蒙古国出口额变化（2009~2017年）

蒙古国的非燃料和非食用原材料是比较优势产品，蒙古国该类产品出口数量大且出口规模增长较快，占蒙古国出口的份额接近50%。这与蒙古国地处草原地带，盛产牛、羊等动物皮毛的优势相关，并且蒙古国矿产资源丰富，种类繁多。根据显性比较优势指数大小，2017年，蒙古国具有比较优势的产品依次为非燃料和非食用原材料、矿物原材料、其他未分类的产品。其中，非燃料和非食用原材料的比较优势指数为12.03，为所有产品中比较优势指数最高的一类。非燃料和非食用原材料产品主要包括表皮和毛皮、天然橡胶、软木及木制品、纺织纤维、矿产和原油、金属矿砂和金属废料等。蒙古国矿产资源丰富，蕴含铁、铜、钼、煤、锌、金、铅、钨、石油、油页岩等矿种，其中，铜矿储量20多亿吨，黄金储量达3400吨，煤矿储量达3000亿吨，石油储量达80亿桶，铁矿储量为20亿吨，萤石矿床储量2800万吨，磷矿储量2亿吨，钼矿储量24万吨，锌矿储量6万吨，银矿储量7000吨。

在初级产品方面，蒙古国0类至4类各产品中，仅有非燃料和非食用原材料、矿物原材料的显性比较优势指数大于1，表示2类、3类原材料产品具有极强的比较优势，也从侧面说明蒙古国属于依靠畜牧业、矿产资源出口的资源型国家，第一产业在其产业结构中占据支柱地位。纵向来看，2类非燃料和非食用原材料的比较优势指数呈现先升后降的波动，而3类矿物原材料的比较优势指数自2014年后表现出强劲的上升趋势。具体出口额方面，2类产品的出口额表现出先升后降的趋势，3类产品的出口额则先下降后上升。蒙古国出口总额自2013年之后增长较快，由此可以看出，2类、3类产品比较优势的变化与其出口正相关，而2类、3类产品的出口主要受国家大宗商品价格的影响，当价格下降时，需求国会扩大相关产品的购买量，从而拉动蒙古国矿产资源的出口，故该类产品的比较优势较大。

在工业制成品方面，除9类其他未分类产品，其余4类产品的比较优势指数极低，远小于1，说明蒙古国不存在5类至8类产品的比较优势。进一步说明蒙古国经济增长以第一产业为主，依赖矿产、石油等不可再生资源，第二、第三产业发展较为滞后，产业结构较为单一，且贸易依存度较高，对中国出口额接近其总出口额的90%。为此，蒙古国积极转换经济发展方式，吸引国外投资，推动外国投资企业在本国开设工厂，开展有关矿产品、石油、畜牧产品的深加工，以此来改变为全球产业链供给原材料等初级产品的旧有国际分工地位。

四 中国与蒙古国贸易的互补性分析

首先，以中国为出口国，根据公式分别计算出10类产品的互补性指数及中蒙两国的综合贸易互补性指数;其次,以蒙古国为出口国,根据公式分别计算出10类产品的互补性指数及蒙中两国的综合贸易互补性指数。

表 4.12 中蒙贸易互补性指数(2013~2017年)

国家	年份	0类	1类	2类	3类	4类	5类	6类	7类	8类	9类	综合
以中国为出口国	2013	0.51	0.36	0.02	0.14	0.05	0.29	1.89	1.75	1.16	0.00	0.99
	2014	0.45	0.41	0.03	0.17	0.06	0.38	2.29	1.33	1.24	0.00	0.94
	2015	0.63	0.54	0.03	0.29	0.08	0.41	2.12	1.12	1.18	0.00	0.91
	2016	0.81	0.63	0.03	0.36	0.08	0.45	1.65	1.19	1.22	0.00	0.91
	2017	0.72	0.56	0.03	0.51	0.07	0.50	1.82	1.48	1.18	0.00	0.99
以蒙古国为出口国	2013	0.03	0.09	49.57	2.25	0.00	0.00	0.07	0.06	0.04	1.25	2.49
	2014	0.02	0.02	65.87	1.84	0.00	0.00	0.09	0.06	0.03	1.30	2.93
	2015	0.08	0.02	72.12	2.49	0.00	0.13	0.05		1.47		2.96
	2016	0.09	0.04	56.44	4.06	0.02	0.01	0.13	0.09	0.05	2.09	2.52
	2017	0.17	0.06	48.56	8.35	0.01	0.00	0.12	0.02	0.04	2.10	2.68

图 4.8 中蒙综合贸易互补性指数(2013~2017年)

根据计算结果(见表4.12),发现中蒙两国的贸易呈现互补关系。2013~2017年期间,以中国为出口国计算的中蒙两国综合贸易互补性指数接近1,两国贸易互补性曲线非常平滑(见图4.8),表明两国的互补性关系处于稳定的状态。以蒙古国为出口国计算的蒙中两国综合贸易指数始终大于2,2014年和2015年两国综合贸易互补性指数分别达到2.93和2.96,说明蒙中两国存在紧密的贸易互补性关系。蒙中综合贸易互补性指数相对以中国为出口国的综合贸易互补指数波动较大,在2016年下降趋势明显,主要原因是中国对蒙古国出口额较小,蒙古国未在中国主要贸易国家行列。相反,中国是蒙古国的首要出口市场,对中国的出口额占据蒙古国出口额的90%。而蒙古国对中国的出口产品中,能源矿产等自然资源产品占90%,再加上2016年大宗商品价格出现大幅波动,蒙古国产品出口额下降明显,2016年蒙中两国综合贸易互补指数达到2.52的较低值。2013~2017年,以中国为出口国的综合贸易互补性指数低于以蒙古国为出口国的综合贸易互补性指数,说明中国对蒙古国的出口依赖程度弱于蒙古国对中国的出口依赖程度,这与中国是蒙古国的主要贸易伙伴而蒙古非中国的主要贸易伙伴相契合。

从行业角度看,中蒙两国贸易的互补关系存在明显的产品(行业)差异。中蒙贸易在6、7、8类工业制成品中具有较强的互补性,这与中俄互补性产品类似,且三类产品的波动趋势一致,均在2015年有所下降。中蒙俄经济走廊建设开始实施后,蒙古国经济发展迅猛,国内居民消费水平日益提升,加大了对中国劳动密集型消费品的需求。2015年,受大宗商品价格下跌的影响,蒙古国煤炭出口额同比减少34.5%,铜精矿出口额同比减少11.4%,铁矿石出口额同比减少49.1%,原油出口额同比减少39.0%[1]。蒙古国经济的萧条导致国内消费需求不足,进而减少了对中国6类按原材料分类的制成品和8类混合制品等劳动密集型产品的进口量,据中国驻蒙古国大使馆数据,2015年蒙古国从中国的进口额比2016年减少21.4%。7类机械及运输设备制品属于资本密集型产品,2017年中蒙此类贸易互补性指数上升幅度较大,主要原因是2017年蒙古国自中国进口该类产品数额上涨明显。据蒙古国国家统计局公布资料,交通工具和零配件进口额为2.919亿美元,同比增长49.2%,机械设备、电器4.066亿美元,同比增长32.2%。2017年,中国与蒙古国举办了多场工程机械等机电产品的展览会,双方企业签订多个机械设备合作项目,经贸合作成果丰富。

---

[1] 《2015年蒙古国民经济运行整体情况》,中华人民共和国驻蒙古国大使馆,https://www.fmprc.gov.cn/ce/cemn/chn/mgdt/t1335451.htm。

蒙中贸易在2、3、9类产品中具有较强的互补性。其中2类非燃料和非食用原材料蒙中贸易互补性指数高达48.56，说明蒙中贸易在此类产品领域具有极强的互补性优势。此类产品的蒙中贸易互补性指数呈现先升后降的态势。中蒙俄经济走廊建设实施后，中国加大了对蒙古国产品的购买力度，尤其是加大了2类产品中金属矿砂和矿产原油的进口量，加上大宗商品价格波动的影响，中国对蒙古国的进口额持续增加。当2015年矿产等大宗商品价格下跌后，蒙古国铜精矿出口量同比增加7.2%，原油出口813.5万桶，同比增加18.2%，黄金出口11.3吨，同比增加11.3%，在蒙古国出口总量下滑的情况下，矿产出口量增长明显，而其主要出口市场为中国，中国也在此时加大了相关矿产的储备量，故2015年蒙中两国该类产品的互补性极强。相比之下，3类矿物原料中的煤炭和石油产品，蒙中两国该类产品的贸易互补性指数呈现持续上升的态势，但相对2类产品的互补性指数略低。主要是因为煤炭和石油作为生产生活必需品，中国必须根据经济的增长以及国内需求进口对应规模的产品，尤其是中国近几年的汽车销量持续上涨，带动了对石油的大规模需求，中国从蒙古国进口石油的规模逐年上升。然而，近几年中国更加倾向于节能减排，减少对不可再生资源的使用量，增加对太阳能、风能等可再生资源的利用，故蒙古国对中国出口煤炭等3类产品的贸易额相对较小，但两国该类产品的互补性贸易指数仍保持上升的趋势。9类产品中包括黄金，蒙古国的黄金储量和开采量居全球前列，随着中国居民收入的增加，更多的人选择购买黄金来多样化配置资产。

总体而言，中蒙贸易综合互补性显著。以蒙古国为出口国计算的互补性指数围绕2.9上下波动，说明中国与蒙古国的贸易互补性很强。从生产要素看，中国具有丰富的劳动力资源，熟练而低廉的劳动力促进了劳动密集型产业发展，国内居民的高水平储蓄率、外国投资者的大规模投资为资本、技术密集型产业提供了经济基础。此外，中国人口众多，导致人均资源占有量极低，资源相对匮乏。蒙古国矿产资源丰富，煤炭、石油储量很大，而身居内陆且人数稀少限制了蒙古国劳动密集型、资本密集型产业的发展，双方比较优势的差异自发形成了两国强烈的互补性贸易。分产品看，中蒙现阶段在 2、3、6、7、8、9 类等资源密集型、劳动密集型、资本密集型产品上均具有贸易互补性，互补种类丰富，涵盖以自然资源密集型为主的初级产品和以劳动密集型、资本密集型为主的工业制成品。从产业结构看，中国在第二产业的工业制成品具有较强竞争力，其对蒙古国的出口依赖程度高于蒙古国对中国的出口依赖程度，蒙古国在第一产业中的农牧业、矿产具有较强竞争力，其对中国的出口依赖程度高于中国对蒙古国的依赖程度，双方在中蒙俄经济走廊建设的推动下贸易互补性进一步增强。

第三节　中蒙俄经济走廊建设中贸易领域存在的问题

一　贸易总体规模较小

中俄经贸合作取得了较大发展，两国贸易额从几十亿美元增至近千亿美元，双方贸易额增长很快。但是从中国的贸易总额及贸易伙伴国来看，中俄两国的贸易额并不大，甚至不如中国同新加坡、马来西亚等国的贸易额高，更无法与中日、中韩贸易额相比。中俄两国作为具有世界性发展潜力的大国，无论是从资源配置还是从进出口商品结构或科技水平来看，均应有较大发展空间。

结合中国和俄罗斯的贸易结构来看，中俄经济贸易往来基本保持平稳快速的发展，但是在贸易合作中仍存在一定问题。第一，中俄两国在世界进出口贸易中占据份额较大，但是具体分析中俄对各国的出口贸易额数据，总体规模依旧较小。第二，中国是俄罗斯最大的出口贸易国，2017 年俄罗斯对中国的出口额达到 389.22 亿美元，对美国和对日本的出口额分别为 107.35 亿美元和 105.01 亿美元，但反向剖析比较，中国最大的出口贸易国是美国而不是俄罗斯。近年来中国对美国的出口贸易总额平均值在 3700 亿美元左右，对俄罗斯的出口贸易额则在 400 亿美元上下浮动。2014 年，中国对俄罗斯的出口贸易额达到最大值，约 536 亿美元，而同年中国对美国的出口贸易额约为 3970 亿美元，是俄罗斯的 7.4 倍。

蒙古国虽然国土广袤，但是人口稀少，这就使中国出口到蒙古国的商品很难形成较大规模数量。中蒙双边经济合作规模化程度低、专业化水平低、市场狭小,导致双方合作停留在较低层次。产业发展相对滞后、产业技术水平不高也影响着双方经贸合作的发展。对中国来说,虽然比较重视同蒙古国的对外贸易合作,但双方经贸合作还处于以边境贸易合作为主的阶段,贸易范围狭小,贸易层次较低,缺乏统一的制度安排。

二 贸易结构较单一

尽管中国已经连续多年成为俄罗斯最大的贸易伙伴国,但两国贸易总额对中国而言并不是很大,且无论是从两国的国际地位,还是从两国全面战略协作伙伴关系来看,接近1000亿美元的贸易额都不大。况且,两国贸易很不稳定,受俄罗斯经济状况和国际经济形势的变化影响极大。俄罗斯利用其丰富的自然资源,主要出口石油等矿物产品,中国利用丰富的劳动力人口资源,主要出口加工制成的初级产品,所以中国自俄罗斯进口资源密集型产品,向俄罗斯出口劳动密集型产品,并形成了长期稳定的态势,长此以往导致中俄两国贸易结构趋于单一化,更加依赖原材料产品和初级加工制品,为贸易结构的优化增添阻碍因素。

从中俄两国的贸易结构可以看出,两国经济发展的确有一定的互补性,却不具有唯一性。一方面,在中俄贸易中,中国进口所占比重最大的商品是石油、木材、粮食和煤炭等原材料,不具有唯一性,中国可以从其他国家购得,只是运输和价格的问题而已;另一方面,俄罗斯从中国进口的产品多是机电产品、生活用品和果蔬产品等,这些产品虽然与原材料相比附加值略高,但技术含量也不是很高,在国际市场也很容易找到替代商家。在许多俄罗斯人眼中,出售原材料是一种"吃亏"的买卖,俄罗斯为了维持经济增长,不得不大量出售这些原材料,却又对将原材料卖给中国耿耿于怀。近年来,中俄扩大了在经济贸易方面的合作,在能源、农业等传统领域的合作占比较大,但在高新技术、航天航空等工业领域的合作占比较小,且近两年来技术贸易往来处于发展初期,中俄应开拓这些领域的经济贸易合作,或在原有的方面进行科学技术的创新,改变中俄贸易结构单一的状况。此外，双方商品的贸易集中度过高，俄罗斯对中国出口商品主要是石油、木材等原材料商品。这对两国贸易的稳定性极为不利，一旦两国经济或国际经济形势发生变化，双方贸易将会受到很大影响。而从黑龙江省对俄罗斯出口的商品构成可以看出，食品和生活用品占比高达70%，这些商品技术含量低，产品替代率高。俄罗斯经济情况好转的时候，对中国产品的依赖性不会很强，其也很容易找到进口类似商品的替代产地。

目前中蒙贸易中占比较高的产品均为显性优势产品，而且产品种类相对单一，尤其是中国从蒙古国进口的产品主要有3种，而向蒙古国出口的产品主要集中在制造类产品。其实中蒙两国在产品种类和技术上的贸易潜力巨大。蒙古国2009年提出努力发展工业以来，逐步开展交通建设、房屋改造、支持工业企业发展，必将需要大量钢、铁制品等相关产品，同时需要相应技术和管理人员，而中国经过几十年的发展和基础设施建设，已经具备这方面的人才、经验和技术。另外，蒙古国农业用地面积大、土质好，畜牧业较发达，但是均以初级产品为主，所以蒙古国可以借助中国的先进技术加强农畜产品深加工，增加产品附加值，提升竞争力，发掘两国进一步合作的贸易潜力[①]。中蒙国际分工格局是典型的垂直分工，中蒙之间的边境贸易也呈现垂直分工的基本特点。中蒙边贸主要体现资源互补，在未来的发展空间依然很大[②]。

从中蒙贸易正常化以来，两国贸易结构就一直停留在中国进口以矿产资源和畜牧产品等原材料为主，出口以轻工产品为主，在其他方面的贸易合作薄弱，贸易结构的不合理使中蒙两国长期处于贸易不平衡状态。对蒙古国来说，长期出口原材料、未加工的产品所能获取的利润非常小，而进口的产品大部分是粮食、蔬果、服装以及机械类产品，几乎80%以上依赖从外国的进口，这种出口利润低、进口消费大的贸易结构，不利于蒙古国的贸易优化和长期经济发展；对中国方面而言，蒙古国的矿产资源总有一

---

① 宝斯琴塔娜、包斯日古楞：《中蒙对外贸易特点及两国贸易关系分析》，《西北师范大学学报》（自然科学版）2016年第6期。
② 汤晓丹、冷雪莉：《"一带一路"倡议下中蒙经贸物流发展的机遇与挑战》，《物流科技》2017年第6期。

天会到达一个开采极限，中国不得不为这一天的到来而考虑，长此以往地将这种结构继续下去，必定会限制中蒙两国贸易的发展。此外，中蒙两国存在贸易失衡问题，在两国的贸易合作中，中国一直处于贸易逆差地位。2009年，中国对蒙古国的贸易逆差为2.93亿美元。2014年，两国经济均从金融危机中恢复过来，总体贸易额大幅上升，达到73.18亿美元，但中国对蒙古国的贸易逆差达到28.86亿美元。2017年，中国对蒙古国的贸易逆差高达39.32亿美元。严重的贸易逆差将会增加两国的贸易摩擦问题，导致两国在贸易合作过程中产生利益分歧。

中蒙贸易结构发展不平衡，导致两国贸易摩擦从未间断过。中蒙两国贸易服务体系不完善，对贸易纠纷的解决也不利。除了这些贸易摩擦与纠纷以外，中蒙两国还存在其他贸易问题，如贸易秩序混乱、存在逃税漏税行为等①。

三 贸易营商环境较差

中俄两国的贸易机制不断调整，当前两国贸易日益规范化，但双方贸易机制尤其是俄方经济政策滞后与多变影响着两国的贸易合作。俄罗斯政府及各州的法律、法规易变，给外来投资者和商人带来潜在风险，尤其是俄罗斯的税收政策变化过于频繁，时常会给外国企业带来额外损失。这些都是影响中俄双边经贸合作的重要因素。

近20年来，由于俄罗斯国内政策尤其是税收政策不断变化，中俄两国经贸合作时常出现波折，给中国商人和投资者造成巨大损失。随着近年来俄罗斯加大打击走私的力度及海关工作效率的提升，双方贸易日益进入规范化的轨道。但俄罗斯加入世界贸易组织的时间不长，还有许多制度、政策有待进一步完善。

蒙古国在贸易过程中收取大量关税，而且收取关税额度近年来不断增加。中国由于经济发展的需求，矿产资源短缺，与蒙古国的贸易也大部分

---

① 巴达玛：《论蒙中贸易的现状及其发展前景》，吉林大学博士学位论文，2013。

是进口矿产品，包括煤矿、铁矿、铜矿粉、原油等，这些产品在运往中国的过程中，在蒙古国边境被收取高额的过境费，最少费用也要商品贸易额的20%。过境费的国际标准是20%～85%，中国从蒙古国进口的是矿产资源，因此过境费一般是50%左右。近年来，蒙古国对中国收取的过境费不断上升。以收取木材的过境费为例，1998年，蒙古国收取中国木材的过境费仅为12.8美元/吨，到了2000年，每吨木材的过境费达到了16.8美元，2008年，每吨木材的过境费继续上升为19.1美元[①]。

自中蒙两国开展贸易以来，参与贸易的大多数中国企业是中小企业，实行分散性经营，各企业间协同性不够，导致中国企业在蒙古国的整体效益下降。以从蒙古国进口矿能产品的企业为例，随着近年来蒙古国煤炭出口的增加，以前在嘎孙苏海特等口岸从事煤炭进口业务的企业由2～3家骤然间增长到20～30家，企业数量的增加导致企业纷纷在蒙古国争夺矿权并竞相抬价，已经成立的中国行业协会由于缺乏大企业的支持也难以发挥作用，企业无法形成合力集中发展。

第四节 促进中蒙俄国际贸易发展的对策建议

一 全面扩大经贸交往

借助中蒙俄经济走廊建设，全面扩大经贸交往。加快落实中国、蒙古国、俄罗斯关于"一带一路""草原之路""欧亚经济联盟"等倡议和总体规划，细化三国区域经济合作的进程，建立合作伙伴关系，找准本国在合作中的定位，大力挖掘本国在区域经济合作中的潜力，全面扩大多边贸易经济交往。

扩大中蒙农牧产品贸易规模。中蒙两国资源、劳动力、资本等因素的互补性较显著。蒙古国资源丰富，可耕地面积广阔、无污染，适合培育绿色食品加工产业。但蒙古国在这些方面缺乏先进的技术，很难开发和培育

---

① 巴达玛：《论蒙中贸易的现状及其发展前景》，吉林大学博士学位论文，2013。

这些产业。对于产业结构单一、产品质量和劳动生产率较低、国际竞争力相对较弱的蒙古国来说，无法通过单纯的资源比较优势获得竞争优势。中国在矿产机械、运输机械和农畜产品加工等方面具有一定的技术、经验，且劳动力充足。两国应进一步加强以农产品深加工为主的重点产业合作，建立境内外产业联动机制，中国应积极向蒙古国输出相关技术和人员，共建上下游产业衔接的境外投资合作基地，将中国的高环保、高技术产业转移到蒙古国境内，共同经营和监管，加快推进两国区域经济合作面临的重要环节①。

结合中国企业"走出去"战略带动蒙古国矿业发展。蒙古国迄今只对全国16.4%的土地进行过地质考察，逾80%的土地尚未进行地质考察。面对未开采的丰富资源和尚未摆脱困境的国内经济，20世纪90年代中期，蒙古国政府制定了大力引进外资，发展采矿业，振兴经济的战略。蒙古国历任政府均将开发矿产资源作为拉动其国民经济发展的重要政策，并在组织机构管理、政策法规支持方面予以重点关注。因此中蒙在这方面加强经贸合作是必然的。要解决中国矿产资源与经济增长供需之间的矛盾，除依靠国内资源供应以外，还必须"走出去"开发境外矿产资源，大量进口资源性产品，以保障国内需求。中蒙在矿产、基础设施建设领域的合作符合双方的需求，具有互补互利的双赢性质。因此，蒙古国无疑是我国企业实施"走出去"战略的最佳选择区域之一。

鼓励中国有实力的企业积极走向蒙古国开发经营。按照管理与服务相结合的原则，建立和完善"走出去"各项业务管理体制。充分发挥各类所有制企业的积极性，鼓励和支持有条件、有比较优势的企业，采取合资、独资、联营、收购、兼并国外企业等方式到蒙古国投资办厂，开展跨国经营，进行境外加工贸易和境外资源开发。充分发挥中国与蒙古国的地缘优势和人文优势，以矿产资源开发利用为新的切入点，围绕经济发展中紧缺的矿种，进行资源开发型境外投资。利用中国许多森工企业在森林采伐、木材加工方面的人力、设备和技术优势，加快对蒙古国的投资步伐。对此

---

① 包明齐：《中蒙区域经济合作研究》，吉林大学博士学位论文，2016。

类项目,各政策性银行、国有商业银行应给予优先信贷支持,解决企业投资资金不足的问题。应加大国家对外投资政策的宣传力度,完善境外投资服务体系,重视并发挥其在实施"走出去"发展战略中的作用①。

二 优化双边贸易的产业结构

在国际贸易中,贸易结构在一定程度上是以产业结构为基础的,产业结构决定着一国贸易结构是否科学化、合理化。同时贸易结构是推动产业结构优化升级的主要动力,贸易结构的优化,可以通过一个国家产业结构的调整来实现。随着经济全球化和贸易自由化,外贸产品正由低附加值、低技术含量、粗加工产品转向高附加值、高科技、精加工产品。

加快中俄贸易结构升级,发挥中国产业的比较优势。20世纪90年代中期以来,中俄两国一直强调优化进出口商品结构,但目前进出口商品结构单一化问题依然存在。中俄双方专家认为,优化中俄贸易商品结构,就要逐渐减少双边贸易中长期存在的资源和劳动密集型产品过多的现状,增加科技含量高、附加值高的产品在双边贸易中所占的比重。目前中俄贸易结构的主要特点是:中国主要将一般加工制成品出口到俄罗斯,而俄罗斯将资源密集型产品出口到中国。中国主要生产并出口劳动密集型产品,其加工贸易模式在世界分工体系中处于产业链下游,产品加工程度不深、附加值低,产业增值链短,不符合我国产业发展的长期目标。如果要缩小我国与发达国家的差距,在对俄贸易中占据有利地位,我国必须加大科技、资金和人才的投入,提高我国的生产力水平和产品创新能力,提高我国出口产品竞争力。当然现阶段我国的比较优势决定了劳动密集型产业在我国对外贸易中仍占有较大比重,我国必须重视劳动密集型产业的发展。一方面,劳动密集型产业能够有效地解决部分人员就业问题;另一方面,我国劳动密集型产业经过多年长期发展与繁荣,可以为我国资本、知识、技术密集型产业的发展提供极大的物质帮助,推进产业结构实现优化升级。因

---

① 李强:《中日贸易商品结构及其优化策略研究》,东北师范大学硕士学位论文,2011。

此，我们要改变劳动密集型产业等同于技术落后产业的错误观念，同时也需要深刻地认识到高新技术产业可以借助丰富的劳动力资源而发展。目前，随着国民经济各部门中高新技术的应用与推广，信息网络、电子激光等先进技术在劳动密集型传统产业上不断渗透，使传统产业在高新技术的发展上产生质的提升。因此，我国政府需要通过高新技术的发展，来推进对劳动密集型传统产业的技术改造，在生产环节加大投入力度，确保在实现优势动态升级的同时能够充分发挥我国的比较优势，在竞争中掌握主动权[①]。

近年来，中国对俄罗斯出口增长的潜力主要来自加工工业制成品，尤其是机电产品。在机电和成套设备等高技术含量产品出口上，中国政府要提升技改资金的使用效率，加大对制造业技术改造的投入力度。同时国家采取一些优惠政策，如减免所得税、技术改造奖励等，鼓励企业加大技术开发投入，促进企业与科研单位、高等院校的合作，在实际生产中运用新技术，同时不断加强对员工的进修培训，在提升硬件的同时完成软件的更新。对于作为主导产业的重化工业而言，其属于劳动密集型产业，有利于充分发挥中国劳动力资源丰富的比较优势。当前为加速中国工业化发展进程，应逐步将重化工业转型为附加值高、技术含量高的加工制造业，这对于提升中国工业竞争力，在对俄贸易中占据有利地位起到至关重要的作用。一方面，中国应加强对传统工业的改造，提高产品品质和科技附加值，集中力量发展高技术含量的机械产业及冶金业；另一方面，应控制发达国家将高能耗、高污染的重化工业企业向我国转移，积极鼓励高技术、高质量、低能耗、低污染企业的引进，走可持续发展道路，在学习先进技术的同时，加强对生态环境的保护。

三 提高产品竞争力

提高产品档次和质量，增强品牌意识。前几年，由于管理不严、调控

---

① 张博显：《中俄贸易结构优化研究》，黑龙江大学硕士学位论文，2014。

不力，中国有些个体经营者因贪图眼前利益而缺乏长期意识，损坏了中国商品的声誉。因此，对于中国企业而言，要想更好地开拓俄罗斯市场，首先要在提高质量、树立品牌形象等方面狠下功夫。全面提高产品质量，除需要商检部门严格把关、整顿外贸公司和执行国家制定的新政策，中国政府和企业还要采取以下措施：加强对旅游贸易的管理，坚决杜绝中俄个体商贩把伪劣商品通过这个渠道混入俄方市场。整顿旅游贸易，需要中俄双方的共同配合。提高认识，重视提升出口水平，把商品自身的质量与销售服务相连，把"质"的范围从商品延伸至服务、管理和人力资源，进而搞好企业的体制创新，改进企业经营机制，推进企业技术改造、人才培养，促使对俄经贸各种资源按市场规则有效配置，使各类对俄经贸企业获得参与国际市场竞争的压力和动力。

对于一个企业而言，产品的质量和品牌就是竞争力和生命。在日益激烈的竞争中，企业要树立培育品牌的意识。创立品牌，就需要不断创新，需要突破传统，需要提高产品的加工深度、技术含量、质量和档次，需要发展少批量、多品种、多规格的产品生产模式。通过建立自身品牌产品，可以创造良好的商品和企业形象，有利于开拓新的市场。应该注意的是，在培育名牌的过程中，企业要保证产品的高质量，做好产品的市场定位，完善售后服务，强化品牌宣传①。

提高中国产品在蒙古国市场的产品竞争力。中国企业应增强商品意识，放开眼界，重点抓《中蒙俄经济走廊规划纲要》的主要领域，发挥中国产业技术优势，积极推广本国具有国际竞争力的产品，通过工程承包，带动高新技术产品、机械设备、机电产品、建材材料等出口。采取积极措施，杜绝假冒伪劣商品销往蒙古国，以促进两国经贸关系的稳定健康发展。针对蒙古国目前的经济发展水平和居民消费能力通盘考虑，提供质量过硬、价廉物美的产品，力争以优质产品在蒙古国市场上长期占有一席之地。与此同时，还要注意加强管理，使中国企业在蒙古国的经营进一步有序化和规范化，避免相互之间的恶性竞争，切实树立起中国企业在蒙古国的良好

---

① 杨艳梅：《中俄贸易发展现状、影响因素与对策研究》，中国海洋大学硕士学位论文，2009。

信誉。把两国经贸合作作为一个长期的战略项目,而不应把目光只放在短期利益上。

四 规范市场行为

降低贸易壁垒,实现贸易共赢。中俄、中蒙应该本着"共赢"的发展原则积极对话,制定长期可持续发展规划,在双边贸易互利的基础上实现各自发展目标。从俄罗斯方面来看,俄罗斯政府应支持国内一些有实力的大企业到中国投资,利用中国当前产业结构调整所给予的优惠政策,推动两国间技术贸易以及大型机电设备等资本品贸易的发展。同时,在资金、技术、税收、服务等方面,中俄、中蒙政府为促进双边贸易快速发展应该给予适当政策性倾斜,整合招商规划,简化项目批复手续,对有利于两国贸易发展的大项目、大产业制定相应的金融倾斜、服务倾斜等优惠政策,使双边贸易迈上新台阶。贸易壁垒是中俄贸易快速发展及贸易结构优化升级的重要障碍,三国政府及相关机构应积极开展平等对话,解放思想,顺应贸易自由化和经济全球化发展大趋势,按照WTO制定的关税减让表要求执行活动,营造公平的贸易环境。

规范市场行为,创造公平的贸易环境。大多数发展中国家在自然资源开发与挖掘过程中容易过度采伐,资源产权纠纷时而发生。因此,为了更有序有效、可持续地利用自然资源,避免陷入"资源诅咒陷阱",应积极完善产权制度,加大政府对资源的监督和管理力度,建立一个全国性的权威机构,健全法律法规体系,以依法治源、依法治矿为宗旨,统筹管理和规划,不让自然资源成为少数人牟取暴利的工具。

为了国内产业技术体系的健康、稳定进化,蒙古国应该以制度创新、政策创新、产业创新为依托,谨慎实施财政政策和货币政策;推出适合产业发展的相关政策,刺激工业部门的投资和发展,鼓励制造业的快速发展;建立多元化的经济结构,创造良好的投资环境,加大与周边国家的合作;加大改革开放力度,形成集约型的增长模式。中国应坚持出口商品多元化,提高商品品质。中国企业要充分发挥劳动力廉价的优势,拓宽产品线宽度及加深产品线深度,实现出口商品多元化,提升出口产品竞争力,以求得贸易利益的平衡。中国企业在开展对外贸易时,应积极建立自主品牌,按照国际产品衡量标准生产并出口优质产品,做大做强自主品牌,优化出口商品结构,进而提升本国产品的出口竞争力,让本国出口产品真正成为高创汇产品,在国际市场份额的竞争中占据优势。

第五章　中蒙俄经济走廊建设的投资现状研究

第一节　外商直接投资的形成

一　投资发展周期理论

随着全球经济一体化进程的不断加快，跨国投资已经成为各国经贸活动的一个重要组成部分，引入和利用外商直接投资，是许多国家和地区参与经济全球化，加速本国经济社会发展的重要举措。外商直接投资是指对母国以外的企业实施的控制，一般对外投资的所有权属于母国或投资国。接受国或东道国得到的通常是金融资本、技术、物质资本、人员、品牌的使用权以及市场营销优势的某种组合。外商直接投资已经成为发展中国家所接受的主要外来资本之一。Dunning 于 1977 年提出国际生产折中理论，也被称为国际生产综合理论，其认为企业之所以进行海外投资是因为其在所有权、区位以及内部化方面存在优势[1]。国际生产折中理论肯定跨国直接投资的绝对优势与相对优势，认为跨国直接投资企业是国际市场不完全性的产物。

---

[1] Dunning, H., "Trade, Location of Economic Activity and the MNE: A Search for an Eclectic App roach", *The International Allocation of Economic Activity*, Macmillan, ed. Ohlin, Hesselborn, Wijkman (London, 1977), pp. 395–418.

从国际生产折中理论的角度出发分析中国企业对俄罗斯、蒙古国的直接投资行为可发现以下两点：一是符合区位优势，中蒙俄三国地理位置相邻，边境线较长，可以节约交通运输成本；二是中国企业具备所有权优势，在对俄罗斯和蒙古国直接投资过程中有很多大规模企业拥有先进的技术设备，采取独资的方式进行经营。但中国企业在内部化优势方面存在一定不足，主要表现为企业在俄罗斯和蒙古国的经营管理水平有待提升。随着中国企业在俄罗斯和蒙古国直接投资规模的不断扩大，企业经营是需要考虑的重点。

1981年，Dunning在国际生产折中理论基础上，提出国际投资发展周期理论，通过选择67个国家1967~1978年的对外直接投资数据为样本，分析对外直接投资行为与其经济发展水平之间的关联，发现对外直接投资与经济增长水平成正比，一国人均生产总值越高，其对外直接投资的金额就越大[1]。对国际生产折中理论进行验证，发现OLI模式[2]是跨国直接投资的重要条件。国际投资发展周期理论指出，一国的对外直接投资和经济发展水平存在正相关关系。进一步，该理论将一国的对外直接投资行为划分成四个阶段：一是无法利用外商直接投资阶段，该阶段不具备OLI模式中的三种优势；二是国际投资净额开始逐渐增多，有少量的跨国直接投资开始向本国流入的阶段；三是一国吸收外商直接投资与对外直接投资规模都大幅提升阶段，此后国际直接投资净额开始缓慢下降；四是一国的对外直接投资大于其吸收的国际直接投资阶段。

二 技术创新与产业升级论

技术创新理论是在20世纪60年代由熊彼特提出的，创新是指新的生产条件与新的生产要素相结合所产生的技术水平的提高，该理论主要解释技术创新与产业升级对直接投资的促进作用。从技术创新的发展模式来看，主要分

---

[1] Dunning, H, Mcqueen, M., "The Eclectic Theory of International Production: A Case Study of the International Hotel Industry", *Managerial and Decision Economics* 2 (4), 1981, pp. 197-210.

[2] OLI模式主要指所有权优势（Ownership）、区位优势（Location）、市场内部化优势（Internalization），该理论认为在上述三项优势同时具备时，才能进行有利的对外直接投资。

为两大类：一是线性范式，即采用"发明—开发—设计—生产—销售"这样简单循环的线性路径，该范式的主要缺点是没有突破单个企业内部技术化的局限；二是网络范式，这种范式是在线性范式基础上提出来的，用来弥补线性范式只有内部化的不足，注重企业内部与外部环境的协调、互动与信息交换，实现了集群创新与区域创新[①]。根据熊彼特对创新理论的诠释，创新有五种情况：引进新产品，引用新技术或生产方法，开辟新市场，控制新的供应来源，实现新的企业组织。因此创新能力的升级比技术能力的升级更为广泛，集群的创新能力升级主要表现为集群内企业不断培育自主知识产权，同时企业及其相关机构之间在供应链体系上的运作效率不断提高，集群的网络组织形式朝着更有利于集群治理和发展的方向转变[②]。

产业升级通常是指高生产率产业（高附加值产业）的比重不断提高的过程，产业升级不仅是发展中国家的事情，在发达国家同样存在。20世纪后半期，全球化程度远低于今天各国产业价值链（主要是国内产业价值链）所描述的状况，产业升级主要是推动资本密集型和技术密集型产业比重的提高。特别是对于后起国家而言，产业升级的轨迹是从农业社会进入工业化；进入工业化阶段后，则又是先以纺织、服装、轻工等传统的劳动密集型产业为主，然后不断提高资本与技术密集度更高的产业比重，如钢铁、机械、石油化工产业，进而发展到电子工业、汽车工业等。东亚不少经济体的产业升级均经历了这样一个与发达国家的发展路径大体类似的过程。另外，在后工业化时期，不同国家在谋求技术知识优势、建立本国的创新能力上表现出一些共性特征，即对技术创新的关注和对高科技产业投资的热衷。当前，各国对产业升级的方向和目标达成较广泛的共识，即推动高新技术（如生物技术、纳米技术）产业和新兴产业（如新兴服务业和环保业）比重的提高，促进一国经济体的可持续发展[③]。

---

① Schumpeter, J., "Theory of Innovations and Technical Change", *Econometrica* 35 (5), 1967, pp. 117 – 119.
② 梅丽霞等：《试论地方产业集群的升级》，《科研管理》2005 年第 5 期。
③ 唐晓云：《产业升级研究综述》，《科技进步与对策》2012 年第 4 期。

三 比较优势与垄断优势投资理论

1978年,小岛清在《对外直接投资论》一书中,依据国际贸易理论中的赫克歇尔-俄林模型,提出边际产业扩张理论。该理论认为,跨国公司对外直接投资不是简单的货币资本流动,而是资本、技术和经营管理知识一体化的跨国移动,是投资国先进生产函数向东道国的转移和普及。并且对外直接投资应该从本国的边际产业、边际性生产部门或边际性企业开始依次进行。"边际产业"或称"比较劣势产业",是指在本国已经或即将丧失比较优势,在投资对象国却具有显在或潜在比较优势的产业领域。在同一市场上,中小企业同大企业相比一般都处于比较劣势状态,属于"边际性企业",因此,中小企业更要进行对外直接投资。该理论主张外商直接投资应该选择与东道国技术差距最小的产业或领域进行投资,而不要以技术优势为武器。在投资方式上也应该采取与东道国合作的形式进行。在投资对象国别选择上,该理论主张向发展中国家的工业投资,并要从相互差距小、容易转移的技术开始,按次序地进行,这种投资有利于促进东道国的比较优势产业发展。外商直接投资的示范效应能够给当地企业带来积极的外溢效果,使当地企业提高劳动生产率,教会并普及技术和经营技能,使当地企业家能够独立进行新的生产活动[1]。

垄断优势理论是由 Hymer 于 1960 年首次提出的,该理论主要从产业组织理论的角度分析了跨国公司的对外投资行为,用于解释投资市场的垄断行为[2]。Hymer 以美国企业境外直接投资展开研究,发现有关企业的投资主要集中于具有垄断优势的领域,特别是拥有特殊产品市场优势和生产要素优势的领域,跨国公司充分利用这些优势进行境外投资能够获取高额利润。垄断优势理论假定市场是不完全竞争,该理论认为只有在市场不完全竞争

---

[1] Kojima, K., *Direct Foreign Investment: A Japanese Model of Multinational Business Operation* (Praeger Publishers, New York, 1978).

[2] Hymer, S., *International Operation of Domestic Enterprises: A Study of Foreign Direct Investment* (Massachusetts Institute of Technology, 1960).

的情况下，不同国家的企业才能充分发挥自身的优势，如技术、资金等优势，这正是企业进行对外投资的动因。如果一个企业相对于其国外竞争者所拥有的优势大于其相对于本国竞争者所拥有的优势，则会考虑国际化经营。垄断优势理论对外商直接投资的动机的解释具有较大说服力，特别是能够对发达国家之间的双向投资进行解释。

第二节 中蒙俄经济走廊投资环境分析

一 政治环境

（一）俄罗斯投资的政治环境分析

自改革开放以来，中国经济得到了快速的发展，对外投资规模不断扩大，对外投资水平也在不断提高。外商直接投资在俄罗斯相继遇到问题，对此俄罗斯逐渐重视改善投资环境，从政治方面不断加大对投资环境的建设力度，如提高政府的管理水平，注重选拔对改善投资环境有才能的官员，加强政府官员的廉政建设，严厉打击官员的腐败行为等，这些措施在一定程度上改善了俄罗斯的投资环境。

俄罗斯政府非常重视通过行政改革来改善投资环境。俄罗斯的资源丰富，但是经济不够发达，俄罗斯应该充分利用自身的资源，吸引外商对俄罗斯的投资，促进经济的发展。2010年以来，俄罗斯召开了数次会议来讨论如何改善投资环境，吸引了海外公司对俄罗斯投资。俄罗斯不仅制定了许多改善投资环境的政策措施，而且成立了专门部门以改善投资环境，提高引进外资的水平。俄罗斯成立了经济发展与贸易部门，主要负责利用俄罗斯的资源优势吸引外商到俄罗斯投资，该部门同时兼贸易往来、经济和外汇部门的职责，并在许多国家的众多城市设立了相关分部。经济发展与贸易部门充分发挥国际贸易中与各国经济往来的信息及资源优势，积极推介本国项目，引进外商投资，促进本国经济的发展。俄罗斯还设立了专门负责吸引投资的重要部门，即外国投资咨询委员会。该委员会成立于1994

年,主要负责举办关于投资的会议活动,对涉及俄罗斯外商直接投资的有关问题进行解答。从成立以来,到俄罗斯进行投资的公司都曾派过投资代表到该委员会咨询投资政策等问题。

外商直接投资十分看重投资国的优惠政策,合适的优惠政策能在很大程度上吸引外商对俄罗斯的投资。为充分吸引外商对俄罗斯的投资,俄罗斯政府制定了许多投资优惠政策,如成立针对海外投资贷款的银行、对进口关税进行一定程度的优惠、建设高新技术开发区、完善税务制度、废除原来的强制性结汇政策、免除矿产开采税等。为配合国家政府的投资优惠政策,俄罗斯地方政府也制定了相应的优惠政策,如给予外商投资在税收方面的优惠,成立相应的投资服务部门。2010年,俄罗斯政府制定了相关措施来简化外商在俄罗斯收购股权的流程,缩短来俄罗斯办理投资手续的时间,这些措施的实施进一步改善了俄罗斯的投资环境。2018年11月,中俄签署《中俄在俄罗斯远东地区合作发展规划(2018~2024年)》,规划指出俄罗斯在远东地区设立和发展跨越式发展区、符拉迪沃斯托克自由港,向投资者提供基础设施建设资助,并借鉴国际先进经验及措施支持外商投资。俄方已从法律上确定,跨越式发展区和符拉迪沃斯托克自由港区内投资项目开始10年内税收优惠政策保持不变。

此外,俄罗斯对腐败问题十分重视,采取了许多措施来惩治腐败行为,加强政府的廉政建设,以此改善国内营商环境,吸引外资。俄罗斯成立了反腐委员会,制定各类反腐败法案,如《反腐败法》,严厉打击行贿受贿行为,从多方面杜绝此类行为的发生。2010年,俄罗斯通过《俄罗斯联邦国家机关工作人员道德和行为准则法》,该法案主要针对政府人员的行为活动进行严格规范,体现了俄罗斯政府对惩治腐败问题的决心[1]。

(二)蒙古国投资的政治环境分析

1990年以前蒙古国是社会主义国家,除与苏联和东欧国家交往甚密外,与其他国家来往很少。1989年以前,蒙古国对外贸易额的95%左右来自社

---

[1] 陈强:《"一带一路"背景下中国对俄罗斯的直接投资(FDI)研究》,武汉大学硕士学位论文,2017。

会主义国家,其中苏联占81.8%。苏联对蒙古国的经济发展和社会进步起到了举足轻重的作用。东欧剧变和苏联解体后,蒙古国选择了以根本的政治制度变革为前提的东欧激进改革模式,这对蒙古国的政治、经济、社会产生较大影响。蒙古国在外交上实行"不结盟、多支点、全方位"的外交政策。

蒙古国历届政府都把引进外资当作促进国内经济发展的重要政策。蒙古国实施议会制度,国家大呼拉尔是国家最高权力机关,行使立法权。政府为国家权力最高执行机关,政府成员由国家大呼拉尔任命。政府的重要职能是执行和监督已公布的各项法律和政策。蒙古国议会、政府相继制定了《外商投资法》《矿业法》《经济自由区法》等一系列吸引外资的法规及与之配套的政策,改善外商投资的环境,加快外商直接投资的步伐。蒙古国积极参与各种世界组织和国际经济多方会谈。目前,蒙古国不仅是《关于解决国家与他国国民之间投资争端公约》(《华盛顿公约》)、世界贸易组织、世界银行、亚洲开发银行及IMF成员国,还是国际多边投资担保机构(MIGA)成员国,投资者有权参加MIGA风险保险。截至2018年7月,蒙古国已与世界43个国家和地区签署了有关鼓励和保护投资协定,与39个国家签署了避免征收双重关税的协议,为外商直接投资提供了良好的国际环境①。

蒙古国政府制定了招商引资、发展采矿业、振兴经济的战略。随着中蒙两国关系不断深化发展,越来越多的中国企业及个人开始走进蒙古国市场。中国对蒙古国的直接投资额迅速上升,已经连续10年成为蒙古国第一大投资国和贸易国。此外,蒙古国与中国山水相连,同处在一个地质构造单元上,成矿条件相似,许多矿体相连,蒙古国资源丰富,中国存在较大缺口的矿产资源在蒙古国储量充足,这为中蒙两国在矿产领域的合作提供了便利,合作勘探开发前景广阔。

2011年6月27日,蒙古国政府通过了第140号决定,确定了《引进外资的重点行业目录》,涉及畜牧业、农业、加工、开采等十几个领域。蒙古国政府根据经济社会的发展需求,调整重点投资行业目录。蒙古国已在多个行业设置了重点鼓励项目,汇集多项公共基础建设,可见蒙古国政府非

---

① 文虎:《内蒙古自治区对蒙古国投资现状及发展思路》,《财经理论研究》2009年第6期。

常注重公共基础设施的建设。2011年的鼓励项目大部分集中于矿产资源开采方面，如煤炭、石油、天然气、各类金属矿石的开采和提炼。与2011年制定的重点行业相比，2018年制定的鼓励项目有一个很大的改变，就是侧重石油等矿产资源的深加工。可以看出，蒙古国政府引导本国经济发展的新趋势，是希望本土的资源可以在本土进行深加工，提高价值再出口，而不是简单出口廉价的矿产资源。

对于在蒙古国的外资企业，其从蒙古国内外进行商业贷款没有任何限制，外资企业所得利润可自由汇出。政府可向外商投资企业授权定期使用土地，外资局为外商办理注册登记手续，并提供"一站式"服务，简化了国外投资者在蒙古国建立企业或代表处的手续，便利外资进入蒙古国。外商投资的绝大部分项目，包括被列入《蒙古国政府鼓励类投资项目名录》的项目，进口的机械设备免征关税和增值税，外资企业可以根据所投资行业的不同，享受3～10年所得税减免的优惠①。按照《向国外输出劳动力、向国内输入劳动力和技术专家法》的有关规定，外国公民可签发蒙古国优惠普通签证，国外输入劳动力签证可由蒙古国驻各国领事馆的外交代表签署，蒙古国主要海关也可进行落地签证。

蒙古国设立自由贸易区来吸引外商投资。蒙古国政府相继在阿拉坦布拉格和扎门乌德设立了经济自由贸易区。根据《蒙古国经济自由区法》的规定，自由贸易区内企业在政策上享受各种优惠，贸易区内企业进口的商品原材料一律免除进口税、附加税，加工后的出口商品也免除各项出口关税；在自由贸易区投资基础设施建设的投资者，免征所得税；对投资设立贸易企业者，除前5年免征所得税，接下来的3年减半征税以外，还对该企业进入自由贸易区的货物免征关税。此外，该自由贸易区内还可经营博彩业。

但是，蒙古国的政策连续性差，蒙古国的政权更迭对于政策的实施有较大的影响。蒙古国有十几个党派，党派之争较激烈。蒙古国的政府换届常常伴随着执政党的变更，一些重大法规政策常常随之发生变更。对于外资企业来说，要承担政策变更的全部风险，即历史签订的合约要以最新政

---

① 芳芳：《中国对蒙古国直接投资现状研究》，内蒙古大学硕士学位论文，2010。

策为基准，合约不具有长期的法律效力。此外，投资蒙古国还面临政府部门职能效率较低等问题。

二 经济环境

（一）俄罗斯投资的经济环境分析

良好的经济环境有利于吸引外商直接投资。受2008年金融危机的影响，世界经济虽然基本上从之前的低迷状态中逐渐复苏，但仍处于低速发展的状态中，经济增长较为缓慢，仍处于调整阶段，面临的风险也较多，未来的形势也存在较大的不确定性。自金融危机以来，俄罗斯的经济也陷入了低迷阶段，经济增长速度大大降低（见图5.1）。

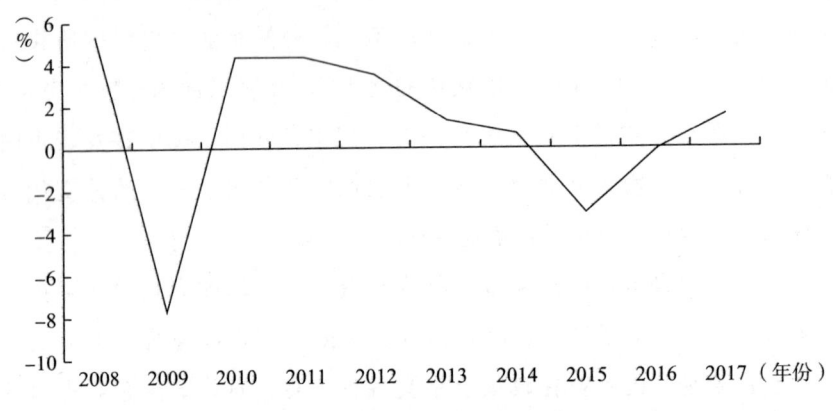

图5.1 俄罗斯经济增长变化趋势（2008~2017年）

受国际金融危机的影响，俄罗斯的金融市场受到剧烈的冲击。2009年，俄罗斯的股票市场总市值仅为7600亿美元，资本化与GDP的比值下降到59%，外部冲击在很大程度上影响了俄罗斯金融市场的发展。俄罗斯的金融市场存在一定的缺陷，如大公司在股票市场资本中的占比过高，股票市场的行业集中度高，国内交易和国外交易失衡等。俄罗斯正采取积极措施提升金融的自由化程度，加强与国际金融市场的联系，实现外汇的自由化，完善汇率制度，积极促进金融市场的发展和完善。总体来看，虽然俄罗斯的金融市场受到强烈的冲击，但处于不断改善的过程中。

2018年11月，中俄签署《中俄在俄罗斯远东地区合作发展规划（2018~

2024年)》，规划指出俄罗斯在远东地区实施特殊的国家政策，旨在提高外商投资项目的收益率，降低项目风险。如俄罗斯在远东18个跨越式发展区，为投资者发展新产业提供独立平台。由俄罗斯出资在发展区内为投资者修建必要的基础设施，并提供以下优惠政策：自开始盈利起5年内，企业利润税为0；企业头5年的财产税和土地税为0；统一社保费率以7.6%取代30%；降低矿产开采税率，10年内为0~0.8%；采用自由关税区的海关程序；加快出口产品增值税退税；加快签发建设许可证和项目投运许可证；缩短国家环保鉴定期限；简化外国公民就业手续；采取特殊保护机制，避免检查和监督机构的不合理监督。在远东的符拉迪沃斯托克自由港，中国投资者可以得到与跨越式发展区同样的优惠政策。俄罗斯远东地区推出天然气与石油化工、固体矿产、运输与物流、农业、林业、水产养殖和旅游共7个中俄经贸合作的优先领域。俄罗斯将在东方经济论坛框架内每年举办中俄经贸合作有关活动，在远东地区举办"中国投资者日"活动，支持中俄博览会发展。

（二）蒙古国投资的经济环境分析

蒙古国曾长期实行计划经济，自1991年进行经济体制改革，向市场经济过渡，国有企业大部分实行了民营化。现在蒙古国是一个以私有制为主的开放的市场经济国家。20世纪90年代初，随着财产私有化、物价放开、外贸开放、改革银行体制等重大措施的实施，蒙古国经济曾一度连年下降，经过多年的艰苦努力，终于在1994年控制了经济下滑的局面。蒙古国经济自1994年开始缓慢回升，2002年增长速度迅速上升，年均增长速度达7.9%（见图5.2）。

2000年以来，蒙古国GDP增长率虽然呈波动状态，但总的趋势是呈周期性上升波动的。2011年蒙古国国内生产总值增长率达到史上最高水平，为17.29%，随后受国际经济环境及能源消耗的冲击，增长率有所下降，但总体上依旧保持正增长，2017年、2018年国内生产总值分别达到114亿和130亿美元。蒙古国经济发展较稳定，但是由于经济基础薄弱，管理机制不健全等原因，目前蒙古国的工业、农牧业及服务业仍然较为落后，经济基础尚未完全建立起来。畜牧业是蒙古国的传统经济，也是国民经济的基础

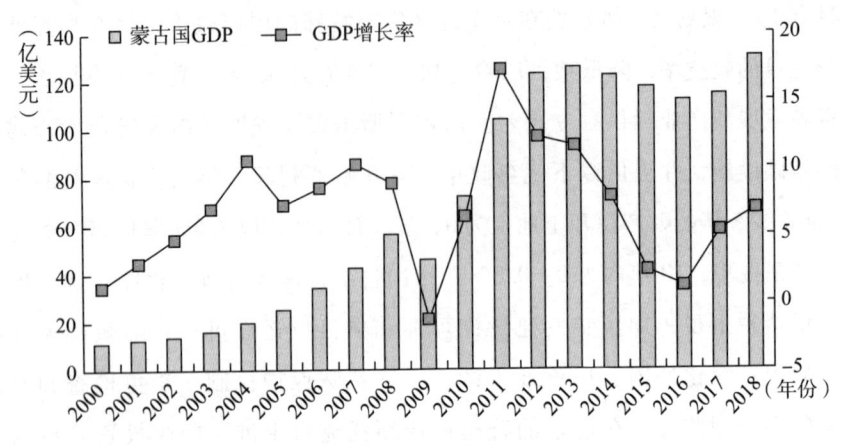

图 5.2　蒙古国 GDP 及 GDP 增长率（2000～2018 年）

产业。目前，蒙古国全国约有 50% 的人口从事农牧业生产，国内工业原料和人民生活必需的消费品大部分来自畜牧业。工业以轻工、食品、采矿和燃料动力产业为主。其中，采矿业是蒙古国的支柱产业之一，也是最具发展潜力的领域。2018 年统计数据显示，矿产开采业产值占蒙古国 GDP 的 28.2%，占工业产值的 59.7%，占出口额的 60.3%[①]。蒙古国产业门类不全，长期以来形成了以进口工业制成品，出口矿产、农业原材料等初级产品为主的贸易结构。当前，蒙古国大部分产值来自黄金、铜和畜产品的出口，财政预算和经济增长在很大程度上也是依赖原材料的出口。另外，蒙古国生产技术落后，仍以粗放型农牧业为主，粮食等基本产品不能自足，蔬菜、水果、衣服、鞋类、日用品等必需品主要从中国进口。

蒙古国经济总量较小，财力有限，交通、医疗卫生、文化等基础设施和公共服务领域较为落后。银行系统也略显落后，不能完全适应市场发展需求。目前蒙古国水、电、暖供应系统不够完善，还没有完全覆盖全国各地，在一些偏远地区和部分牧区还未建起水、电、暖系统。蒙古国的公共医疗设施也比较落后，低收入群体和偏远地区的群众得不到应有的医疗服务。蒙古国公路网总长为 27 万公里，但只有 1680 公里为硬化路面，多数路面仍为砂石或自然路。蒙古国现有铁路 2185 公里，连接首都和各个矿点以

---

① 蒙古国统计局：《蒙古国统计年鉴》（2018 年）。

及中国和俄罗斯，全国货运量的3/4和客运量的1/3依靠铁路运输。由于中蒙两国铁路轨距不同，运至边境的货物需要换装，延长了运输时间，同时也增加了中蒙两国的贸易成本。蒙古国为内陆国家，对外没有出海口，因此只能通过铁路与俄罗斯的圣彼得堡、纳霍德卡和中国的天津三大港口相连接。在蒙古国境内，库苏古尔湖和色楞格河下游有少量水运。空运主要在远途客运方面发挥作用。

三 社会环境

（一）俄罗斯投资的社会环境分析

俄罗斯幅员辽阔，人口相对较多。根据2010年进行的俄罗斯联邦人口普查，俄罗斯联邦有1.429亿人口，与8年前的人口普查相比，总人口数量呈净减少的状态，减少近230万人。人口问题一直是俄罗斯社会的焦点，被认为是关涉国家前途和民族命运的核心问题。自20世纪90年代初至今，俄罗斯一直努力采取多种措施来提升人口总量，优化人口结构。但在2018年，俄罗斯人口减少了8.7万人，这是俄罗斯10年来首次出现负增长。截至2019年1月1日，俄罗斯总人口为1.4679亿。俄罗斯总统普京在2019年国情咨文中将人口问题列为首要话题。俄罗斯出生率下降的主要原因是家庭收入低，具有生育能力的适龄女性人口减少，越来越多俄罗斯女性决定不生孩子，越来越多的年轻人认为事业和成功比家庭更重要。

俄罗斯民族众多，其中俄罗斯族为最大的民族，其他少数民族共有160余个，每个民族都有独特的历史、文化，民族间的语言和风俗经过长期的融合，形成了目前的俄罗斯民族。俄罗斯的教育质量较高，国民受教育程度在世界范围达到中上水平，高等教育普及率处于世界领先水平。根据世界经济合作组织2014年做的一项调查，在受高等教育比例最高的五个国家中，俄罗斯以53.5%居首位，其次是加拿大（52.6%）、日本（46.6%）、以色列（46.4%）和美国（43.1%）。众多高素质的劳动力为俄罗斯经济发展注入源源不断的动力，俄罗斯诞生了众多文学家、艺术家和科学家，对人类社会进步做出了重要贡献。

得益于高度发达的高等教育体系，俄罗斯的科学技术环境在世界上也是处于领先水平的。据统计，俄罗斯目前拥有超过3500个科研机构，其中绝大部分有政府资助和官方支持，研究领域集中在军工、航空航天、电子、核能等领域。根据汤森路透2014年发布的《2014年全球最具影响力的科研精英》报告，俄罗斯目前在世界大学科研领域的表现并不突出，仅有经济学、工程等领域有突出表现。究其原因，除了俄罗斯经济下滑带来科研经费缩水以外，一个很重要的结构性原因就是俄罗斯的科研机构并不十分看重科研论文的发表，很多研究成果使用俄文发表，在国际上的影响因子不如英文期刊。但是，俄罗斯在军工、航空航天、核能、计算机等领域的科研水平是处于世界领先地位的。

目前俄罗斯科研环境遇到的主要问题有两个，分别是科研人才外流和科研投入下滑。受到经济增长下滑和20世纪政治动荡的影响，一批优秀的科研人才选择离开俄罗斯奔赴以色列、美国、西欧等国家和地区继续科研，这对俄罗斯整体技术水平造成了难以挽回的影响。另外，计划经济时代充裕的科研经费现已不复存在，在市场经济环境中，很多科研机构的经费都要靠机构自行筹取，导致科研环境显得尤为窘迫。俄罗斯联邦法律规定科研拨款要占到GDP的3%，政府也按照这一比例进行划拨，但是仍然满足不了俄罗斯科研机构和教育机构的需求，经费不足是制约俄罗斯科研环境发展的重要障碍。

（二）蒙古国投资的社会环境分析

蒙古国是一个以蒙古族为主体的国家，官方语言为蒙古语，与中国内蒙古地区的蒙古族语言虽有差异，但同属一种语言，易于交流。蒙古国人民在生活习俗方面在保留传统蒙古族习俗和文化的基础上，受俄罗斯和西方国家的影响，生活习惯明显有了西方特点，并且西方文化在蒙古国很受欢迎。

蒙古国劳动人口素质高，结构年轻，工资低廉。2018年，蒙古国人口数量达到312.2万人，人口增长较快，且16岁以下人口占总人口的比例超过50%，60岁以上人口仅占总人口数的6%。根据蒙古国外资局所提供的资料，蒙古国的人口识字率高达89.5%，教育普及率极高，国家实行普及免费普通教育制度。蒙古国境内有大学、专科及技术学校近百所，人口素质较高。但是蒙古国缺乏职业技术人员，各高校的学术科研水平也并不高。

近年来随着中国经济的崛起，中国与蒙古国之间的投资、贸易也有了飞速发展，蒙古国对中国经济的依存度越来越高，目前中国已成为蒙古国第一大投资国和贸易国。无论是蒙古国官员，还是蒙古国商人，都把同中国建立更多经济联系和合作作为获取经济利益的重要渠道。蒙古国学习汉语的人数越来越多，蒙古国每年向中国公派的留学生人数在300人左右，自费留学生近千人。留学生学成回国后，在促进两国睦邻友好与经济合作上发挥重要作用。

第三节　中蒙俄经济走廊外商直接投资现状

一　中国对俄罗斯、蒙古国投资的历史沿革

（一）中国对俄罗斯投资的历史沿革

中国对俄罗斯的投资起步于20世纪90代，经过几十年的发展，中国在俄罗斯的投资累积金额和当期规模都已经达到较高水平。分析中国对俄罗斯的直接投资历史，大致可以分为六个阶段。

一是平稳增长期（1996~1999年）。1996年，中国与俄罗斯正式结成合作伙伴关系，这种良好的合作关系在很大程度上促进了中国对俄罗斯的直接投资。从1996年到1999年，俄罗斯的经济处于快速发展阶段，各国对俄罗斯经济发展的预期也很高，这也吸引了大量的中国企业对俄罗斯进行投资。1997年中国对俄罗斯的直接投资额达到119万美元，这在当时是非常高的水平，比1996年增长了近14倍，这也创造了当时增长率的最高水平。随后由于东南亚金融危机的影响，中国对俄罗斯的直接投资额虽然在不断增长，但增长幅度有所下降。1998年中国对俄罗斯的直接投资额为250万美元，比1997年增长了110.08%；1999年中国对俄罗斯的直接投资额增

长52%，增长率进一步下降。总体来看，该阶段中国对俄罗斯的直接投资规模处于平稳增长的阶段。

二是快速增长期（2000～2002年）。进入21世纪以来，全球经济的发展态势比较好，各国经济也得到了快速发展。从2000年开始，世界各国对能源的需求快速增长，俄罗斯的能源资源丰富，于是俄罗斯充分抓住了这个机遇，利用能源优势使经济得到快速发展。此外，中国也加大了对俄罗斯的直接投资，尤其是能源产业。2000年中国对俄罗斯的直接投资额为1400万美元，同比增长了265%，其中大部分资金投入能源产业。2001年，中国与俄罗斯签订了《中俄睦邻友好合作条约》，促使中国进一步扩大了对俄罗斯的投资规模，当年中国对俄罗斯的直接投资规模达到了1761万美元。2002年中国对俄罗斯的直接投资额为3545万美元，首次突破了3000万美元，同比增长了101.31%。总体来看，该阶段中国与俄罗斯之间的合作关系进一步加强，中国对俄罗斯的直接投资规模快速增长。

三是急速增长期（2003～2006年）。经历了三年的快速增长期，中国对俄罗斯的直接投资额并没有出现下滑趋势，反而进一步扩大。2004年中国对俄罗斯的直接投资额达到7700万美元，比2003年增长了148.39%。2005年中国对俄罗斯的直接投资额首次突破1亿美元，达到2.03亿美元，同比增长了163.64%，增长额巨大。2006年中国对俄罗斯的直接投资额再次实现了巨大增长，达到4.52亿美元，增长率为122.66%，此时中国对俄罗斯的直接投资额已经达到了较高的水平。中国政府大力鼓励国内企业对俄罗斯进行投资，并提出了到2020年实现对俄罗斯的投资额达到120亿美元的目标。总体来看，该阶段中国对俄罗斯的直接投资急速增长，2006年的投资额比2003年增长了13.6倍。

四是回落期（2007～2009年）。2007年中国对俄罗斯的直接投资额为4.78亿美元，相比2006年仍有小幅的提高，但比往年的增长率下降了很多，增长趋势大大减缓。2008年受国际金融危机影响，中俄两国的经济出现了增长趋缓问题，两国的直接投资额也受此影响，当年中国对俄罗斯的直接投资额为3.95亿美元，首次出现了负增长。2009年的投资额为3.48亿美元，进一步下降。总体来看，该阶段中国对俄罗斯的直接投资额呈逐渐下降的趋势,这反映了国际金融危机的影响,中俄两国的国内政策也对投资规模产生了一定的影响。

五是持续上升期(2010~2013年)。随着全球经济在2010年开始缓慢复苏,国际油价开始升高,这促进了俄罗斯经济的复苏,中国与俄罗斯的合作也开始回暖,中国对俄罗斯的直接投资水平不断创出新高。2010年中国对俄罗斯的直接投资额为5.68亿美元,同比增长了63.22%。2011年和2012年中国对俄罗斯的直接投资额进一步扩大,分别为7.16亿美元和7.85亿美元,分别比2010增长了26.06%和38.2%。2013年中国对俄罗斯的直接投资额达到10.22亿美元,比2010年增长了79.93%。总体来看,该阶段中国对俄罗斯的直接投资规模处于持续增长期,投资规模达到了历史新高。

六是全新发展期(2014年至今)。2014年,克里米亚危机爆发,俄罗斯对乌克兰进行军事干预。受美国和欧盟对俄罗斯经济制裁的影响[①],俄罗斯货币汇率、经济严重下挫,这影响了中国与俄罗斯各投资项目的实施,也严重影响了中国企业对俄罗斯经济的预期,导致中国对俄罗斯的直接投资大幅下降。2014年,中国对俄罗斯的直接投资额为6.34亿美元,同比下降了37.96%。2015年以来随着中蒙俄经济走廊战略的稳步实施,中国对俄罗斯的直接投资大幅上升,达到29.61亿美元,创历史最高值,增长了367.03%,随后两年略有回落。2019年6月,中俄两国签署《关于发展新时代全面战略协作伙伴关系的联合声明》,指出中俄关系进入新时代,双方致力于发展中俄新时代全面战略协作伙伴关系,就国家发展战略对接进行密切协调和协作,拓展经贸和投资互利合作[②]。伴随着更多有利于两国经济发展的重大合作项目建设的开展,中国对俄罗斯的直接投资规模会进一步提高。2003~2017年中国对俄罗斯直接投资状况如图5.3所示。

[①] 方式有冻结俄罗斯人在海外相关国家的银行账户,拒绝部分俄罗斯人入境,拒绝使用俄罗斯的天然气等能源,严禁向俄罗斯提供贷款或者发放债券,严禁向能源公司出售先进的开采设备、购买俄罗斯高新技术等。

[②] 《中俄元首签署〈中华人民共和国和俄罗斯联邦关于发展新时代全面战略协作伙伴关系的联合声明〉》,新华网,http://www.xinhuanet.com/world/2019-06/06/c_1124588505.htm。

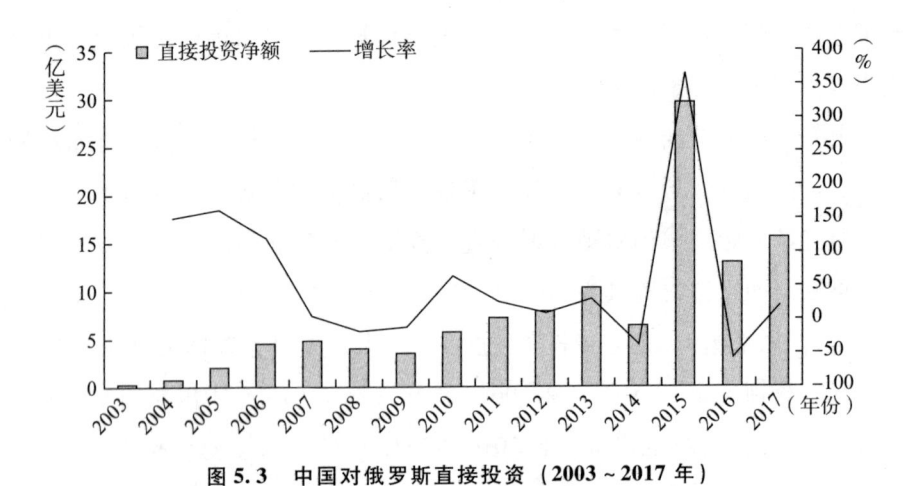

图 5.3 中国对俄罗斯直接投资（2003～2017 年）

资料来源：《中国统计年鉴》和联合国商品贸易数据库，https://comtrade.un.org/db/dqBasicQuery.aspx。

（二）中国对蒙古国投资的历史沿革

蒙古国与中国的经贸合作历史悠久，两国传统文化的相近、政治关系的密切为两国企业的投资合作奠定了基础。随着中国对能源的需求逐渐加大，中国政府和企业积极寻求外部能源以及矿产资源的供给。在中蒙两国政府积极的引导下，中方企业对蒙古国的投资领域逐渐扩大，中蒙双方的合作项目也逐渐增多。

从投资额及投资公司数量来看，在对蒙古国的直接投资中，中国占据首要位置，并且中国对蒙古国的投资呈现持续增长势头。相关部门数据显示，截至 2009 年上半年，有 101 个国家及地区的企业在蒙古国进行了投资注册登记，投资总额累计达 49.78 亿美元，其中，中国对蒙古国的直接投资总额占外商对蒙古国总投资的 82.30% 左右，超出了蒙古国外商直接投资总额的一半。中国对蒙古国的直接投资主要集中在矿产领域。对蒙古国矿产资源进行投资的中国企业大多数分布于与蒙古国相邻的几个省份以及东北三省，此外还有一些工业发展水平较高的省市对蒙古国的矿产领域进行了投资。2009 年，共计 4900 多个中方企业参与了对蒙古国的直接投资，除了对蒙古国国内的矿产资源等领域进行投资，部分企业还进行了食品、交通、基础设施等方面的投资。2010 年，中国在蒙古国境内有 5300 家企业，对蒙古国的直接投资额高达50亿美元。2011年,江都建设集团以66亿元人民币的价格签订了蒙古国奥尤陶勒盖铜金矿工程的合同。2012年,中国对外派遣的各行各业的相关劳动人员中去往蒙古国的派遣人员多达11087人,年末蒙古国约有6078名中国劳务人员。中国有色金属建设股份有限公司、神华集团有限责任公司、中国首钢集团以及中国内蒙古庆华集团对蒙古国的直接投资成果显著。2013年,蒙古国乌兰巴托市对警察局西侧与铁路交叉口立交桥工程EPC(设计采购施工总承包)项目及雅日玛格立交桥等项目进行国际招投标,中国铁建二十局集团成功竞得项目。根据蒙古国外资局统计数据(见图5.4),2015年对蒙古国进行直接投资的中方企业的投资总额为60.32亿美元,其中在蒙古国注册的中国企业共计5303家,占据了蒙古国大部分的投资市场份额。中国企业对蒙古国直接投资额从2003年到2015年共计356.49亿美元,平均占蒙古国外国直接投资总金额的68.12%。

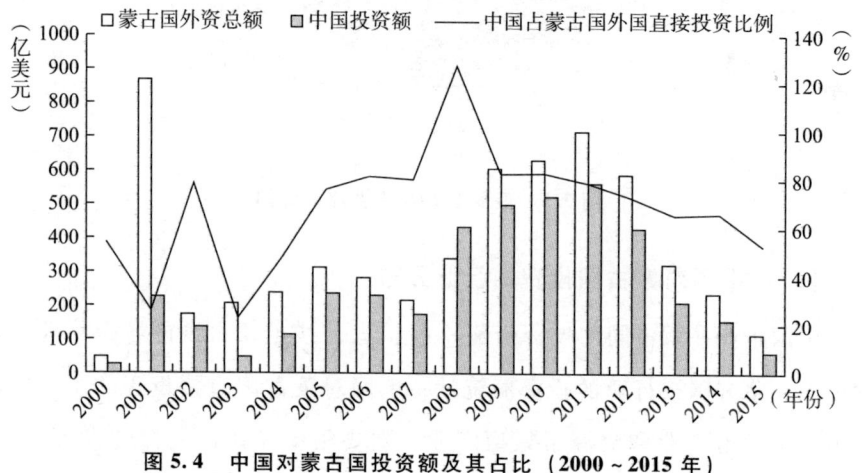

图5.4 中国对蒙古国投资额及其占比(2000~2015年)

二 中国对俄罗斯、蒙古国直接投资的行业分布

(一)中国对俄罗斯直接投资的行业分布

从行业分布来看,FDI主要倾向于流入工业部门,以能源行业为主(见图5.5)。在2004年前,大量的外资集中投向能源开采、原料加工等行业,而随着俄罗斯能源储备的下降和其他工业部门的兴起,外资开始转向以汽

车制造、机器制造和金属加工为主的生产性行业。目前，国外对俄罗斯的投资主要集中在工业和服务业，工业包括汽车制造、能源开采、原料加工等行业，服务业中批发零售是国外投资的重点。2013年上半年，工业约占56%，其中汽车制造业占14%，原料加工业占14%，能源开采业占13%。而服务业中批发零售业吸引的外资最多，占总量的35%。

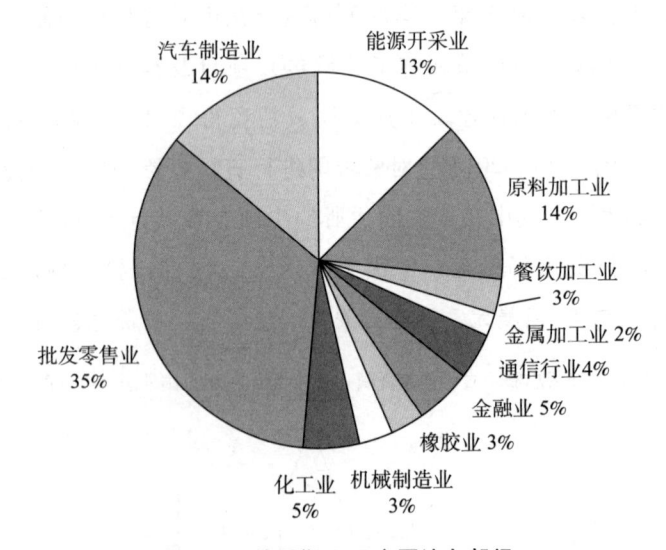

图5.5 俄罗斯FDI主要流向部门

（二）中国对蒙古国投资的行业分布

中国企业在蒙古国的投资份额不断扩大，涉足蒙古国的各个行业。根据中国在蒙古国按行业的投资额统计，中国对蒙古国直接投资的主要领域是劳动密集型产业和资源密集型产业，主要集中在矿产勘探开发等领域。2015年，中国在蒙古国的主要投资领域为矿产勘探开发，2003~2015年中国对蒙古国矿业的投资额增长了3.6倍，2015年中方企业的直接投资总额为42159万美元。中方企业对蒙古国贸易、餐饮行业的投资排在第二位，投资金额为4258万美元（见表5.1）。其他领域包括食品加工780万美元，工程、建筑、建材85.2万美元，畜产品加工128万美元，文化、教育、科技48.9万美元，医疗卫生、美容148万美元，运输38.7万美元，信息通信55.3万美元，旅游62万美元，农牧业开发115.2万美元等。此外，中方企业对蒙古国国内的直接投资还涉及一些新兴产业,这些新兴产业的投资额较小。2013年,受蒙古国新投资法出台影响,中国企业对蒙古国的投资额大幅下降41%[①]。

表5.1 中国在蒙古国按行业投资额统计(2005~2015年)

单位:万美元

行业	2005年	2006年	2007年	2008年	2009年	2010年	2011年	2012年	2013年	2014年	2015年
矿产勘探开发	17334.6	18210	9730	20213	29763	31187	40078	46580	30567	40182	42159
食品加工	9.1	37	142	234	275	381	763	600	603	725	780
畜产品加工	82.5	92.8	99	109.8	120	142.9	112	126	110	115	128
医疗卫生、美容	27	31	37.2	47	92	103	113	150	111	132	148
工程、建筑、建材	58.9	64.8	71.3	78.4	86.2	94.9	64.8	70.2	75.6	80.4	85.2
文化、教育、科技	3	5	7	14	14.4	24.8	33.3	35.6	37.6	42.5	48.9
运输	26.4	31.7	34.8	38.3	42.2	46.4	31.7	34.6	28.9	35.2	38.7
农牧业开发	84.1	92.5	101.8	111.9	123.1	135.4	92.5	105.2	98.4	110.8	115.2
轻工	93.8	103.2	113.5	124.8	137.3	151.1	103.2	100.2	98.4	105.2	114.6
电力开发	8	9.6	11.5	13.8	16.6	19.9	9.6	8.9	8.4	9.5	12.3
贸易、餐饮	3010.3	3311.3	3642.5	4006	4207.3	4826.2	3309.7	4015	3985	4002	4258
信息通信	39.4	47.3	56.7	48.1	81.7	98	47.3	50.2	53.6	54.2	55.3
电器产品生产	2	2.2	2.4	5.7	2.9	3.2	2.2	2.1	1.8	2	2
公共服务	2.4	2.6	2.9	4.2	3.5	3.9	2.6	2.3	2.2	2.4	2.6
银行、金融业	5.6	6.2	7	7	8.2	9	6.2	7	6.1	8.3	9
贵重纪念品生产	9	11	10.9	17	13.2	14.5	29.9	25.4	23.6	25.5	27.6

---

① 《蒙古国通过新投资法案》,新华网,http://news.xinhuanet.com/world/2013-10/03/c_117592203.htm。

续表

行业	2005年	2006年	2007年	2008年	2009年	2010年	2011年	2012年	2013年	2014年	2015年
家具及木制品生产	2.2	5.4	2.7	2.9	3.2	3.7	2.4	2.2	3.2	3.5	4.1
家庭用品生活	5.2	4.7	6.3	7.9	7.6	14.9	15.7	14	12.8	12	11.2
旅游	53.8	59.2	65	71.6	78	86	59.2	56	57	59.4	62

资料来源：根据蒙古国工商会统计资料及《中国统计年鉴》编制。

根据中国对蒙古国各行业的投资比重（见图5.6），发现中国在蒙古国直接投资的前五个行业有矿产勘探开发，贸易、餐饮，工程、建筑、建材，轻工，畜产品加工。截至2015年末，对矿产勘探开发领域的投资几乎占中国对蒙古国直接投资总额的70%。贸易、饮食行业的投资额占20%左右，其他三个行业的投资总额不到5%，其余的项目所占比重均在0.5%以下。近年来中国对蒙古国矿产勘探开发的投资额是直线上升的，贸易、餐饮和工程、建筑、建材行业的投资额在2008年受全球金融危机影响有所下滑，而矿产领域的投资却增长了近2亿美元。

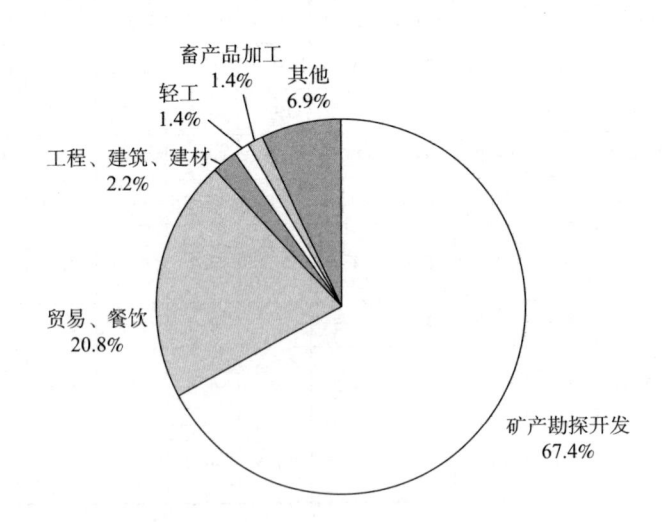

图5.6 中国对蒙古国直接投资行业占比

资料来源：蒙古国工商会统计资料。

三 中国对俄罗斯、蒙古国直接投资的地域分布

(一) 中国对俄罗斯投资的地域分布

中国对俄罗斯投资的区域差异非常大,大量的FDI集中流向俄罗斯市场经济发达的中央区和原材料产地(见图5.7)。根据俄罗斯各区域的优势特点,可将其省级行政主体分为三类。

第一类投资环境较好,商业意识较强,新经济形成速度较快。这些地区大多集中在中央联邦区,包括莫斯科联邦直辖市、库页岛地区、莫斯科州、利佩茨克州、克拉斯诺达尔边区、圣彼得堡联邦直辖市、卡卢加州、列宁格勒州、车里雅宾斯克州、诺夫哥罗德州等,这些地区的FDI水平均超过俄罗斯平均值。

第二类属于表现一般的过渡地带,主要为西北联邦地区、乌拉尔地区和伏尔加地区,包括下诺夫哥罗德州、斯维尔德洛夫斯克州、弗拉基米尔州、萨马拉州等。

第三类地区经济较差,外资吸引水平较低,包括堪察加边疆区、奔萨州、坦波夫州等。

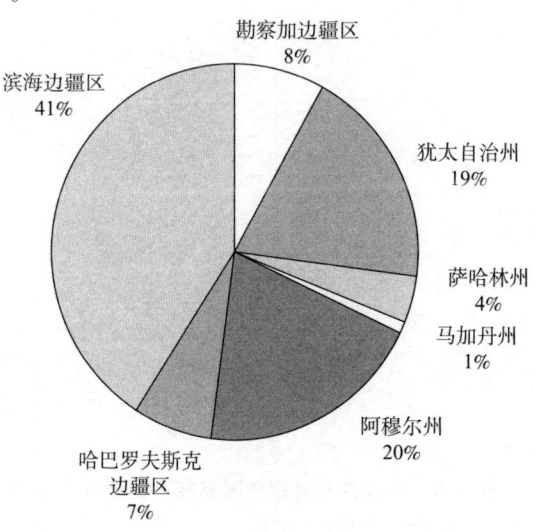

图 5.7　2015 年中国对俄罗斯投资地区分布

通过中国在俄罗斯的投资分布可以看出，中国企业在俄罗斯的投资呈现明显的集聚特征，以莫斯科、圣彼得堡为中心，呈现"中心—外围"的地域分布特征。这种状况的形成与俄罗斯特殊的市场环境影响是分不开的。莫斯科、圣彼得堡等大城市的市场环境相对良好，基础设施齐全，政策环境和法制环境相对成熟，吸引了很多外国企业前来投资。目前，随着中俄合作的深入，俄罗斯也向中国投资者开放了更为纵深的投资领域。在西伯利亚等矿产资源丰富的地区，中国企业进入的数量不断增加，且基本以具有较大影响力的国企和实力雄厚的民营企业为主，如华为集团、中国建筑集团、上海实业集团等一批优秀企业成为中国对俄罗斯投资的中坚力量。

（二）中国对蒙古国投资的地域分布

从中国企业对蒙古国投资的地域分布来看，以矿产资源储量较为集中以及经济相对发达的地区为主。2014年，中国企业对乌兰巴托地区投资比例较高，占36%，中部地区和杭爱地区矿产资源储量丰富，投资比例分别占25%和23%，东部地区投资比例占14%，西部地区投资比例占2%（见图5.8）。

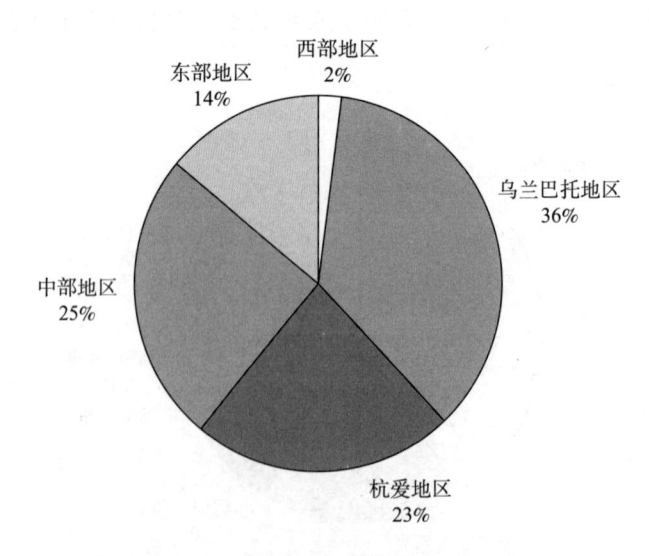

图5.8　中国企业对蒙古国直接投资地域分布

资料来源：《蒙古国统计年鉴》（2015年）。

中国企业在蒙古国不同地区的投资领域千差万别。大部分中国投资企业集中在乌兰巴托地区，主要从事贸易、餐饮投资活动，在乌兰巴托的中资餐饮企业已有200多家；中部地区和杭爱地区等矿产资源丰富地区的中国投资企业分布也较为集中，主要从事矿产勘探开发；东部地区是俄罗斯远东地区的重点经济开发区域，中国企业在该地区大多经营贸易、餐饮投资活动；西部地区因经济发展水平较低，基础设施条件较差，且距离中国边境城市较远，中国投资企业在此地区投资规模较小。

四　中国对俄罗斯、蒙古国直接投资的资金来源

（一）中国对俄罗斯直接投资的资金来源情况

中国对俄罗斯直接投资的企业数量逐渐增多，其投资的资金来源具有较大的地区差异。到2015年，在中国商务部备案的在俄罗斯的中国企业高达1509家，相比2011年的848家增长明显。根据中国对俄罗斯直接投资的资金来源情况，发现来自中国东北地区的资金最多，占到了对俄罗斯直接投资的69%左右，企业数量为1042家。其中，黑龙江的企业为712家，占47%；吉林的企业为209家，占14%。东部沿海地区企业为267家，占18%。北部沿海地区如山东半岛北部、辽宁南部和河北东北部约有120家企业在俄罗斯投资。此外，还有少量企业来自内蒙古、新疆以及广东。中国中西部地区鲜有企业在俄罗斯投资，主要是因为地理距离过远以及缺乏对俄投资的经验。2015年中国对俄罗斯直接投资的企业分布如图5.9所示。

（二）中国对蒙古国直接投资的资金来源情况

中国对蒙古国直接投资以国有企业为主，主要是对矿产资源的投资开发。2015年在蒙古国投资的前十大中国企业如表5.2所示。中国投资蒙古国的著名经营企业大部分是国有企业，例如，中国有色金属建设股份有限公司对蒙古国图木尔廷敖包锌矿进行投资开发，神华集团对蒙古国投资开采塔旺陶勒盖煤田项目，中国首钢集团对蒙古国的苏赫巴托尔省铁矿进行投资开采。一些内蒙古的国有企业也对蒙古国开展了大规模的矿产资源开采投资，例如，内蒙古庆华集团与蒙古国合资开发煤矿，内蒙古包钢集团

对蒙古国投资开发图木尔泰铁矿项目等。

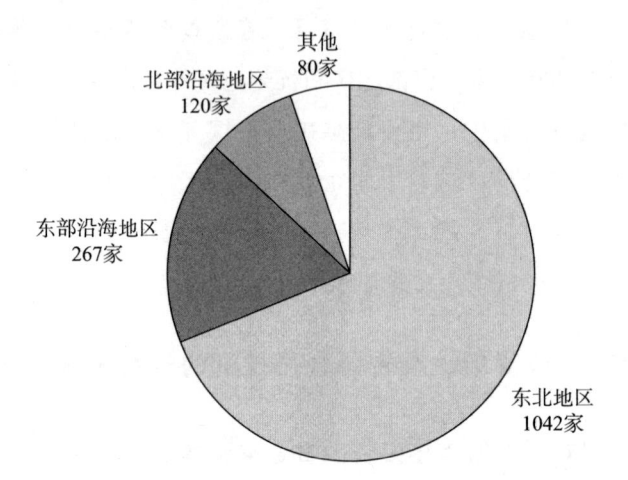

图 5.9 2015 年中国对俄罗斯直接投资的企业分布
（东北地区 1042 家；东部沿海地区 267 家；北部沿海地区 120 家；其他 80 家）

表 5.2 2015 年在蒙古国投资的前十大中国企业

序号	企业名称
1	中国有色金属建设股份有限公司
2	首钢集团
3	包钢集团
4	中国铝业集团
5	江西铜业集团
6	神华集团
7	鲁能集团
8	中国石油大庆油田公司
9	中铁蒙古有限责任公司 CRMI
10	九华矿业有限公司

资料来源：《2015 年对外投资合作国别（地区）指南——蒙古国篇》，中国商务部。

对蒙古国直接投资的中资企业主要来自北京、内蒙古、黑龙江、河北、山东、山西、甘肃等地区，这些地区距离蒙古国较近，地理上的邻近为跨国投资提供了便利。民营企业加大了对蒙古国餐饮、贸易、建筑以及基础设施建设等领域的直接投资力度。

第六章　中蒙俄经济走廊建设的投资对策研究

第一节　外商直接投资的经济效应

一　外商直接投资带来的收益

如何保持外商直接投资的增长势头，尽可能避免外商投资对东道国产生的负面影响，获取外商直接投资的收益，是外商直接投资研究的重要现实问题。外商直接投资作为来自发达地区的投资，往往代表先进的技术，技术溢出效应在产业内部存在，同时外商直接投资能够提升相关产业的技术水平。1999 年，Hejazi 和 Safarian 使用 1970~1990 年的数据对 32 个国家进行实证分析，得出外商直接投资通过先进技术及设备、有效的经济管理知识等转移使东道国积累了资本，提升了东道国的全要素生产率，从而促进了东道国的经济增长[①]。Tamara 和 Tatiana 采用 1970~2009 年 31 个国家的统计数据分析外商直接投资与经济发展的关系，发现外商直接投资对经济增长具有正面影响，外商直接投资更有利于东道国的经济发展；东道国的金融及贸易开放程度和外资流入量成正比；东道国的受教育水平越高，越能吸引到

---

① Hejazi, W., Safarian, E., "Trade, Foreign Direct Investment and R&D Spillovers", *Journal of International Business Studies* 30 (3), 1999, pp. 491–511.

优质的外资①。

推动一个国家或地区经济增长的一个长期动力就是产业升级，一国的经济发展模式、财税金融政策，乃至收入分配政策均会对产业升级产生影响，除了内部因素，国际贸易、外商直接投资等外部因素对产业升级也有重要影响。现实中，东道国积极吸引外商直接投资，除了弥补自身资金不足，另一个重要目的就是提升本国的产业技术水平，实现产业升级。外商直接投资主要通过三种途径来推动产业升级，分别是资本形成、技术溢出和产业关联。

第一，资本形成。外商直接投资作为资本流入不仅为东道国的经济发展和产业升级提供资金支持，更有利于完善东道国的资本形成机制，提高资本使用效率和资本形成质量。外商直接投资直接扩大了东道国的资本积累，直接进入物质资本领域，形成促进产业升级的新的资本存量，同时，通过对旧有资本存量结构的调整来增强总体资本存量的产出能力。吴敬琏指出，外商直接投资作为资本流入为东道国的经济发展和产业升级提供资金支持，有助于平衡储蓄、外汇两个"缺口"。这种作用对发展中国家来说非常重要，当一个国家的主导产业从劳动密集型产业向资本密集型或技术密集型产业升级时，其面临的突出问题是资本不足，而引入外商直接投资可以缓解资本不足，实现本土劳动力优势与国外资本优势的有效结合②。外资企业无论是开展新的投资还是兼并东道国本土企业，都能够带来新观念、先进技术和管理经验，能够引入新的营销方式、开辟新的市场、融入新的社会网络，从而提高存量资本的使用效率。此外，外商直接投资会带来新的投资机会，外资企业对为其服务的东道国的上游原材料、零部件企业的发展也具有重要促进作用，能够提升这些产业的资本回报率。

第二，技术溢出。外商直接投资对东道国的产业技术升级具有重要影响。外商直接投资的发生意味着外资企业要具有相对于东道国企业的生产

---

① Tamara V. Teplova, Tatiana V. Sokolova, "Building the Index of Efficiency of FDI Transformation: Economic Development and Intellectual Capital", *Emerging Markets Finance and Trade*, 2015, pp. 2164 – 2184.

② 吴敬琏：《中国应当走一条什么样的工业化道路》，《管理世界》2006 年第 8 期。

率优势，在示范效应和竞争效应的作用下，东道国相应企业的技术水平会得到提升。Johnson 认为外商直接投资是资本、管理技术和生产技术的打包性国际转移。跨国公司所进行的这种投资不仅是物质资本的跨境流动，而且是人力资本、技术知识等多种要素的广义资本跨境流动①。Kokko 指出外商直接投资的技术溢出效应表现为跨国公司在东道国设立子公司，引起东道国该产业整体技术或生产力的进步，对东道国该产业内其他公司的技术水平提升产生影响②。

从"干中学"理论来看，外商直接投资的流入对于东道国采用新技术和新经营模式无疑具有重要的示范效应。Lee 通过比较两种技术定位下的小厂商技术创新，发现在新技术背景下厂商内部研发活动及其与外部的技术联系均变得更活跃；外商直接投资的流入将对东道国的市场结构产生重要影响，因而也必将影响厂商的行为选择③。Blomstrom 和 Kokko 指出外商直接投资所产生的技术溢出是无法完全避免的，东道国通过引进外商直接投资得到先进的技术，提高生产效率，推动东道国企业的产品出口，促进东道国产业升级④。李平指出外商直接投资通过示范和模仿效应、竞争效应、培训效应及人力资本流动等渠道产生技术溢出效应⑤。其中，示范和模仿效应是指国内企业通过对外资企业新技术、新产品、生产流程和工艺的模仿和学习，从而提高自身的技术水平⑥。竞争效应是指外资企业进入东道国市场，加剧了竞争，迫使本地企业加大研发投入，加速生产技术和设备的更新升级⑦。培训效应是指外资企业对本地员工，尤其是管理层人才、研发技

---

① Johnson, G., "Survey of the Issues", *Direct Foreign Investment in Asia and Pacific*, ed. Drysdale, P. (University of Toronto Press, 1972), pp. 1–17.
② Kokko, A., "Foreign Direct Investment, Host Country Characteristics and Spillovers", The Economics Research Institute, 1992.
③ 王咏梅、代峰:《外国直接投资技术溢出效应研究综述》,《对外经济贸易大学学报》2005 年第 6 期。
④ Blomstrom, Kokko, "Multinational Corporations and Spillovers", *CEPR Discussion Papers* 12 (3), 1996, pp. 247–277.
⑤ 李平:《技术扩散中的溢出效应分析》,《南开学报》(哲学社会科学版) 1999 年第 2 期。
⑥ 刘正良、刘厚俊:《东道国对 FDI 技术外溢吸收能力的研究综述》,《南京社会科学》2006 年第 7 期。
⑦ 闫国庆等:《我国加工贸易战略转型及政策调整》,《经济研究》2009 年第 5 期。

术人才的培训投入，提升了当地人力资本存量。江小涓研究指出，20世纪90年代以来大型跨国公司在珠三角地区的投资快速增长，这些地区通过引进资本、高水平的加工工艺、新产品、研发能力和能促使效率提高的管理能力等，加快外商直接投资技术溢出效应在这些地区的实现，推动了这些地区的产业升级①。

2010年，Walz将外商直接投资的技术溢出效应引入内生增长理论模型中，假定有两国A和B，A国为一个经济比较成熟的发达国家，研发水平较高，B国比A国经济落后，研发水平低，且劳动力成本较低。每个国家存在两个部门，一个是采用共有技术的传统商品的生产部门Z，另一个是采用新技术生产差异产品的部门Y。Y部门的企业包括四类：一是在A国研发并在A国生产的企业；二是在A国研发到B国生产的企业，这类企业为跨国公司；三是B国自己研发并在B国生产的企业；四是B国国内的模仿企业，即这类企业可以无成本模仿、复制Y部门的新技术进行生产。跨国公司在东道国的活动不但导致技术溢出的发生，而且会带来东道国本土研发效率的提高②。

母国因素、股权比例、外资市场定位、外资所有权结构差异、技术差异、地区或行业差异等因素也会对外商直接投资的技术溢出效应产生显著影响。UNCTAD于2001年按照溢出方向把外商直接投资的技术溢出效应分为水平溢出效应（产业内溢出）和垂直溢出效应（产业间溢出），研究发现合资企业或并购企业相比于外资独资企业更倾向于从东道国购买投入品，从而对其他供应商产生技术溢出效应③。Javorcik研究发现以东道国市场为指向的外商直接投资项目会对东道国的上游产业供应商产生较多的垂直技术溢出④。Maskus构建了一个关于创新模仿的产品周期模型，发现加强知识

---

① 江小涓：《利用外资领域的理论研究》，《经济学动态》2001年第3期。
② Walz, U., "Innovation, Foreign Direct Investment and Growth", Economica 64 (253), 2010, pp. 63 – 79.
③ UNCTAD, World Investment Report, New York, UN, 2001.
④ Javorcik, B., "Does Foreign Direct Investment Increase the Productivity of Domestic Firms? In Search of Spillovers Through Backward Linkages", American Economic Review 94 (3), 2004, pp. 605 – 627.

产权保护会挤出外商直接投资，不利于跨国技术转移①。Glass 和 Saggi 认为，技术水平差距过大时，本土企业不能从跨国企业的技术溢出中获益②。

第三，产业关联。外商直接投资通过作用于东道国的产业微观结构来促进产业升级。外商直接投资一般都会打破东道国原有的市场结构状态，为东道国市场带来新的竞争和活力。在一些发展中东道国，由于政府管制或技术、资源、自然垄断等因素，一般都存在一些高壁垒或强垄断的产业部门，相关企业生产效率低下，完全靠垄断地位谋利。随着外商直接投资进入东道国，当地企业原有的垄断优势将逐渐消失，市场竞争将趋于活跃，迫使其采用新技术和改善管理。因此，外商直接投资所引起的市场竞争有利于提高东道国的资源配置效率和促进其产业结构优化升级。

杜伟指出，技术贸易、直接投资、跨国公司以及研发人员的流动都是研发溢出效应产生的主要方式③。蒋殿春和张宇指出，技术扩散存在明显的外部性，外商直接投资产生的技术扩散在很大程度上就是通过产业的前后向关联实现的④。产业关联效应是指某一产业由于自身的发展而对其他产业的带动作用，其中最主要的是后向关联效应和前向关联效应。所谓产业后向关联效应，就是指通过向上游供应商购买原材料、零部件及其他生产要素而产生的经济关联影响；前向关联效应是指通过向下游客户出售自身产品和提供新生产要素而对下游客户产生的经济关联影响。由于东道国本土企业与跨国公司之间存在技术差距，本土企业会对跨国公司的技术及经营管理模式进行学习和模仿，即通过效仿跨国公司来提高自身的技术水平和管理水平，学习和模仿外商投资企业独特的经营方法，从而实现产业结构的优化与升级。

技术扩散可概括为技术在产品、设计层面的扩散。知识要比技术的范

---

① Maskus, E., "Intellectual Property Rights and Foreign Direct Investment", *Journal of International Economics* 56 (2), 2002, pp. 387 – 410.
② Glass, J., Saggi, K., "Exporting Versus Direct Investment under Local Sourcing", *Review of World Economics* 141 (4), 2005, pp. 627 – 647.
③ 杜伟：《完善 R&D 激励机制方略》，《财经问题研究》2004 年第 3 期。
④ 蒋殿春、张宇：《经济转型与外商直接投资技术溢出效应》，《经济研究》2008 年第 7 期。

围更大,知识溢出也比技术溢出的范围更大。通过各种途径获取的一部分管理经验、经营方法、思维方式、创业意识等不应属于技术扩散的范围,而属于知识扩散。Camagni 和 Belussi 强调地方知识系统与全球知识系统之间的关联性,发现与外部知识源的联系不仅是克服技术锁定的有效方式,而且有利于维持集群的内生增长。每个企业都拥有高度专业化的知识,必须与其他企业的专业化知识进行重新组合才能实现创新[1]。Gottardi 认为企业是隐性知识的存储器,本地企业的地方隐性知识的扩散与利用必须有互补性知识的组合才能成功[2]。

二 外商直接投资引起的经济担忧

外商直接投资对东道国的影响是多方面的,涉及经济、政治、商业环境等多个方面。如果外商直接投资方利用自身的垄断地位,通过价格竞争扼杀作为竞争对手的东道国本土企业,或者严格控制企业关键技术转让,甚至对将其落后技术向东道国企业转让都持保守态度,那么就会导致外商直接投资对东道国的产业升级产生严重不利影响。东道国对外商直接投资的担忧在经济方面主要体现在以下几点。

第一,对国内产业过度集中垄断的担忧。当外资为国内提供新的资本、技术以及就业机会时,其对本地行业会产生集中垄断的影响。外资企业通常比本地的小企业更有效率,并对小企业的财力、人力产生极大的吸引力,进而导致本地一些小企业破产。在资源采掘等资本密集型产业,跨国公司普遍追求长期的实际控制权从而实现垄断经营。

第二,跨国企业的目标可能会与东道国政府的发展目标不一致。东道国政府希望其吸引的外资企业能够生产有利于经济民生的产品。但是跨国公司根据利润最大化的原则,在东道国建立子公司,目的是以尽可能低的成本获取原材料或零部件。此外,子公司没有研发功能,其没有动力培训

---

[1] Camagni, Belussi, *Innovation Networks*: *Spatial Perspectives* (Belhaven Press, 1991).
[2] Gottardi, *Evolutionary Patterns of Local Industrial Systems*: *Towards a Cognitive App roach to the Industrial District* (Ashgate Publishing Ltd., 2000).

当地工人，从而与东道国的经济发展目标不匹配。

第三，国际收支效应变动。当跨国投资公司要自由地将利润或其他款项兑换成本国货币汇回时，会影响发展中国家的国际收支，尤其是会对外汇储备造成负担。与国外借款的硬约束相比，外商直接投资引发国际收支困难的可能性要小得多。但是国际资本流动的周期性与不确定性，使得发展中国家的金融市场很容易被国外的投机资本击垮，历史上的拉美债务危机、亚洲金融危机都有资本快速流出的影子，金融衍生工具进一步放大了国际投机资本的能力，金融动荡与金融危机的破坏性更强、持续时间更长。一旦一国吸引外国投资，就必然要面对这类可能的金融冲击风险。

第四，转移定价逃避东道国监管。跨国公司普遍具有较强的实力和复杂的内部治理结构，如果东道国政府的行政能力较弱，法律不完备，将无法对跨国公司进行有效的监管。追逐超额利润是国际资本的本性。转移定价是指跨国集团公司对位于不同国家的子公司之间的交易实行内部价格的安排。比如跨国集团公司可以压低来自某一东道国公司原材料与零部件的出口价格，抬高其技术与服务的进口价格，使得东道国公司长期保持亏损或较低的利润，达到不缴或少缴税收、逃避外汇管制等目的。当跨国公司在某一产品处于垄断定价地位时，就无法利用市场价格来衡量其内部定价的合理性，这会进一步刺激跨国公司采用转移定价来逃避东道国的监管。

第五，技术转移问题与就业。Aitken 和 Harrison 指出跨国公司能够通过一定的途径来推动东道国的技术进步，同时，具有较强竞争实力的跨国公司很可能会导致当地企业的产量下降，平均成本上升，从而降低当地企业的利润和研发支出，阻碍东道国的技术进步[1]。在制造业领域，对外直接投资的一个主要益处是提高东道国的生产率，采用新技术则是主要实现途径。但是并没有考虑新技术是否与东道国丰富的劳动力资源与低劳动力成本相匹配，这涉及就业问题。外国投资者在进行技术选择时是否会将就业作为重点考虑因素？Aitken 和 Harrison 对 5 个国家 200 多家跨国公司的研究表

---

[1] Aitken, B, Harrison, A., "Do Domestic Firms Benefit from Foreign Direct Investment? The Evidence from Venezuela", *American Economic Review*, 1989, pp. 605–618.

明，无论是跨国公司还是东道国政府，都没有把就业作为一个主要目标。东道国政府希望外国公司与本国企业建立合资公司，以便更好地获得先进的技术、优越的管理制度，但是外国公司普遍对所有技术实施严格控制，不愿意把他们的技术优势完全转移到东道国，大部分是有限转移，并且不愿意在东道国进行研发创新，除非是在面临激烈竞争的情况下。此外，在技术与管理岗位上雇用本地人大多是跨国公司基于成本的考虑。

第六，对环境的影响。1994年，Copeland和Taylor提出"污染天堂"假说（Pollution Haven Hypothesis）[①]，指出在国际贸易自由化的大背景下，发达国家的企业往往将工厂或办公场所设立在资源和劳动力易获取的发展中国家，由于发展中国家相关劳动力和环境法规较发达国家宽松，因此发展中国家的劳动力和环境成本比发达国家低。在这种情况下，企业追求最经济的运营方式，在将产业转移到发展中国家的同时，也将发展中国家变成了污染的避难所。批判北美自由贸易区的人认为，《北美自由贸易协定》使得美国在墨西哥组装行业的投资增加，导致墨西哥北部各种污染加重。基于中国数据进行实证检验，戴育琴、欧阳小迅发现与外商直接投资相关的产业在清洁密集型产业的生产规模超过污染密集型产业的生产规模，产业分布结构优于中国产业分布结构[②]。贺文华利用中国东部11省（市）1985～2008年的数据进行研究，发现除东部地区的工业固体产生量外，其他污染指标不支持"污染天堂"假说[③]。但是，苏梽芳等认为"污染天堂"假说在中国基本成立，但其是由自由贸易导致的，而不是由外商直接投资引发的[④]。王文治、陆建明研究认为"污染天堂"假说在中国成立，因为伴随外商直接投资

---

① "污染天堂"假说涉及三个方面：贸易自由化使得产业转移成为可能；劳动力及与环境相关的法律法规对企业运营成本的影响，是发达国家企业将产业转移到发展中国家的原因之一；发展中国家除了劳动力比较优势外，还可能为了吸引外商直接投资而采取相对较小的环境法规执行力度。
② 戴育琴、欧阳小迅：《"污染天堂假说"在中国的检验》，《企业技术开发》2006年第12期。
③ 贺文华：《FDI、经济增长与环境污染的实证研究——基于中国东部11省（市）的面板数据》，《湖南农业大学学报》2010年第1期。
④ 苏梽芳等：《是什么导致了"污染天堂"：贸易还是FDI？——来自中国省级面板数据的证据》，《经济评论》2011年第3期。

大量流入中国制造业，进而通过产业关联间接引起制造业污染排放增加①。

第七，对经济增长与收入分配的影响。从 1950 年到 20 世纪 70 年代中期，跨国公司在短期内促进了经济的增长，但在长期内其影响是负面的。如果跨国公司所从事的是高生产率、高利润的行业，那么就会产生收入不公平的现象。采掘业的对外直接投资通常与当地企业没有任何联系，只是会带来一些就业岗位，因此，外商直接投资的增加与国民收入平均水平的提高没有联系。外商直接投资对经济增长的作用同援助一样，都依赖于东道国政府的政策，当东道国以制造业出口为目标时，可以使用较多的本地原料、零部件以及工人，这一外向型政策的作用更大。

三 跨国投资企业面临的风险

跨国企业作为资金的所有者，希望对投资利润拥有最大的权利。国际资本不会流入那些对经营的限制严重、政府或其政策不稳定、环境恶劣的国家或地区。过去较长时期内，西方国家在社会主义国家投资的一个基本条件，就是东道国政府稳定并能够提供优惠条件。风险作为投资超额收益的对等物，是所有的跨国企业投资必定要面对的。

第一，审查风险。所有的政府都会对某些国外投资进行限制。一些政府会提前公示哪些领域禁止外国资本进入，其他的国家则会设立一些机构来对所有的投资申请进行审查以决定哪些投资是合理的。审查机构会在一定的指导方针下代表政府确定外商投资者进入的条件。例如，通过对投资项目进行成本与收益分析，把那些与政府发展目标相左的项目淘汰掉。在国内市场有限、存在贸易壁垒以及补贴的国家（大多为小国）里，国际投资给东道国经济造成危害的概率较大。

第二，外资所有权占比风险。政府有时会要求本地资本或政府在一项投资中占有一定的份额，这项要求可能是在公司成立时就提出，也可能是在公司开始运营后提出。政府可能仅希望分享部分利润或是拥有能够影响

---

① 王文治、陆建明：《要素禀赋、污染转移与中国制造业的贸易竞争力——对污染天堂与要素禀赋假说的检验》，《中国人口·资源与环境》2012 年第 12 期。

公司决策的股权，但跨国公司可能不会同意这些要求。这些对外资所有权的限制可能会使这些公司退出而只留下政府来尽其所能地对企业进行经营。强制的合资企业并不会给东道国带来较多的收益，跨国公司也不愿意对当地提供最新的技术与管理经验。

第三，对利润汇回以及其他支付的限制。许多发展中国家面临外汇瓶颈，对外汇加以严格的控制，限制外资企业将利润汇出或用于其他支付。跨国公司希望实现资金的内部自由流动。如果东道国对此进行控制，跨国公司可能采取撤资的行为，而政府又不允许，这时产生冲突的风险就会急剧增加。

第四，与贸易有关的业绩要求。例如，最低当地含量要求，即规定出口产品增加值中必须来自本地的最小比例。这会限制国际投资企业的效率，提高了成本，降低了产品在国际市场上的竞争力。再如，最低出口要求，即限制国际投资企业在本地销售的数量，以此增加外汇收入。

第五，东道国劳动力的使用。劳动力可能是一国最重要的资源，东道国政府希望外国投资者能够为东道国带来就业、技术、技能；为当地的工人提供培训，以使他们能够从事一些包括管理在内的技能岗位；把研发活动搬到东道国。因此，东道国实施与就业相关的要求，如要求雇用半熟练工人、雇用本地人入职管理技术岗位等，这会增加国际投资企业对管理者的猜疑，以及对公司技术泄露的担心。

第六，对外资的鼓励措施以及双方的谈判。发展中国家普遍希望能够吸引到符合条件的外资。除了从事资源采掘的跨国公司，以市场和廉价劳动力为目标的跨国公司在谈判中占据优势，可以在全球范围内寻找最佳的投资地，例如要求赋税少、基础设施完备、工资低以及缺乏组织性的劳动力。事实上，国际资本比劳动力的流动性更强，国际产业的梯次转移就是劳动力成本上升导致的。税收减免这种鼓励措施不足以弥补主要条件的欠缺，政府谈判提供的激励措施未必有效果。当跨国公司存在多种选择且发展中国家急于需要某些特定的技术时，跨国公司占据优势地位。但是，一旦投资确定后，双方的处境可能会发生变化，跨国公司可能会受到苛刻条件的束缚，尤其是资源类的企业或者前期得到较大优惠的企业。

第七，运营障碍。企业层面的投资障碍分为人力障碍和风险管理障碍。人力障碍主要是由境外投资企业的国际化管理能力不足和国际化人力资源不足引起的。进入东道国的企业中高层管理人员多为母公司外派，对外地工作环境、相关业务的法律、市场情况、文化习俗等不够了解，容易导致冲突和经营决策失误。风险管理障碍，一方面是由于企业尚未建立相应的风险预警机制或风险预警机制不完善，缺少国际化经营人才，对可能引起突发事件的信息意识不足，应对措施缓慢；另一方面是风险信息预警能力有限，尽管有的企业试图建立风险信息预警机制，但是由于企业对风险管理机制缺乏战略性的设置，缺乏东道国的人脉关系，获取信息的渠道有限，数据收集效率低，风险信息预警能力受限①。"一带一路"沿线国家对于经营投资等方面的法律要求差异较大，若不加以防范，企业就会遭遇风险。

第二节 中蒙俄经济走廊国际投资的问题分析

一 投资产业布局不合理

中国对俄罗斯的投资布局不合理。近几年，在两国政府的支持下，中国对俄直接投资取得了较快发展，但与中俄贸易额相比，中国对俄直接投资规模仍处于发展阶段。2015 年中国对俄直接投资流量达 29.61 亿美元，为历史最高水平，但仅为中国对外直接投资流量总额的 2%，而且中国对俄直接投资净额所占份额总体呈下降趋势。由此可见，目前中国对俄直接投资的规模与两国不断深化的全面战略协作伙伴关系极不相称。

根据 2016 年中国对俄直接投资的流量和存量的行业分布，中国对俄直接投资以资源开发类投资和利润回报高的低技术投资为主，而对科学研究和技术服务等高科技行业以及对外商直接投资有重要影响的交通运输、仓储和邮政业等基础设施行业的投资比重过低。2016 年中国对俄罗斯这些行业的投资流量所占比重仅为 1.7%，截至 2016 年的投资存量所占比重也仅

---

① 于吉：《"一带一路"倡议中的企业风险防控》，《企业管理》2015 年第 12 期。

为0.8%。这种局限在自然资源开采和加工行业以及低技术行业的投资,不符合中俄两国国内产业结构优化升级的长远利益和战略方向,必然制约中国对俄直接投资的长远发展。

中国对蒙古国的投资布局不合理。综合中国企业对蒙古国的投资现状来看,矿产资源投资开采依然是中国企业对蒙古国的投资的主要领域。2013年,中国对蒙古国的矿产投资占65.3%,贸易、餐饮占22.5%,其他行业比例很低。这种失衡的投资结构使得中蒙两国的投资合作在纵向升级方面存在较大限制,尤其是高端技术产业等知识密集型与技术密集型产业的投资缺乏。从现阶段蒙古国经济复苏的状况来看,其对技术的转型升级需求迫切。如果中国企业能够在这类领域进行积极投资合作,将具有更广阔的投资空间①。如果不能根据蒙古国经济发展和市场需求的变化,或者根据中国经济发展的变化,来适当地调整和优化中国对蒙古国直接投资的产业结构,那么中国对蒙古国的直接投资将会受到限制。这可以从2011~2013年投资份额的下降体现出来。

虽然近年来蒙古国GDP增长迅速,但是整体经济发展水平仍然较低,尤其表现在市场结构失衡、产业基础薄弱、劳动力不足且素质低下、基础设施环境差等方面。造成蒙古国经济发展落后的主要原因是其主要依靠矿产业带动经济,在很大程度上国际矿产及能源价格的波动会对其造成较大影响。从蒙古国吸引外资的产业来看,有80%的外资企业集中在矿业资源领域,当国际矿产及能源资源价格走低时,蒙古国吸引中国投资就会下降。另外,中资企业过度集中于矿产业不利于蒙古国其他行业的发展,尤其是技术水平的提升受到很大限制。尽管蒙古国矿藏丰富,但是技术水平低下,矿产资源开采及生产设备落后,加上专业素质人才缺乏,在很大程度上限制了蒙古国矿产业及经济的发展,使其对外资过度依赖。蒙古国基础设施环境差、产业结构失衡等不良因素,在很大程度上限制了中国企业对蒙古国直接投资规模的扩大。

---

① 《2015年对外投资合作国别(地区)指南——蒙古国篇》,中国商务部,http://www.mofcom.gov.cn/article/i/dxfw/cj/201512/20151201200492.shtml。

二 投资地域分布不均衡

中国对俄罗斯直接投资的区域分布不平衡。影响中国企业在俄罗斯投资的区位因素主要有投资环境、基础设施状况、优惠政策等。莫斯科作为俄罗斯的首都，不仅经济实力雄厚，而且投资环境优越，基础设施完善，是中国投资的首选。圣彼得堡作为俄罗斯的"北方首都"，不仅在俄罗斯经济中占有重要地位，而且是俄罗斯通往欧洲的窗口，许多外国领事馆、跨国公司、银行及其业务据点均位于圣彼得堡。圣彼得堡也是一座科学技术和工业高度发展的国际化城市，对中国投资者极具吸引力。此外，俄罗斯远东和西伯利亚地区紧邻中国东北，具有地理位置上的优势，而且远东和西伯利亚拥有丰富的自然资源，如石油、木材等，工业比较发达，加上中国和俄罗斯政府共同重视，具有许多投资的优惠政策，因此也吸引了不少中国投资者。2014年，俄罗斯不仅要面对国内萧条的经济形势，而且要面对国外复杂的经济形势，内外严峻的形势使中俄的大规模投资合作面临一定的困难。

中国对蒙古国的投资地域分布不均衡。对蒙古国投资的中资企业主要来自中国的北京、内蒙古、黑龙江以及河北等省份，这些省份的特点主要是距离蒙古国较近。但是这些省份大部分是不太发达的省份，中国沿海地区经济发达省份的企业对蒙古国进行投资的屈指可数，导致中国企业对蒙古国的投资缺乏高端技术行业的投资。因此，中方政府应发挥引导作用，为沿海省份的企业搭建与蒙古国投资合作的对接平台，使这些企业对蒙古国的投资环境以及投资经济效益进行充分了解，具体可以通过建立对蒙投资企业交流网站，定期举行对蒙投资企业交流会等，引导沿海经济发达省份到蒙古国进行直接投资。

为了鼓励外国投资在蒙古国均衡发展，在新《投资法》中蒙古国进一步对外资企业在不同地区的投资制定了不同的税收优惠政策。其中，对符合蒙古国政府规定的企业，会对其进行适当的税费补偿，而且授予其投资稳定证书（见表6.1和表6.2）。

表 6.1 蒙古国矿业开采、重工业、基础设施领域稳定证书授予条件

投资额（亿图）	授予稳定证书期限（年）					投资截止期限（年）
	乌兰巴托地区	杭爱地区	东部地区	中部地区	西部地区	
300~1000	5	6	7	6	8	2
1000~3000	8	9	10	9	11	3
3000~5000	10	11	12	11	13	4
5000以上	15	16	17	16	18	5

资料来源：蒙古国《投资法》。

表 6.2 蒙古国其他领域稳定证书授予条件

投资额（亿图）					授予稳定证书期限（年）	投资截止期限（年）
乌兰巴托地区	杭爱地区	东部地区	中部地区	西部地区		
100~300	40~120	30~100	50~150	20~80	5	2
300~1000	120~400	100~300	150~500	80~250	8	3
1000~2000	400~800	300~600	500~1000	250~500	10	4
2000以上	800以上	600以上	1000以上	500以上	15	5

资料来源：蒙古国《投资法》。

尽管蒙古国为了平衡各地区经济发展，制定了相关的税收优惠政策，但是从中国企业对蒙古国直接投资的地域分布来看，仍比较集中，以乌兰巴托和矿产资源密集地区为主，其中远东地区以及西部地区的中国投资企业分布较少。2014年，中国企业在乌兰巴托地区的投资额占36%左右，中部地区和杭爱地区矿产资源储量丰富，投资比例分别为25%和23%左右，东部地区占14%左右，而在西部地区的投资比例只有2%[①]。蒙古国东部和西部地区位于经济开发地区，这对于蒙古国经济复苏而言并不是十分有利。因此，蒙古国在吸引外资政策方面，对西部地区以及远东地区的政策更加宽松。

三 投资风险较大

俄罗斯有关外国投资的法律至今仍不够健全和完善，联邦法律与地方

---

① Danzan Pagamsuren：《中国对蒙古的直接投资分析》，吉林大学硕士学位论文，2015年。

法规有些地方脱节，不同领域的经济法律在同一类问题上缺乏一致性，而且这些法律变动较频繁，缺乏稳定性。近些年俄罗斯努力改良投资环境，为加大招商引资力度出台了一系列扶持政策，对其境内的外资企业给予一定限度的税收减免，另外在配额和许可证、土地租赁、自然资源利用等方面为外资企业提供准入权和某些便利。但是地方性的法律条款时常出现变动，不能对投资者的权益进行很好的保护。

例如，2009年俄罗斯与中国签订了《俄罗斯联邦和中华人民共和国政府鼓励和相互保护投资协定》，旨在为中国企业在俄罗斯境内投资提供便利，以更好地保护整个投资过程的安全，而且中国公民在俄罗斯境内可以享受很多便利，比如签证方面和工作许可方面。俄罗斯尽可能保证中国企业在俄罗斯的投资是公平公正的，不会受到任何阻挠或是歧视。然而在实际执行过程中，还是存在土地购买壁垒、税收壁垒、劳务配额壁垒和签证审批壁垒等。根据俄罗斯海关数据，自2010年以来，俄罗斯陆续对进口商品提高关税，在汽车、汽配、农产品、食品等多个领域设限。这些领域都是俄罗斯需要大量进口的领域，尤其是汽车和机械领域，俄罗斯自给率只有不到一半，俄罗斯对这些领域的征税将在很大程度上限制外国投资者进入俄罗斯市场。

实行多年的计划经济使得俄罗斯的市场竞争制度和公司管理制度不够规范。俄罗斯在关于海外投资方面有很多法律条款限制，其中很多是关于技术的限制或要求。俄罗斯的产业园区和工业园区建设与中国情况不同。在中国，往往有完善的招商引资部门专门负责协调招商引资工作，外资投资建设工业园区和产业园区，会得到地方政府甚至中央政府的扶持。而俄罗斯没有设立地方投资合作管理部门或招商引资负责部门，除了几个特定的工业园区有扶持政策，其他的产业园区都没有优惠政策，投资俄罗斯的项目往往缺乏与政府部门的有效沟通，政府部门间的协调效果也一般。

中国企业在俄罗斯进行投资的时候如果没有做好前期的调查与准备，没有对俄罗斯的法律条款进行全面的了解，就会在交流方面产生障碍。对俄罗斯的相关政策调整不能及时了解，以及缺乏对俄罗斯市场的较好把控，使得许多企业处于亏损的状态。俄罗斯的市场状况对中国投资者来说相对复杂，也鲜有中国企业认真进行市场调查工作。不同的投资环境、消费者习惯、消费心理等因素，使得中国企业在俄罗斯投资的起步阶段就遇到很多困难。除此之外，俄罗斯的质量检查和流控很严格，中国出口商品或中资企业的产品必须严格把守质量关，这为很多中国企业带来了额外的成本。

中国对蒙古国的投资风险大。蒙古国国内关于投资的法律法规不规范，特别是涉及矿产领域的相关法律法规不健全，从而增加了投资风险。蒙古国矿业迅速发展以后，大批外资企业涌入蒙古国内对其矿产资源进行开发。在现阶段，蒙古国规定蒙古国政府至少拥有矿产公司50%的股份，并在上述背景下推出新的《矿产法》。新的《矿产法》主要涉及矿产资源开发利用的费用问题，包括外企进行矿产资源开发的执照费以及作为外国企业的特许权使用费等各方面的费用问题。与2011年的《矿产法》相比，现行《矿产法》的内容变化很大。在蒙古国，矿产投资行业许可证的发放过程中存在不规范现象。蒙古国的矿产资源大部分归个人所有，因此社会上经常会出现矿业许可证倒卖现象。真正需要许可证的企业不得不依靠"购买"才能取得相关矿业许可证，一些私人矿主为了取得较高的经济效益，不断哄抬许可证价格，有时增长几十倍甚至上百倍。蒙古国矿产法令的巨大变化以及未来那些尚不明确的变化，给在蒙古国进行投资的中国企业带来了很大的投资风险。

中方企业对蒙古国的投资环境、经济政策以及产业结构不了解，造成了中方企业对蒙古国的直接投资规模依然较低。由于缺乏中蒙对接平台，双方信息交流不畅，严重阻碍了中蒙两国的合作贸易，也阻碍了中国对蒙古国直接投资的发展。尤其是很多中国东部发达的沿海城市缺乏对蒙古国投资环境的了解，认为蒙古国政治环境较差、基础设施落后、经济发展水平较低，对企业来说没有什么巨大收益，因此不愿冒险去蒙古国进行投资。

蒙古国政治环境的不稳定以及治安情况相对较差，增加了外商投资的风险，降低了对外商直接投资的吸引力。

中国部分赴蒙古国、俄罗斯投资的企业盲目性较强。根据投资周期理论，到东道国进行直接投资必然要经历一个漫长的过程。这就在客观上要求中国企业做好打"持久战"的准备，而不能"打一枪换一个地方"。事实上，部分中国企业在投资项目的时候有一定的盲目性。例如，有些中国企业对蒙古国、俄罗斯的投资环境、投资项目特点以及周边市场发展趋势没有做审慎的分析就始进行资金输入。有的企业领导人保持着"当家做主"的思维定式，在进行重大项目决策时过于相信自己的商业才能和市场直觉，根本不履行集体参与和民主决策程序，忽视了对外投资在政策、法律、经济、市场等方面的可操作性，投资业务整体上体现出一种盲目性。与之相对应的是，蒙俄由于吸引外资的迫切需要以及缺乏战略眼光，对于外来投资有目的地加以利用。这对双方而言都是不负责任的，对未来的可持续发展也具有严重的负面影响。

中国部分赴蒙古国、俄罗斯投资的企业缺乏投资风险保障机制。就目前的情况而言，中国企业在蒙古国、俄罗斯进行投资，在行业管理及内部管理机制建设方面还存在若干漏洞。例如，缺乏规范约束机制。一些企业在经营中较为盲目，在规范运营方面缺乏自律性和约束力，在行业合作方面也缺乏敏感度。再如，缺乏风险保障机制。由于管理理念相对滞后，风险管理一直是中国企业的薄弱环节，在蒙古国、俄罗斯进行投资的中国企业也不例外。莎仁高娃指出，多数在蒙古国、俄罗斯投资的中国企业的经营者对投资项目过于乐观，对风险保障问题漠然置之。实际上，一旦出现投资风险，其很难像在国内一样迅速从外界获得资源支持①。

第三节 促进中蒙俄国际投资合作的对策建议

一 加强国际产能合作投资

加强中蒙俄国际产能合作，有利于扩大中蒙俄国际投资合作规模，改善投资产业的不合理布局，促进投资地域的均衡分布。国际产能合作超越传统的单一国际分工模式，本质上是跨越国家地理边界的生产能力合作，

---

① 莎仁高娃：《浅谈加强蒙古国建筑市场的中国国有经济资产的管理》，《中国外资》2011年第17期。

不仅包括工业生产能力，还包括技术、管理制度和标准等软实力的跨国合作。国际产能合作能够扩大生产可能性边界。开展国际产能合作，有利于加快各国经济结构改革调整，推动各国经济向实体经济回归，积累可持续发展能量。通过培育本土化的产业集群，建设规模大、效益高的产业项目，也有利于优化贸易投资环境，创造新的经济增长点。国际产能合作也契合蒙古国推进工业化的现实需求。

积极推动中蒙俄经济走廊价值链伙伴关系建设，扩大对俄罗斯各领域的投资规模。首先，加强中俄在基建领域的国际合作。伴随俄罗斯道路交通网基础设施的建设，以及住宅建筑产业的发展和石油化工项目的推进，中俄两国在该领域存在国际产能合作的巨大空间。其次，加强农林领域的国际合作。受中美贸易摩擦影响，中俄农业合作获得了重要机遇。俄罗斯最大农企俄罗斯农业集团于2019年4月与青岛市政府签下战略合作框架协议，计划投资50亿美元在青岛建设大型生猪养殖、屠宰、饲料加工一体化项目。俄罗斯远东地区的蔬菜自给率为58%，谷物自给率为79%，肉类自给率为25%，牛奶自给率为44%，较低的自给率为中国投资创造了更多的机会。随着我国加强对森林资源的保护，进口俄罗斯质优价廉的木材成为必要选择。俄罗斯远东地区原木每年允许采伐量为9380万立方米，实际采伐量1640万立方米，占比仅为17.4%。俄罗斯的林地可以在不通过招标的情况下或按照较低的租赁费率提供给计划进行木材深加工的投资者，此外，远东地区正在扩建的贝阿铁路与西伯利亚铁路为木材运输提供了便利，俄方欢迎中国投资者在南雅库特、阿穆尔州和萨哈林州建设木材加工综合企业。最后，可以加强与俄罗斯在工业制造领域的产能合作。2014年，俄罗斯将进口替代产业政策上升为国家发展战略，俄罗斯对进口产品的依赖程度非常高，进口产品覆盖民用、军工等各个部门。针对俄罗斯投资资金紧张、产能不足等问题，发挥中国的资本优势和产业制造优势，中俄在制造业领域存在巨大的合作空间。此外，大飞机项目、核电、太空、电信等均是中俄合作的重点领域。

加快发展中蒙跨境区域产能合作。首先，积极推动京津冀产能沿中蒙国际铁路北上中蒙边境地区。在中蒙国际铁路重要的节点城市二连浩特市，加强中蒙两国在矿产资源加工产业的国际合作,鼓励煤炭筛分、煤炭选洗、煤炭提质、金属矿产选矿、金属矿产冶炼、萤石浮选、萤石精深加工、原油加工、重油加工业发展,支持动力配煤、萤石饰品生产、石油化工产品产业的发展。首先,针对当前蒙古国市场对日用品、水泥、机械装备等传统产品的需求增长放缓,而对新型建筑材料需求较大的情况,积极开展建材产业的国际投资合作。其次,积极依托蒙古国的能源生产,推进锡林郭勒盟畜牧产业跨境合作,利用蒙古国丰富的绒毛产品资源,积极开展绒毛洗整加工行业的国际合作。最后,积极参与蒙古国工业进程。伴随着蒙古国工业化进程的启动,畜牧产品资源加工、矿产资源的初级产品开发成为中蒙国际投资合作的重要领域。

通过搭建一个"价值链伙伴关系",促使更多的地区融入价值链网络体系之中。积极开展农林牧渔业、农机及农产品生产加工等领域的深度合作,积极推进海水养殖、远洋渔业、水产品加工、海水淡化、海洋生物制药、海洋工程技术、环保产业和海上旅游等领域的合作;加大煤炭、油气、金属矿产等传统能源资源的勘探开发合作,积极推动水电、核电、风电、太阳能等清洁、可再生能源合作;推进能源资源就地就近加工转化合作,形成能源资源合作上下游一体化产业链;加强能源资源深加工技术、装备与工程服务合作;优化产业链分工布局,推动上下游产业链和关联产业协同发展;扩大服务业相互开放,推动区域服务业加快发展。随着新一代信息技术、互联网的发展,各国应加快深化数字贸易、服务贸易、智能制造、绿色制造等新兴产业与技术的合作。加快推动"数字贸易协定"的实施,促进信息、贸易、产业的标准与规则统一。通过国际产能合作,有利于中蒙俄国家的产业升级优化和互补协同,实现产能优化配置,推动工业化进程。

创新支持重大项目的投融资模式。对接各国发展战略,明确优势互补,梳理重点领域合作,围绕基础设施互联互通、贸易投资、金融支持、人文交流等确定一批重大合作项目。探索"利益共享、风险分担"的投融资合作模式。探索建立涵盖国际银团、绿色金融、PPP模式、项目收益债券、资产证券化(ABS)等市场化方式的投融资服务体系,满足多层次融资需求。积极谋划建立中蒙跨境产能合作基金,设立专项产业发展基金支持中蒙跨境产能合作,在政府主导的产业投资基金引导下,吸引社会资本和风险资本进入基金,拓宽产业发展资本的来源渠道,培育产能合作的资本市场。合作国政府、金融机构与中外方企业建立良好的风险分担机制,构建中蒙俄经济走廊投融资建设联合体,形成"银政企智""四位一体"的联合力量,有策略、有重点、有步骤、高效率地支持项目建设,实现对中蒙俄经济走廊建设长期可持续的金融支持。加强各类投资平台合作。借助证券公司、信托公司、保险公司和金融租赁公司等各类非银金融机构之间的合作,利用各类资本市场工具,调动各类金融机构和各类投资主体共同参与中蒙俄经济走廊建设。

二 加快国际经济合作开发区建设

建设国际经济合作开发区是促进国际投资合作的重要方式,有利于克服政策变动等各种投资风险。首先,充分尊重邻国的政治经济体制,形成相关法案协定保障经济合作开发区的建设。经济体制是一国国民经济的管理制度及运行方式,是一定经济制度下国家组织生产、流通和分配的具体形式,或者说是一个国家经济制度的具体形式。在国际经济合作开发区建设过程中,由于各国在政治体制、社会制度、文化习俗、法规法律体系等方面皆不相同,甚至存在很大的差异,单用其中一国的法律法规去约束另一国的经济社会活动行为基本上不可行。所以就需要合作国共同制定各国都能遵照执行的一系列法案、协定、条例、协调机制、工作机制等,以保障国际经济合作开发区建设的顺利进行。

加强对蒙古国与俄罗斯的政治、经济、文化等方面的交流,促进民间交流与互动,建立稳定的政府关系和保障机制[①]。通过建立针对蒙古国与俄罗斯的交流网站、举办宣讲会、促进学术交流等方式加深相互了解,积极促进企业对接平台的建设,加强两国企业的有效对接。支持蒙古国与俄罗斯组织相关企业和政府人员来中国较为发达的沿海城市进行宣传,促进中

---

① 中蒙俄国家关系的发展直接影响国际经济合作开发区的建设,世界各地的国际经济合作开发区,不管是何种类型,不管是何种方式,都直接面临两国政府关系的影响。同时,国际经济合作开发区的建设也可对两国政治关系的调节起到重要作用。

国一些发达城市的大中型企业对蒙古国与俄罗斯增进了解，支持中国企业对蒙古国与俄罗斯的投资环境进行调研。

加快在中蒙俄经济走廊建设主要节点和港口共建经贸合作园区，在注重投资效率的前提下，促进蒙俄两国投资的均衡分布。考虑到两国经济发展的客观需要，两国边境地区经济发展比较落后，客观上都需要缩小同国家中心区域的经济差距，而两国边境地区在自然资源、产业基础和生态环境等方面又存在互补和联系之处，在沿边地区建设跨境经济合作区、边境经济合作区，具有巨大的可能性和现实可操作性。边境地区是经济合作开发区选址的最佳位置，可以吸引各国企业入园投资，促进现代制造业、服务业、现代农业等相关产业的融合发展。把国际经济合作开发区和边境合作区结合起来，建设跨国产业链，形成沿边境线的跨国产业带。在进行产业选择和产业功能分区的过程中，要充分考虑国内、国外两种资源和国内、国外两种市场，要以两国进行高效的产业互补分工为前提，打造跨国的产业链，形成跨国的价值链，实现跨国合作的区域竞争力。例如，珲春国际合作示范区建设过程中，要充分考虑俄罗斯远东地区、蒙古国地区的自然资源、产业基础和市场情况，建设产业互补的经济合作开发区。通过两国在资源、产业和生态环境等方面的互补合作，提高边境地区的经济发展水平，提升边境城市的综合竞争力，改善边境地区居民的生活。

从各国、各地区的跨国经济合作区的建设经验来看，其组织框架至少包含三个层面：国家级协调层面、省级磋商层面、地市级运作层面。第一层面应建立两国政府联合协调理事会，负责协调开发建设中的重大问题，从最高层面为双方合作制定目标、建立机制、指定协调政策，由两国重要领导人共同担任理事会主席，两国政府相关部门及地方政府负责人组成理事会，理事会每年定期召开讨论相关事宜。第二层面应是建立两国双边工作委员会，由省级政府主管部门负责人共同主持，由两国政府相关部分负责人和园区管委会负责人共同组成。双方定期召开会议，贯彻落实理事会的决议和决定，就开发建设中的重要问题进行协商，向理事会双方主席报告工作。第三层面应设立开发区管理委员会作为常设联络机构和日常管理机构，负责经济合作园区的日常工作，由两国政府委派专人建设。国际经济合作开发区的建设与发展,有赖于多个层面的共同努力与精诚合作①。

国际经济合作开发区大多是以"政府牵头、市场引导"的方式开展,需要相应的优惠政策扶持,原因在于以下几个方面:第一,国际经济合作开发区处于国家的边疆地区,而边疆地区往往是国家经济相对落后的地方,两国政府进行国际合作的目标是协调国内区域经济,因此需要给予特殊的优惠政策进行扶持;第二,国际经济合作开发区是两个国家之间的经济合作,牵涉到两国关系的常态化发展,有利于求同存异,有利于建立战略合作伙伴关系,有利于维护国家边疆的稳定,因此需要特殊的政策和资金支持;第三,国际经济合作开发区的建设,需要大量资金支持,而边疆地区往往是经济收入落后的地区,因此前期的投入需要国家层面进行解决;第四,国际经济合作开发区的企业有两种形式,一种是由合作国注册建设,另一种是本国企业主要开展同合作国的贸易,在限定的合作领域内应给予其特定的优惠政策,才可保证其在市场竞争中不被淘汰。

三 促进互联互通基础设施建设

加快互联互通基础设施建设,提高中蒙俄互联互通水平,改善中蒙俄经济走廊国际投资环境。中国和俄罗斯、蒙古国的基础设施互联互通和能源贸易设施互联互通,对提升区域产业贸易合作意义重大。促进铁路、公路、航空、油气管道、光纤、通信等综合的立体、多维通道的建设,需要软硬件基础设施全面对接,加快构建中蒙俄经济走廊沿线的海运水运网、高速公路网、高速铁路网、航空网、通信光缆网。

中国与俄罗斯和蒙古国的基础设施联通是一个立体、复杂、多元化的综合基础设施网络,涉及领土主权、法律规范、技术标准、环境评估,更涉及政府、企业和个人,以及项目的设计、融资、施工、运营管理等众多领域、方面和层次。加快中蒙俄经济走廊基础设施互通互联,包括边境口岸设施和中心城市市政基础建设、跨境铁路扩能改造、口岸高速公路等互

---

① 方创琳、崔军:《中国图们江区域城市国际经济合作开发战略》,中国经济出版社,2013,第76~90页。

联互通项目建设，有利于促进区域一体化发展。

首先，构建立足共商的多边协调机制。任何基础设施建设都涉及国计民生，是消除贫困、推动可持续发展的有效路径。中蒙俄以及所有的利益攸关方应携手合作，共同执行这一计划。在此过程中，应建立有效的协调机制，化解各类风险，推动工程进展。可考虑适时牵头建立区域互联互通合作委员会等多边协调机制，根据各自的合作意愿和基本诉求等各种内容，研究确定彼此之间互联互通的基本类型、主要内容和重要特点，推动建立国内不同地区之间、城乡之间和不同国家之间的各种横向衔接机制。

其次，打造基于共建的项目储备库。基础设施互联互通的有效实施需要大量项目推动，没有项目推动的互联互通是纸上谈兵式的互联互通，没有大量项目推动的互联互通是不可持续的互联互通。储备项目是互联互通实施的必然要求，也是推进互联互通的重要举措。这就需要抓紧建立各种项目储备库，既包括短期项目，也包括中期项目，还包括长期项目。由于国际互联互通需要各个国家之间的必要配合和应有支持，因此项目储备库的建立、充实和完善必将是一个长期的过程。项目储备库的建立需要综合考虑国际互联互通项目储备库和国内互联互通项目储备库，并尽量实现彼此之间的搭配合理、功能得当和进度适宜。根据项目实施的内在要求、基本进度和客观需要，及时进行补充完善。

再次，编制突出共享的联合实施方案。联合实施方案是国际互联互通的实施依据，也是中国与俄罗斯、蒙古国的合作依据。互联互通的规划实施方案既包括国内互联互通的规划实施方案，也包括国际互联互通的规划实施方案，只有实现两者的有效对接，才可能落到实处。深入了解各国的基本诉求，方案编制要充分体现各自国家的基本特点和主要意图，要注意加强与本国发展战略、重要规划和重大项目的有效对接，也要适当兼顾与其他国家实施方案的有效对接，如实施战略对接、实施规划对接、实施计划对接和实施政策对接等①。

---

① 伴随可能的政权更迭、社会不稳定和安全恶化等国内外重要因素，要及时根据变化做出相应调整。

最后，加强互联互通等国际投资合作项目的开发性金融支持。中蒙俄国际投资合作项目大多是提供公共服务的基础设施项目，工程建设条件复杂，技术要求高，跨境协调难度大，具有建设周期长、资金需求量大、投资回报率低等特点，融资瓶颈突出，加上蒙古国和俄罗斯的财政实力相对偏弱，商业资金的进入意愿不强，亟须发挥开发性金融的作用，为沿线基础设施建设提供融资、融智和融商支持，推动金融市场建设。开发性金融主要起引领作用，当实现盈利后，开发性金融机构可以将部分融资转让给商业性金融机构，将退出的资金继续用于其他开发性金融项目，实现资金的良性周转。中国国家开发银行是世界最大的开发性金融机构，也是中国最大的对外投融资合作银行。总结规划先行、规模效应、集聚效应和政策支持等可复制、可推广的国际经验，发挥中国国家开发银行的作用，选定一批铁路、公路、海上航线、空中航线、油气管道、输电线路、通信光缆和互联网等大型基础设施建设项目，为其提供中长期投融资服务。加强中蒙俄金融机构的交流，为沿线国家间的政策研讨、业务合作、人才培养和信息交流创造便利条件，组织金融合作、风险防控、金融能力建设等研讨会，为沿线国家来华留学生提供资助或奖励，培训有关人员，通过专业培养、语言学习和文化浸润培养通晓汉语、了解中国的跨文化沟通人才。

四　发挥国际金融平台的作用

新型区域性投融资机构成为重要的融资推动力。在推动重大项目实施建设的同时，中蒙俄应加强金融层面的合作，积极塑造新型国际投融资机制，完善国际经济金融治理体系，更有效地支持中蒙俄经济走廊建设，促进中蒙俄经济振兴与社会发展。建立区域投融资机构，在多元文化环境下不同的国家可以在共同的利益、共同的目标下凝聚，进而共同促进资金融通、共享金融合作成果，这有利于促进中国与俄罗斯、蒙古国的基础设施建设，有利于促进亚洲互联互通建设和经济一体化的进程。

第一，发挥亚洲基础设施投资银行的作用。中国提出倡议并成功筹建亚洲基础设施投资银行，成为首个专注于基础设施建设的国际政府间多边开发性金融机构,得到全球多国的积极支持和参与。亚洲基础设施投资银行的成员覆盖全球五大洲、世界主要经济体,成为"一带一路"以及中蒙俄经济走廊建设最为重要的新型多边金融平台。亚洲基础设施投资银行2016年1月16日成立,创始成员国共有57个。截至2019年7月13日,亚洲基础设施投资银行成员数达到100个。

中国倡导筹建的亚洲基础设施投资银行成立一年来,已批准9个项目,发放贷款总额约17亿美元,项目全部集中在亚洲,大多为能源、交通和基础设施建设。亚洲基础设施投资银行计划逐步加大运作规模,预计今后的5~6年时间内,每年贷款额可以达到100亿~150亿美元。实践表明,亚洲基础设施投资银行作为亚太地区新型的多边国际金融组织,既能推动国际货币基金组织和世界银行的创新改革,也可以协同亚洲开发银行逐步完善在亚太地区的投融资与国际援助职能,并将弥补亚洲发展中国家在基础设施投资领域存在的巨大资金缺口,减少亚洲区内资金外流,投资于亚洲的"活力与增长"。

第二,发挥丝路基金的作用。2014年12月,由中国出资设立的丝路基金正式运营,作为中国国家主权基金成为支持"一带一路"建设以及中蒙俄经济走廊建设的重要资金融通渠道。丝路基金按照"市场化、国际化、专业化"原则有序运作,主要投资于基础设施、资源开发、产业合作及金融合作等领域的大型项目。2015年以来,先后支持了中国三峡集团在巴基斯坦等南亚国家投资建设水电站等清洁能源、中国化工集团并购意大利倍耐力轮胎公司、俄罗斯亚马尔液化天然气一体化等项目。首批投资项目充分体现了丝路基金的业务模式和投资理念,通过股权加债权等多元投融资模式,在支持中国技术标准和装备"走出去"、引进国际先进技术和管理、促进产业结构调整和升级、开展国际能源合作等方面开展了积极尝试。

丝路基金的投资首要考虑与各国发展战略和产业规划的对接,如对接欧洲"容克计划"、俄罗斯创新发展计划、哈萨克斯坦"光明大道"计划等,支持投资所在国实体经济发展,加快工业化、城镇化进程和经济结构调整,助推产业结构的合理布局、产业链条的拓展搭建,提升经济可持续发展能力。丝路基金重视发展绿色金融和投资的社会责任,遵守最佳国际准则和投资所在国的法律、政策和社会文化习俗，支持共建绿色丝绸之路，促进沿线国家和地区实现绿色可持续发展。

第三，发挥金砖国家新开发银行的作用。2015年7月，金砖国家新开发银行由金砖国家中国、俄罗斯、巴西、印度、南非发起成立，总部设在上海，是历史上第一次由新兴市场国家自主成立并主导的国际多边开发银行。

金砖国家新开发银行在重点项目、融资发债等方面取得实质性突破。在项目选择上，金砖国家新开发银行的主要关注点是可持续发展项目和基础设施建设。随着金砖国家的发展水平逐步提高，城市交通、铁路、高速公路等基础设施是政府愿意投资和改造的关键领域。2016年4月，金砖国家新开发银行宣布首批总额为8.11亿美元的贷款，用于支持巴西、印度、中国和南非的绿色能源项目；2016年7月，金砖国家新开发银行发放两笔合计1亿美元的贷款，用于俄罗斯水力发电项目。在融资工具上，2016年7月，金砖国家新开发银行在上海发行首只绿色金融债券，债券规模为30亿元人民币，期限为5年。这是多边开发银行首次获准在中国银行间债券市场发行人民币绿色金融债券，也是金砖国家新开发银行在资本市场的首次操作。未来，金砖国家新开发银行还将混合发行以成员国当地货币和有限硬通货计价的债券，以降低成员国的融资成本。

第四，发挥上海合作组织银行联合体作用。2005年10月26日，上海合作组织成员国政府各自授权一家国有金融机构成立了上海合作组织银行联合体。上海合作组织银行联合体共有6家成员行和3家对话伙伴行。成立十多年来，上海合作组织银行联合体积极发挥金融合作平台的作用，建立和完善定期会晤机制，加强政策沟通，促进合作共识，确定重点领域，积极探索以开发性金融理念和方法为核心，以市场化和商业化融资方式开展合作，为深化上海合作组织的投融资合作发挥了关键性作用，有力地促进了区域经贸合作发展。截至2016年6月末，上海合作组织银行联合体对上海合作组织国家项目合作贷款余额约430亿美元，对成员行贷款余额约23亿美元，在基础设施、能源、矿产、通信、农业、高新科技等领域开展了广泛的项目合作，推动了人民币区域化和国际化，为上海合作组织峰会贡献了丰硕成果。

第五，发挥金砖国家银行合作机制作用。金砖国家银行合作机制是2010年4月15日正式成立的，旨在提升金砖国家银行的多边合作水平，推进金砖国家在投融资领域的合作。自成立以来，金砖国家银行合作机制每年在金砖国家领导人会晤期间配套举办金砖国家银行合作机制年会暨金砖国家金融论坛活动，先后签署7份成果文件，涉及本币授信、信用证保兑服务、可持续发展和基础设施融资、创新合作等多个领域。

第六，建立亚洲金融合作协会，推动亚洲金融合作协会成为区域金融的有效机制与合作平台。2015年3月28日，中国国家主席习近平在博鳌亚洲论坛年会上的演讲中指出：面对风云变幻的国际和地区形势，我们要把握世界大势，跟上时代潮流，共同营造对亚洲、对世界都更为有利的地区秩序，我们要积极推动构建地区金融合作体系，探讨搭建亚洲金融机构交流合作平台。2015年11月23日，中国国务院总理李克强在第十届东盟峰会上提出：中方倡议区域国家金融机构联合发起成立亚洲金融合作协会，为本地区实体经济发展提供更有力的支撑。该项倡议得到东盟各国积极响应。2016年3月25日，中国金融机构组织邀请全球40多个金融机构召开亚洲金融合作协会发起人会议，共同商议亚洲金融合作协会的发起筹建工作，这既是对中国国家领导人提出倡议的积极回应，也是亚洲各界金融同人的殷切期盼。亚洲金融合作协会作为立足亚洲、放眼世界的区域性金融合作组织，既是亚洲地区各类金融机构交流理念的开放平台，又是务实合作、协作包容的区域合作机制。通过彼此协作，进一步促进亚洲金融的互联互通与深化合作，优化亚洲地区的金融服务，为区域经济发展与一体化提供新的金融动力。

第七，加快亚洲债券市场建设。积极建立中蒙俄经济走廊绿色债券市场体系，积极培育绿色债券市场，简化绿色债券发行的审批程序，缩短审批时间，提升金融机构择机选择债券最佳发行时点的能力，提高市场运作效率。亚洲地区内需扩大，加上中蒙俄经济走廊建设带动区域内贸易和投资，为亚洲大量储蓄剩余在内部的转化提供了条件，发展亚洲债券市场日趋重要。这既是促进俄罗斯和蒙古国资金融通的有效手段，也是推动亚洲金融合作的重要路径。

五　提升人民币的国际地位

根据国际和地区金融市场的特点和需求，以及"一带一路"倡议、中蒙俄经济走廊建设对中国金融业对外开放与合作的要求，将欧亚区域金融合作与推进人民币国际化工作相结合，制定以推进人民币国际化为重点的欧亚区域金融合作中长期规划，建立欧亚区域人民币国际化信息共享系统。人民币贸易结算体系和人民币投融资体系建设是欧亚区域内人民币国际化发展的重点，在搭建政策协调机制的同时，积极推动合作平台建设，创新人民币国际化合作模式。深化各国金融机构间的沟通联系和信息交流，建立欧亚区域性信用评级机制和投融资担保机制，加强政策制度、合作项目及合作机制等方面的沟通协调。鼓励和支持中国金融机构在欧亚区域国家设立分支机构，推动人民币跨境支付系统的建立和完善，扩大人民币跨境贸易和投资结算，实现区域金融服务网络全覆盖。全面推动欧亚区域内人民币资金融通工作，增加人民币贷款额度，扩大人民币货币互换规模。

第一，全面拓宽人民币信贷合作领域。从落实人民币国际化中长期发展目标的角度来看，在欧亚区域以人民币为主要融资货币开展信贷合作具有广泛前景，未来应该将人民币融资支持的重点领域从传统的能源资源领域逐步向基础设施、高新科技、新能源、绿色经济及民生领域扩展。要加大重点合作领域人民币融资的支持力度，以跨境基础设施互联互通和区域内产业合作为支点，推动区域内国家产能合作优势互补，强化产业和项目对接。积极创新人民币信贷合作模式，搭建人民币投融资体系，将人民币跨境投融资与国家经济外交战略相结合，将援外资金与贷款资金相结合，整合项目融资、银行授信、银团贷款等多种金融合作方式，推进人民币贷款、信贷资产证券化，加快离岸人民币市场建设，开展离岸人民币业务，支持俄罗斯、蒙古国信用等级较高的企业及金融机构在中国境内发行人民币债券，并在中国香港、上海和深圳等地上市融资。

第二，发展离岸金融市场合作。无论是外汇市场还是人民币国际信贷市场，其载体都是离岸市场，要推动人民币国际信贷市场的发展，就必须高度重视全球各地人民币离岸中心的建设和发展，形成海外资金池，完善人民币离岸市场定价机制，才能增加人民币信贷对全球投资者的吸引力。2017年第一季度末，离岸人民币存款约为1.74万亿元，较上年末仍有所下降，降幅趋缓，非居民人民币存款占全球离岸存款总量的比重约为1.14%，较上年末有所上升。国际货币基金组织首次公布，2016年末，国际官方储备资产中以人民币计价的储备资产折合845.1亿美元，人民币为第七大外汇储备货币。新加坡、菲律宾于2016年6月和10月相继宣布将人民币纳入官方外汇储备，反映出机构投资者在其全球投资组合中对人民币资产的接受度日益提高。重点发展中蒙俄经济走廊货币支点国家的离岸金融市场合作，加快推升本币互换规模。截至2016年末，中国人民银行与37个国家和地区的中央银行或货币当局签署了双边本币互换协议，协议总规模超过3.3万亿元人民币，其中21个国家和地区是"一带一路"沿线国家和地区，总额度已经超过了3.12万亿元（不含已失效或未续签）。在沿线国家的主要城市大力发展人民币离岸市场，建立人民币离岸和在岸市场的互动机制，引导人民币金融产品定价，重点发展包括中国香港、新加坡、韩国、俄罗斯、蒙古国在内的货币支点国家（地区）的离岸市场建设。中国香港已成为最大的跨境贸易和投资的人民币离岸中心。积极推动中资银行在沿线合作国设立营业网点，积极支持沿线国家金融机构在中国境内发行"熊猫债"，积极回应有关国家在地区贸易中使用人民币结算的呼吁，为双边贸易使用人民币结算创造良好条件。

第三，扩大人民币在中蒙俄跨境贸易和对外直接投资中的使用规模。构建以人民币为计价、支付和结算货币的大宗商品交易市场。能源资源开发项目是中蒙俄经济走廊早期收获项目的重点领域，在油气资源开发合作的上、中、下游，均可以使用人民币作为支付、结算货币。在能源贸易、油气管线建设项目上，应加快提升使用中俄双边货币的比例。2016年，中国境内投资者全年共对全球164个国家（地区）的7961家境外企业进行了直接投资，累计实现非金融类直接投资11299.2亿元人民币，以人民币结算的对外直接投资额10619亿元，增长44.24%。截至2016年6月30日，中国银行间外汇市场已陆续实现了 11 种货币的直接交易。积极扩大人民币在中国对蒙古国和俄罗斯对外直接投资中的使用规模，加速建立人民币跨境支付、结算和清算体系。目前，中国已与俄罗斯、白俄罗斯等多个国家央行签署了一般贸易本币结算协定，与吉尔吉斯斯坦、哈萨克斯坦等国家央行签订了边贸本币结算协定。2016 年 6 月 25 日，中国人民银行与俄罗斯中央银行签署了在俄罗斯建立人民币清算安排的合作备忘，支持人民币成为区域计价结算货币；加快中国金融机构在俄罗斯、蒙古国的布局；鼓励中国金融机构以中蒙俄经济走廊建设为轴，构建分支机构网络布局；支持中国金融机构培育有国际竞争力的金融产品，与沿线国家金融机构优先开展跨地区的银团贷款、融资代理等金融合作，着力提升在能源、基础设施、农业、中小企业、消费、民生等领域的金融服务水平。

第四，深化中蒙俄区域金融监管合作。加强金融法律体系的建设，培养一批熟悉国际金融法律法规的人才，大力推进本国金融立法同国际规则接轨，积极参与国际金融规则的制定。加快确立金融行业混业经营的监管模式，确定金融业混业经营监管的基本原则、宗旨、主要内容及金融监管机构的职责范围。金融监管机构和政府要保持执法的独立性、信息的透明和真实性，以提高经营效率，促进金融业持续健康快速发展。对金融机构、金融产品和金融市场实施更加严格的监管和监督，将"影子银行"纳入监管范围，并对金融部门实施改革，增强资产负债表约束，加强市场基础设施建设，降低具有系统重要性的金融机构带来的风险以及减少道德危害。完善中蒙俄国家监管协调机制，进一步加强与俄罗斯和蒙古国各监管当局间的沟通协调，扩大信息共享范围，提升在重大问题上的政策协调和监管一致性，逐步在区域内建立高效的监管协调机制。提升对外投融资风险识别与管控能力。构建中蒙俄区域性金融风险预警系统，实现对区域内各类金融风险的有效分析、监测和预警。形成对跨境风险和危机处置的交流与合作机制，完善风险应对和危机处置制度安排，协调各方的处置行动。

第七章　中蒙俄经济走廊建设中的人文交流

第一节　国际人文交流的价值

一　国际人文交流的内涵

人是有思想、有感情的，作为历史主体的人类行为，是其理念、意志、思想和情感的产物。中国传统文化中，"人文"一词最早出现在《周易·贲卦》中："刚柔交错，天文也；文明以止，人文也。观乎天文以察时变，观乎人文以化成天下。"这就有了我们后来常说的"人文化成"。天文主要是指自然界，表现为日月星辰的光明灿烂，四时运行的循环交替，万物种类的繁盛富美；人文则是指社会界，表现为礼乐制度的完备，道德风习的淳美，行为举止的合乎规矩。天文是阴阳自然表现于外的形式，没有人为参与，而人文则完全是出于人为的主观设置，时常会出现差错，因此会使文与质的配合不能恰到好处，或者文饰超过了质朴，或者质朴超过了文饰。因此，为了进行人文建设以化成天下，需要做到文质彬彬。"人文"的概念内涵告诉我们，只有做到"文明以止"，才能实现"化成天下"，建立一个以礼义为基础的和谐的文明共同体。最早把"人文化成"转为"文化"一词的是汉代刘向，其《说苑》曰："凡武之兴，为不服也；文化不改，然后加诛。""化"本意为生成、造化，但与"文"连用，便更突出了其"教化"之功能,这正符合人文"化成天下"的目标。在中国传统文化中,"文"以"人"为本位,"人"以"文"为本性。人文是中国文化中蕴含的基本精神,它是对人的生命、尊严和价值的理解和尊重,是对终极理想和信仰的执着追求。从该意义上看,中国传统文化中的人文交流强调"文化"与"人员"的交流,及其带来的对价值观的影响。现代意义上的人文含义相近,《辞海》把人文界定为"人类社会的各种文化现象",包括"人"和"文"两个方面,是指人类文化中的先进的、科学的、优秀的、健康的部分。

　　汉语中将人文与外交放在一起,就是强调以人员交流和文化交流为主要内容的跨国交流现象。从英文中人文交流的词义来看,其更强调通过人员交流增进了解和消除误解,即文化外交或者民间(公共)外交。可见,西方文化更强调人文交流的短期目的性,而中华文化更强调其宏观的持续性。文化主要是一个民族或群体所共有的符号、规范及价值观。一个国家和民族的灵魂主要在于文化,它体现了一国或民族的核心价值观。从历史上来看,人文交流一直是国与国关系的重要纽带,受到众多国家的重视。古希腊、古罗马、波斯以及古代中国都十分重视人文因素在对外交往中的重要作用。近代以来,英国、法国、德国、西班牙、美国、意大利等国家都加大了人文交流的力度,英国文化委员会、法语联盟、歌德学院、塞万提斯学院、富布莱特项目以及我国的孔子学院等在各国外交中的影响逐步扩大,在全球范围建立了由语言教学、教育文化交流、国际服务等构成的人文交流网络,人文交流已成为世界各国普遍重视的国家战略。

　　人文交流是不同国家、地区和民族之间交流的重要组成部分,而且交流的内容和形式因时而异。人文交流分为群内交流和群外交流两种,通常的人文交流是指群外人文交流。一般来说,人文交流是面向不同文化背景的民众,以加强理解、增进友谊、沟通思想和激发认同为目的,在教育、文化、科技、体育和旅游等领域,开展相互借鉴、彼此融合的活动,是经济社会发展和国家间交往的必然产物。

二　国际人文交流的特点

　　人文交流可以更好地为贸易、金融等各领域的合作扫除心理障碍,奠定更加坚实的民意基础。只有全面了解各国民间需求与广泛民意，消除误解误判，才能促进合作；只有充分理解历史文化背景与民心社情，才可能更好地实施建设。人文交流作为21世纪以来国家间交往的重要内容，有如下几个特点。

第一，主体的广泛性。外交是指以主权国家为主体，通过正式代表国家的机构与人员的官方行为，使用交涉、谈判和其他和平方式对外行使主权，以处理国家关系和参与国际事务，是一国维护本国利益及实施对外政策的重要手段。从这个定义可知，只有那些具有合法代表身份的人员或者得到国家授权或委托的机构所从事的对外交往活动才可被视为外交。人文交流的主体相对于外交更加广泛，它不仅包括受一国政府直接或间接影响的机构和人员，还包括自主从事对外交流活动的民间机构和人员，诸如民间的教育机构、学术团体、文化机构、宗教组织、基金会等。它们所从事的旨在通过传播本国文化、思想理念、科技成果等方面的内容以加深人民间的理解与支持的活动都可被视为人文交流。它们可以通过自发组织的具有积极意义的活动成为国与国之间人文交流的载体，以民促官，通过民间的互动为正式的官方交往奠定基石。

第二，方式的灵活性。人文交流形式多样，涵盖多个交流层次和交流领域，更加强调贴近群众、贴近生活、贴近实际，更加符合人际交往准则和文化规范。交往的形式和方式多种多样，而不必拘泥于外交礼仪、国际惯例等，只要不违背交往国家的法律制度和风俗习惯，只要有利于不同人文体系间的交流和沟通。人文交流是在人文领域开展的外事交流活动，通过开展各种交流活动促进不同国家人民之间的沟通和交流，增进情感，加强理解，间接使交往国家形成有利于本国的社会舆论氛围，最终达到形成有利于本国交往与发展的国际环境的目的。

第三，效果的持久性。人文交流是一个缓慢而持久的过程，不同国家的人民需要通过长期的各方面的交流和沟通才有可能相互了解，但是对对方的良好印象一旦形成便轻易不会改变，将会在一国的对外政策中发挥长久的作用。当今世界由200多个国家组成，每个国家都有自己独特的发展道路、社会政治制度、文化传统和风土人情等，在国家的发展过程中人民也会形成相对习惯的思维模式和思想观念。这些客观因素的差异都需要不同国家和民族之间加强沟通和交流，努力使对方理解自身，而不是将自己的意识形态和思维模式强加于人。不同国家的人民之间只有相互了解才能消除误解，消弭冲突，共同努力构建一个和谐的世界。

第四，目的的明确性。人文交流与外交在本质上落脚点是一致的，都是为了影响和争取人民。从这个意义上说，人文交流其实是一种手段，通过形式各样的人文领域的交往活动来吸引和引导外国公众，使他们对本国的政策和措施有所了解，进而逐渐理解甚至是支持相关政策措施，最终达到营造有利于本国发展的外部环境，巩固和扩大本国国家利益，提升国家软实力的目的。因此，国家间的人文交流不仅是人文领域的交流与对话，其本质上是为一国塑造良好的国际形象，获取国际舆论的理解和支持服务的，是为了渐进地实现国家文明推广战略。

三　对国际关系的影响

人文交流是文化领域中相关内容的传播、交流与沟通，在政府和民间的双重推动下，以塑造文化认同、促进文化融合为目标，增进国家间的相互理解与支持，是除政治合作、经济合作之外增进各国人民相互了解、友谊与合作的第三支柱。与政治和经济等层面的交流相比，人文交流具有基础性、先导性、广泛性和持久性等特征，它比政治交流更能深入民心，比经贸交流影响更久远，是人们连接心灵和沟通情感的纽带，是国家间增进理解与信任的桥梁。人文交流合作已经成为推动国际关系发展的一个重要杠杆，越来越多的国家重视其在对外交往时发挥的积极而温和的作用。

从国际政治社会学的角度看，不同民族、国家间的人文交流是国际社会交往的一种方式，尽管这种国际交流有着丰富的形式和内容，但是实质上从属于国际政治生活。首先，国际政治的主体已经扩大到包括个人、社会组织和政府间国际组织在内的各种类型的国际关系行为体。其次，国际社会的政治化与国际政治的社会化一样，已经发展到相当高的程度。国际社会的活动领域不再是高级政治的领域，还涉及经济、民生、文化等低级政治领域，这些领域的变化都影响着国际权力的分配。再者，人文交流直接影响国际沟通的结果，影响区域治理乃至全球治理的效能，并在一定程度上反映了当事国的软实力。

如上所述，中外人文交流有着广泛的内涵，但在当下中国改革开放的语境内有着特定的语义，带有明显的人文外交色彩。这主要是因为，"2.0版"的国家对外开放指向全面的开放，"一带一路"倡议和参与全球治理要求加快转型，包括由经济基础的交往向社会层面的交往转型，由硬实力的竞争向软实力的竞争转型，由物的开放向人的开放转型，其核心特征是社会的开放。而社会的开放，不是所谓自由的或者无序的人员要素的流通，而是要形成有序的、有引导的、递次开放的格局。在现阶段，首先急需大量有组织的中外人文交流，以上述的组织模式带动自发模式，促成中外教育交流、科技交流、文化交流和青年人员交流的大发展，推动形成生机勃勃的对外开放局面。这样，中外人文交流就历史性地被赋予了一种外交使命。这种使命的目标是，发挥中国新时期软实力外交的生力军作用，在为政治外交和经济外交服务的同时，形成独立的社会化交往力量，在增进理解、增进信任和增进友谊方面发挥作用，为中华民族伟大复兴和参与全球治理体系建设创造有利的国际环境，奠定社会民意基础。

在当今世界，人文无处不在，渗透在政治、经济、社会等各个方面。人文是一种无形的力量，它对国际关系的影响通过政治、经济、军事等有形载体发挥作用。在国际关系领域，国与国之间出现对立与冲突，大多是不同人文之间碰撞的结果。塞缪尔·亨廷顿认为，"在冷战后时代的新世界中，冲突的基本源泉将不再首先是意识形态或经济，而是文化……全球政治的主要冲突将发生于不同文化的国家和集团之间。文明的冲突将主宰全球政治。"[①] 在亨廷顿看来，文化和文明是国际冲突的首要原因。因此，要最大限度地减少因文化、观念的差异而导致的冲突，这需要通过加强人文交流来弥合。正是基于这点，各国在对外交往中，把人文交流纳入国家对

---

① 〔美〕塞缪尔·亨廷顿：《文明的冲突与世界秩序的重建》，周琪等译，新华出版社，1999，第136页。

外关系的重要领域。

在国际关系中，建构主义认为观念不仅影响国家行为体的各种动机，还影响国家之间的认同①。建构主义所指的观念是共有观念，即文化。一个国家的行为在很大程度上受到它对自身以及其他国家的历史和文化等方面看法的影响。一国的国际形象不仅建立在军事实力上，更重要的是建立在他国对其身份的积极认同上。当一种观念被足够多的国家接受时，它就会成为一种在国际社会通行的观念。持相同观念的国家之间容易获得彼此的信任和认同，容易开展合作，也更容易受彼此的影响。从建构主义的角度来说，人文交流就是要在国际社会建构一种观念上的认同，并尽可能地让更多国家的民众接受这一观念。建构主义强调非政府行为体对共有观念的建构作用。比如，中国在开展人文交流时，可依靠社会和民众的力量，通过民众的友好往来和文化价值观念的吸引力，激发他国对中国的认同，改善国家的国际形象。因此，通过人文交流，向外国传播中国的文化信息和价值观念，可以激发他们对中国人文思想的认同，建构起中国与他国之间积极友好的信任与合作关系，有助于实现和谐世界的理念。

四　中蒙俄人文交流的现实意义

2019年5月15日，亚洲文明对话大会在北京隆重开幕②。习近平在主旨演讲中指出，当前，世界多极化、经济全球化、文化多样化、社会信息化深入发展，人类社会充满希望。同时，国际形势的不稳定性更加突出，人类面临的全球性挑战更加严峻，需要世界各国齐心协力、共同应对。应对共同挑战、迈向美好未来，既需要经济科技力量，也需要文化文明力量。中蒙俄经济走廊跨度大、地域广、人口多、文化差异大，多民族、多宗教，政治立场、利益诉求等都存在差别，这就决定了在中蒙俄经济走廊建设过

---

① Spiro, J., "Knowledge Representation, Content Specification and the Development of Skill in Situation-Specific Knowledge Assembly: Some Constructivist Issues as They Relate to Cognitive Flexibility Theory and Hypertext", *Educational Technology*, 1991, pp. 22–25.

② 《亚洲文明对话大会2019北京共识》，新华网，http://www.xinhuanet.com/world/2019-05/24/c_1124539189.htm。

程中，与技术、设施、规划等因素相比，思想认识是最大的挑战，加强中蒙俄的人文交流具有重大的现实意义。

第一，夯实经济建设的社会根基。党的十八大报告首次提出，将扎实推进公共外交和人文交流，并把公共外交和人文交流提升到夯实国家关系、发展社会基础的高度，其中人文交流的作用极为关键[①]。换言之，大力开展以信息、文化、艺术、教育、体育、旅游等为主要内容的人文交流，对于夯实经济建设的社会根基具有极为重要的战略意义。民心民意对于地区和平与发展的影响越来越突出，民众的广泛支持，包括对外交往对象国民众的广泛支持，是国家关系稳定发展和开展对外交往的社会基础。因此，要更好地建设中蒙俄经济走廊，关键在于加强人文交流。在国与国之间的交往中，人文交往是其他形式交往的基础。中国人需要更好地了解俄罗斯与蒙古国，同样它们也需要更好地了解中国。这就需要做到登高望远，立足全局，相互尊重，交流互鉴，采取积极态度和务实举措将人文交流提高到一个新的水平。总之，加强人文交流是中国与俄罗斯和蒙古国关系发展中的重要方面，是相互了解的重要途径，也是夯实经济建设社会根基的关键。通过人文领域的交流与合作，中国与俄罗斯、蒙古国人民对他国悠久历史、灿烂文化和经济发展成就的了解就会不断加深，就能够营造有利的社会和舆论氛围，巩固中蒙俄战略协作伙伴关系的社会基础。

第二，增进中蒙俄彼此之间的了解。国之交在民相亲，而民相亲则在于筑友谊，友谊则建立在相互理解之上。因此，只有更加重视中蒙俄的人文交流，增进各国人民之间的相互了解和认识，才能厚植中蒙俄友好事业的社会基础，也只有促进中蒙俄之间对彼此历史、文化、国情的深入了解，才能为彼此之间的理解构筑坚实的基础。国与国之间的相互理解既是开展人文交流的基础，更是开展人文交流的结果。例如，中国与俄罗斯的人文交流历史悠久，在良好的交流基础上，两国举办"国家年""国家语言年"等各项活动，在异彩纷呈的活动中，两国民族文化碰撞、融合，巩固了两

---

① 《胡锦涛在中国共产党第十八次全国代表大会上的报告》，人民网，http://cpc.people.com.cn/n/2012/1118/c64094-19612151.html。

国的友好关系。中国的文化传统始终坚持"己所不欲，勿施于人""以礼相待"等为人处世的基本道德原则，因而在三国交流交往中，中国会尊重其他两国的文化习俗与历史传统，将中国优秀传统文化更大范围地推向世界，使之与和平共处五项原则一样，成为增强各国互信、维护世界持久和平的重要原则。总之，增进联系和理解的实质就是构建相互理解的心灵之路，而开展人文交流无疑能为构建这一心灵之路提供坚实基础。

第三，促进中蒙俄之间的经济合作。实现中蒙俄人文交流的意义不仅在于"人文"本身，而且还在于人文交流能够促进经济合作，进而创造巨大的经济利益。加快推进包括人文交流在内的沟通合作，有助于加快区域经济一体化进程，进而加强区域经济合作，创造经济效益。以人文交流中的教育合作与交流为例，目前，依托教育服务的国际化正成为许多国家追求收益的重要策略。教育合作与交流的形式不仅包括以往的援助形式，更重要的形式是一种可贸易的产业。目前，在各国政府的主导策略中，越来越重视促使教育服务成为一种出口产业。在教育交流和合作战略中，教育服务贸易不仅成为许多国家增加贸易收入和促进贸易平衡的方式，而且在改变长期以来一直依托初级出口的贸易发展模式中也发挥着越来越重要的作用。因为教育事业作为一种特殊的知识密集型载体，一旦产业化，必然表现为具有高附加值特征，意味着一个类似商业运作机制的启动，从而对一国贸易发展方式的改变乃至贸易结构的优化升级，都有着极为重要的意义。再以人文交流中的旅游服务贸易为例，旅游服务贸易最直接的经济效应就是对外汇收支产生的直接影响。具体而言，入境旅游能够较好地为旅游接待国创收外汇，改善国际收支；而出境旅游可以向旅游目的地输出外汇，可以在一定程度上平衡一国的外汇收支情况，避免因外汇收支失衡产生的贸易摩擦。此外，旅游服务贸易还具有物质资本积累效应和人力资本积累效应，这两种效应对一国经济增长和进一步开展跨国经济合作均具有重要作用。再以人文交流中的文化产品互动和贸易为例，近年来的一些实证研究表明，文化产品合作与交流对于双边总贸易的发展具有明显的带动作用。究其原因，可能在于文化产品与一般的货物不同，其内含的文化特质具有无形性并可传播难以描摹的习俗风情，而诸如此类的内在特质一旦随着文化产品的跨界,在他国形成一定的消费市场和消费规模,必然会在一定程度上影响当地的消费偏好和消费习惯。这种"传染效应"对双边贸易的影响不仅在于文化产品本身需求的增长,更为重要的是,由于偏好具有相关性,还会带动其他一系列产品贸易的发展,以及规模的扩张。总之,实现中蒙俄良好的人文交流,对于促进中蒙俄之间的经济合作有着极为重要的意义。

第二节 中蒙俄国际人文交流的现状

一 文化领域

随着中蒙俄经济走廊建设的持续稳步推进,中蒙俄三国的人文交流合作日渐升温。2017年,中蒙俄三国人文交流活动频繁举行,国际老年人运动会在满洲里市启幕,"2017中国二连浩特中蒙俄经贸合作洽谈会"在二连浩特市召开,国际那达慕足球邀请赛在内蒙古师范大学开球,中蒙俄自行车邀请赛暨中蒙俄友谊骑行活动举行。同年9月,中蒙博览会上启动了内蒙古旅游暨"万里茶道"国际旅游推介,中国黄山市、蒙古国东戈壁省和东方省、俄罗斯克拉斯诺亚尔斯克边疆区旅游部门加入联盟,紧锣密鼓的行动标志着中蒙俄三国的务实合作正在加速。中蒙俄不断创新合作交流的形式和内容,搭建起一系列文化交流合作平台,这些举措不仅促进了中蒙俄三国教育科技及卫生文化事业的发展和繁荣,为跨境民族文化交流积累了丰富的经验,而且使三国间人员往来更为密切频繁,增进了相互之间的理解和信任。

(一)中国的"俄罗斯"年和俄罗斯的"中国年"

中俄两国政府以中俄世代友好和平的理念为指导,共同组织了多个各有特色的"国家年"活动,并以此作为中俄人文交流的主要抓手,为中俄战略协作伙伴关系的全面深化注入了新的动力。通过人文交流活动开展人文外交,使得中国成为俄罗斯民众心目中最友好的国家,中俄两国战略互信不断加深，各领域合作蓬勃发展，在彼此关切的重大问题上相互支持，在国际事务中保持密切沟通与协作。

2005年7月，中国国家主席胡锦涛在访俄期间与俄罗斯总统普京正式对外宣布，2006年在中国举办"俄罗斯年"，2007年在俄罗斯举办"中国年"[①]。这是中俄关系史上史无前例的重要举措，得到中俄两国元首的高度重视，并成立了组委会。中方组委会由全国人大、全国政协、中国驻俄罗斯大使、中央和国务院有关部委、有关地方政府、大型企业和社会团体等单位的领导组成。中俄双方举办200多项"俄罗斯年"活动，涵盖了政治、经贸、文化、教育、卫生、体育、传媒、科技和军事等中俄两国合作的各个领域。活动主要包括8个国家级大型活动项目和近200项其他项目。"中国年"以具有亲和力和感染力的方式，首次全方位地向俄罗斯民众介绍中国，让普通的俄罗斯民众亲身感受到一个真实的、开放的、友善的和具有活力的中国。2008年在两国轮流举办"俄罗斯文化节"和"中国文化节"、中俄教育合作周、中俄青少年交流周、中俄大学生艺术联欢节、中俄电影交流周等活动。丰富多彩的活动巩固了中俄友好的社会基础，加深了中俄两国的传统友谊，增进了两国和两国民众的相互了解、信任和认同，促进了中俄战略协作伙伴关系的发展和两国在多个领域的交流与合作，推进了世界的和平与发展。

（二）中国"俄语年"和俄罗斯"汉语年"

中俄互办"国家年"期间，600多项各种形式的文化和社会交流活动吸引了众多的两国普通民众，反响十分热烈。这使中俄两国政府认识到推进两国之间文化合作，增进人民间相互了解的重要性。两国政府一致同意在成功举办"国家年"的基础上，2009年在中国举办"俄语年"，2010年在俄罗斯举办"汉语年"。语言是承载文化的载体，同时也是不同民族和国家间交流对话的桥梁。中俄"语言年"涵盖文化、教育、媒体、戏剧和电影等各个人文领域，已远远超出了语言的范畴。2010年的俄罗斯"汉语年"

[①] 《中俄互办"国家年"活动成果丰硕》，中国网，http://www.china.com.cn/international/zhuanti/zegjn/content_9188748.htm。

在中俄有关部门的精心策划和组织下[①],实施了一系列影响深远的人文交流与合作项目,成为贯穿全年"汉语年"活动的亮点,如两国文化部主办的大型"中国文化节"、中国国际广播电台与俄罗斯多家媒体策划实施的"你好,中国!"、两国教育部主办的"汉语桥"俄罗斯大中学生汉语大赛、两国广电部门主办的"中国电影周"等。在"语言年"的推动下,中俄两国有越来越多的人开始学习对方的语言和文化,中国美食、中国功夫、中国哲学等中国元素越发得到俄罗斯民众的接受和喜爱。值得一提的是,在2009年俄罗斯还邀请了第二批中国四川、陕西和甘肃地震灾区的500多名中小学生去俄罗斯疗养;作为回应,中国在2010年邀请首批约500名俄罗斯中小学生来中国参加夏令营。这种青少年间的交流成为"语言年"活动的一个亮点。语言和文化的交流与合作促进中俄两国民众相互了解,使中俄"世代友好、永不为敌"的理念深入人心,激发了认同感,增进了双方的传统友谊,有效地巩固了两国的战略协作伙伴关系。

(三) 中蒙文化交流合作

进入21世纪以来,在两国关系不断发展,经济合作持续加强的背景下,中蒙之间的人文交流日益密切,呈现欣欣向荣的局面。2000年5月在北京举办了一场关于蒙古国艺术家的画展,蒙古国官方部门的领导出席了画展。2001年7月,中蒙政府签订《2001~2003年文化合作交流计划》,其内容主要为:两国将在民族文化、青少年教育等问题上,加强官方与民间层面的交流与合作[②]。2001年9月,蒙古国儿童音乐舞蹈团和铁路歌舞团分别在北京和内蒙古地区进行了演出。2004~2005年,中蒙分别举办了"蒙古文化周"和"中国文化周"活动,并以中国的天津、北京地区为"蒙古文化周"的试点,在一定程度上增强了两国人民对彼此文化的了解与认同[③]。

---

① 《中俄人文领域交流合作硕果累累》,光明网,http://epaper.gmw.cn/gmrb/html/2010-12/19/nw.D110000gmrb_20101219_3-08.htm。
② 《中蒙双边关系》,中华人民共和国驻蒙古国大使馆,https://www.fmprc.gov.cn/ce/cemn/chn/zmgx/t174828.htm。
③ 《中国同蒙古国的关系》,中国网,http://news.china.com.cn/2014-08/20/content_33291640_2.htm。

2007年7月,在中国青海省举办主题为"蒙古"的摄影展。2008年5月,在中国江苏省举办了由中国和蒙古国政府开展的主题为"天堂蒙古"的摄影展。2009年,在中国北京举办了以"蒙古"为题的美术展,中蒙双方艺术领域的相关人员出席了开幕式,并且做了两国特色的民族表演①。2010年3月,全球范围内的第九个中国文化中心在蒙古国乌兰巴托建立,旨在举办文化活动,加强民族交流和教育合作。2010年4月,蒙古国60余名青少年到中国参观学习,在一定程度上增加了蒙古国民众对中国的了解②。2011年7月,在中国四川省和北京市举办了中蒙共同保护非物质文化遗产会议,两国教育部及文化部相关领导出席会议,并展开了广泛的交流,签署了相关合作协定,共同保护"非遗"③。

中蒙确立战略伙伴关系以来,两国之间的人文交流也越发密切,官方层面的人文合作与民间交流持续升温。2012年,中蒙分别在北京和乌兰巴托设立"蒙古文化月"以及"中国文化月",极大地增加了两国人民对彼此文化和习俗的了解④。为进一步传播蒙古国文化,2012年3月,蒙古国在中国成立了蒙古国文化中心。2012年4月,蒙古国教育科学文化部部长访华,同中国文化部部长蔡武进行了会晤,双方就中蒙文化的有关问题展开了讨论,达成诸多共识,并提议建立文化合作机制⑤。2012年7月,在蒙古国乌兰巴托举行了中蒙第三次"非遗"保护会议,回顾了中蒙落实《保护非物质文化遗产公约》的情况,并进一步协商了未来相关项目发展的可能性,在一定程度上促进了两国在"非遗"保护方面的合作⑥。2013年2月,中

---

① 〔德〕恩赫其其格:《蒙古色彩——蒙古国艺术作品展》,《美术观察》2009年第5期。
② 《记温家宝总理出席乌兰巴托中国文化中心揭牌仪式》,中国政府网,http://www.gov.cn/ldhd/2010-06/03/content_1619536.htm。
③ 《中蒙联合保护非物质文化遗产合作机制领导小组会议在京召开》,央视网,http://news.cntv.cn/20110929/118907.shtml。
④ 《"中国文化月"开幕式在蒙古首都成功举行》,中华人民共和国驻蒙古国大使馆,https://www.fmprc.gov.cn/ce/cemn/chn/xw/t965250.htm。
⑤ 《蔡武与奥特根巴雅尔就加强文化交流合作交换意见》,中国政府网,http://www.gov.cn/gzdt/2012-04/13/content_2112925.htm。
⑥ 《中蒙联合保护非遗会议在蒙首都乌兰巴托举行》,中国网,http://cul.china.com.cn/yichan/2013-04/10/content_5864266.htm。

蒙举办青年文化交流会，推动了青年朋友的了解与交流。2013年9月，中国文化部部长蔡武率领中国代表团访问蒙古国，促进中蒙文化的深入了解与交流。这极大地加深了蒙古国人民对中国社会与文化的了解，增进了两国人民的友谊①。2014年，借助中蒙建交65周年和中蒙文化交流年的契机，中蒙之间的人文交流也变得频繁。中蒙儿童文化交流系列活动、中蒙友好交流知识竞赛、蒙古国学生汉语语言文化类系列比赛、中蒙两国互办文化周、建交65周年学术研讨会、两国代表团互访等活动相继举办，将中蒙人文交流推向了一个新的高潮。2015年10月，中蒙联合举办的博览会在呼和浩特盛大开幕，中蒙两国副总理出席开幕式并发表主题演讲②。中蒙之间的了解与交流，巩固了中蒙友好合作的民意基础，加强了中蒙之间各层次的文化交流，同时也实现了"文化搭台、经贸唱戏"的目标。此次博览会是加强中蒙乃至亚太地区经济合作和文化交流的一个成功范例。2018年1月，在北京成功召开了中蒙人文交流共同委员会第一次会议，会上中国外交部副部长孔铉佑同蒙古国国务秘书达瓦苏伦对两国人文领域展开全方位交流，就2018年人文领域的交流合作进行商讨，并通过了《中蒙人文交流共同委员会第一次会议纪要》，此次会晤继续推动两国人文领域的不断发展③。

二 教育领域

（一）中俄教育交流合作

中俄两国人文交流的合作领域不断扩大，合作内容不断丰富。目前中俄教育交流已呈现交流渠道多样化、交流内容多元化等特点。

中国对俄罗斯的研究可以追溯到清朝后期，但是"俄罗斯学"作为独立学科的提出则是在21世纪之后。21世纪以后随着中俄关系的升温，中国

---

① 《蔡武率中国政府文化代表团访问蒙古国》，中华人民共和国驻蒙古国大使馆，https://www.fmprc.gov.cn/ce/cemn/chn/xw/t1085809.htm。
② 《首届中国—蒙古国博览会在呼和浩特隆重开幕》，中国共产党新闻网，http://cpc.people.com.cn/n/2015/1025/c64094-27737159.html。
③ 《中蒙人文交流共同委员会第一次会议在京举行》，中华人民共和国外交部，https://www.mfa.gov.cn/web/wjbxw_673019/t1529309.shtml。

出现了大量的"俄罗斯学"研究机构,并取得了诸多研究成果。中国社会科学院俄罗斯东欧中亚研究所是目前国内最大的对俄综合性研究机构,研究所对俄罗斯的政治、经济、文化、外交、社会等多个领域进行了深入研究,并取得了很多重大成果。中共中央编译局俄罗斯研究中心是中国的又一俄罗斯问题研究机构,中心从事有关俄罗斯及东欧历史与现状问题的研究,重点是研究当前俄罗斯经济、政治、社会领域中的重大现实问题及政党、思潮、流派的理论与实践,为中央决策和社会主义现代化建设服务。此外,中国很多省、市、自治区的社会科学院也成立了俄罗斯研究所或者俄罗斯研究中心,对俄罗斯的研究还广泛地分布在中国的很多高校中。

苏联解体后,由于俄罗斯国内经济和社会问题,俄罗斯的中国学研究一度低落。但是随着俄罗斯经济的复苏和社会的稳定发展,以及中国经济的崛起和中俄关系的快速发展,俄罗斯的中国学研究方兴未艾。目前,俄罗斯中国学研究机构可分为学术机构、教学和科研中心及独立研究机构三类。学术机构中以俄罗斯科学院下属的远东研究所、东方学研究所、东方学研究所圣彼得堡分所和俄罗斯科学院远东分院最为出名。其中远东研究所是目前俄罗斯研究中国问题最重要的机构,目前在所辖10个研究中心中有6个专门从事中国学研究,其中仅俄中关系研究中心就下设七大研究方向,几乎涵盖俄中关系的方方面面。俄罗斯高等经济学院开设汉语教学的"东方学"专业,入学竞争十分激烈。2018年,俄罗斯政府将远东联邦大学的"东方学和非洲学"方向招生人数从20人提高到120人[①]。此外,苏联解体后还出现了很多独立的非官方研究机构,如圣彼得堡东方学中心、莫斯科卡内基中心等。

留学教育不仅反映出国家间人文教育的交流状况,也能体现两国间的政治和经济关系。1992年之后,中国留俄人数急剧上升。这种现象的出现有国内和俄罗斯两方面的原因。首先,20世纪90年代初中国经济处于高速增长期,但是中国高等教育水平不能满足人们的需求,并且留学被认为是

---

① 《俄罗斯教授:"学汉语为生活增添色彩"》,人民网,http://edu.people.com.cn/n1/2019/0213/c1006-30641793.html。

很光荣的事，学费相对欧美国家低廉、教学质量好又不需要统一考试的俄罗斯就成了他们的首选。其次，苏联解体之初，俄罗斯国内经济状况恶化，政府对教育投入不足，为了学校的生存，它们扩大了自费留学生名额。由于自费留学渠道开通，中国自费赴俄留学人员大量增加。中俄留学交流的范围也不断拓宽，从2003年起中国教育部开始向俄罗斯派遣艺术类留学生。从2006年起，中国每年赴俄留学人员约1.5万人，其中90%为自费留学生。中国留学生最多的两个地区为莫斯科和圣彼得堡，近年来去俄罗斯远东地区留学的人数也不断增加。据统计，2016年中国赴俄留学人员已达到3万人，目前中国留俄学生就读语言专业的占总人数的70%~80%，理科生的比例还很低[1]。随着中国经济的高速增长，以及对外教育交流政策的完善，来华留学人数越来越多，其中俄罗斯来华留学人数逐年增长。来华俄罗斯留学生已从1997年的557人增长到2007年的7261人。这一方面得益于中国招收外国来华留学人数不断增长，另一方面是俄罗斯自身加大了派遣学生来华留学的力度。特别是中国举办"国家年"和"语言年"之后，来华留学人数得到了大幅度的增长。根据教育部来华留学生数据统计：2011年俄罗斯来华留学人数为13340人，居来华留学人数第6位；2012年俄罗斯来华留学人数为14971人，居第5位；2016年俄罗斯来华留学人数为17971人，居第6位；2018年俄罗斯来华留学人数达到19239人，居来华留学生人数第6位。来华俄罗斯留学生主要就读经济、人文、文化、技术和艺术等专业。可以预计，随着中俄关系的发展，两国间的留学教育将得到进一步的发展。中国和俄罗斯两国政府商定到2020年使双方留学人员总数达到10万人。

联合办学是中俄间教育交流的又一重要领域。2002年5月，莫斯科大学和北京大学联合研究生院成立，这是在中俄教文卫体合作委员会框架内建立的第一个中俄两国重点大学之间的联合研究生院。此外，清华大学、中山大学、北京外国语大学等10所学校在中国大使馆同莫斯科动力学院、莫斯科国立工艺设计大学、莫斯科语言大学等俄方高校签订集体合作协议。

---

[1] 《中俄人文交流跃上新台阶 在俄留学生人数中国排第三》，中国一带一路网，https://www.yidaiyilu.gov.cn/xwzx/hwxw/23164.htm。

协议内容涉及本科生培养、教学科研、师资交流等方面。此后，山东大学同喀山大学、黑龙江大学同远东大学也建立了联合研究生院。此外，中俄间还经常举办"中俄大学校长论坛""中俄大学生艺术节""中俄中小学生夏令营""中俄中小学生冬令营"等形式的交流活动，丰富了中俄教育交流的内容。

语言是交流与沟通的工具，因此中俄两国政府都非常重视对对方语言的学习。随着中俄关系的迅速发展，两国政府都意识到了语言教育和教学这个问题。教育的关键在于教学，因此在两国政府的支持和教育部门的努力下，分别在对方国家成立了教学中心。2005年11月，中俄签署了关于相互支持学习对方语言的政府间协议。这一协议的签订为俄语和汉语的学习打开了方便之门。在对方国家推广本国语言教育和教学是中俄两国教育交流的一种重要形式。2019年，俄罗斯43个地区的289名考生已报名参加全俄统一汉语科目考试。全俄统一考试既是俄罗斯中学毕业考试，也是高校入学考试[①]。俄罗斯中学生2019年将首次可以参加统一汉语考试，汉语也成为继英语、德语、法语和西班牙语之后的第五门全国统考外语科目。据俄罗斯教育部门统计，该国学习汉语的人数增长迅速，1997年约为5000人，2017年已经达到5.6万人。据统计，目前俄罗斯汉语学习者中约有31%是中小学学生。近20年来，培养汉语人才的俄罗斯大学数量显著增加。1997年开设汉语课的大学有18所，2017年已达179所。孔子学院是中国在世界各地设立的旨在推广汉语、传播中国文化、开展汉语教学、宣传中国国学的教育、文化交流机构。根据中国汉办官网统计，截至2013年9月，中国在俄罗斯已建立18所孔子学院和4个孔子课堂。孔子学院积极在俄罗斯开展汉语教学、开展汉语考试、提供中国文化教育等信息咨询、开展中俄语言文化交流活动。值得一提的是，孔子课堂不仅向本校学生开设汉语课，还为俄罗斯科学院的人员开设汉语课，并且面向当地的中小学、企业和社区开设汉语课。孔子学院和孔子课堂已成为在俄罗斯学习汉语的重要

---

① 《俄罗斯首次举办俄国家统一考试汉语科目考试》，人民日报海外网，https://baijiahao.baidu.com/s?id=16296873008740096200&wfr=spider&for=pc。

基地。2007年6月21日，俄罗斯总统普京授权成立俄罗斯世界基金会，基金会的主要宗旨是在国外推广俄语和俄罗斯文化，支持国外的俄语教学与研究。中国教育部在2010年进行的全国性普查显示，目前国内有126所本科高校开设俄语课程。2009~2010年，全国有19354名本科俄语在校生，加上其他俄语专科学校、成人教育学校等其他教学机构的俄语学生，每年在校生在3万人左右。根据俄罗斯教育与科学部社会研究中心2010年的统计数据，在俄罗斯总计有超过2.6万人学习汉语。其中，中小学生大概有1.1万人，俄罗斯的137所大学中有14700名本科生和研究生学习汉语。

（二）中蒙教育交流合作

1952年，中蒙两国便开始了教育交流。20世纪50年代，周恩来总理和朱德副主席相继出访蒙古国，极大地促进了两国关系的发展。20世纪80年代末90年代初，蒙古国为了自身发展的需要，主动加强同中国之间的交流。到目前为止，中蒙双方签署了多项关于教育的协议、协定和计划。

中蒙关系正常化以来，两国校际合作交流开始发展并不断深化。内蒙古自治区内主要高校与蒙古国相关高校建立了校际交流合作关系，在学生培养、教师进修、学术交流和科研成果转化等方面进行了卓有成效的合作。在两国互派留学生方面，2000年在中国的蒙古国留学生不足百人，2005年内蒙古人民政府与蒙古国教科文部签署《关于接受蒙古国留学生来华学习和派遣汉语教师赴蒙古国任教的协议》[1]，根据协议，内蒙古政府面向蒙古国专门设立全额政府奖学金，每年资助100名蒙古国学生在内蒙古地区高校学习。从2008年开始，每年又增加招收80名享受国家奖学金的博士和硕士研究生。之后蒙古国来华留学生便开始以几何数字增长，2016年蒙古国来华留学生8508人，到2018年留学生人数已达10158人。当前内蒙古已有30所大中小学校具备接受蒙古国留学生的条件和资格，内蒙古二连浩特市借助与蒙古国邻近的区位优势，近年来已累计培养蒙古国中小学留学生3000多名，二连浩特国际学院还与蒙古国国立教育大学和国立大学开展本科"2+2"培

---

[1] 《首届内蒙古自治区人民政府奖学金蒙古国留学生毕业典礼在我校隆重举行》，内蒙古师范大学，http://office.imnu.edu.cn/n363c15.jsp。

养项目。此外,随着"汉语热"升温,中国孔子学院不仅每年派遣汉语教师赴蒙古国教授汉语,内蒙古也成为蒙古国中小学生学习汉语的最大留学基地。在两国合办孔子学院方面,2007年6月,山东大学与蒙古国国立大学创办了第一家蒙古国孔子学院,之后2015年9月,东北师范大学和新疆职业大学又相继与蒙古国教育大学和蒙古国科布多大学创办了两家孔子学院。三家孔子学院的创办,为中蒙两国在教育领域的合作交流提供了直接平台,对推进两国民众沟通、交流和理解都起到了重要的促进作用。

三 旅游领域

(一) 中俄旅游交流合作

随着全球化的不断发展,跨国旅游吸引着越来越多的普通民众。跨国旅游不仅能够带来丰厚的经济效益,还能够增加两国间民众的相互交流与了解。中俄间的良好关系为双方民众的跨国旅游奠定了良好基础,同时两国民众的跨国旅游又会促进中俄关系的良性发展。

2000年2月29日,两国签订了《中华人民共和国政府和俄罗斯联邦政府关于互免团体旅游签证的协定》,为中俄两国居民赴对方国家旅游提供了签证上的方便。2005年,中国国家旅游局同俄罗斯旅游部门签订了关于中国公民组团旅游的组织实施办法谅解备忘录,从当年8月25日起俄罗斯正式成为中国公民旅游目的国,正式开启了中国居民赴俄旅游。2011年10月11日,中俄两国政府共同签署了《关于修改1993年11月3日签订的〈中华人民共和国政府与俄罗斯联邦政府旅游合作协定〉的议定书》,要求两国游客赴对方国家旅游时,应持有医疗救助保险。2016年1月1日,符拉迪沃斯托克自由港实施8天免签证制度。2017年8月1日,实行免费电子签证制度,不需要提交邀请函、宾馆订单和俄罗斯联邦出行证明,就可在符拉迪沃斯托克的2处口岸入境。自2018年1月起,电子签证将在俄罗斯远东地区的11个边检站生效。简化签证入境,鼓励中国公民在俄罗斯远东地区开展旅游活动。

中俄两国政府间签订的相关协定,规范了两国的跨境旅游市场,为中俄旅游合作的展开奠定了坚实的基础。对于中国旅游业而言，俄罗斯是继美国、越南、日本和韩国之后的第五大客源国。然而，最近几年卢布疲软减少了俄罗斯人出国旅游的热情。据国家旅游部门的数据，2015 年，到中国旅游的俄罗斯游客数量减少了 22.7%。但是 2016 年又出现了反转，在俄罗斯游客到华旅游连续 4 年都呈下降态势后，2016 年首先出现增长。2016 年 1 月，14.42 万名俄罗斯游客到访中国，比 2015 年同期多出 46.9%。2008 年俄罗斯来华游客人数 2059326 人，是中国第 2 大客源国；2009 年俄罗斯来华游客人数 999202 人，是中国第 3 大客源国；2010 年俄罗斯来华游客人数 1440364 人，是中国第 3 大客源国；2011 年俄罗斯来华游客人数 1502344 人，是中国第 2 大客源国；2017 年俄罗斯来华游客已达到 3119000 人，又创新高。2009～2017 年中国入境游数量如图 7.1 所示。

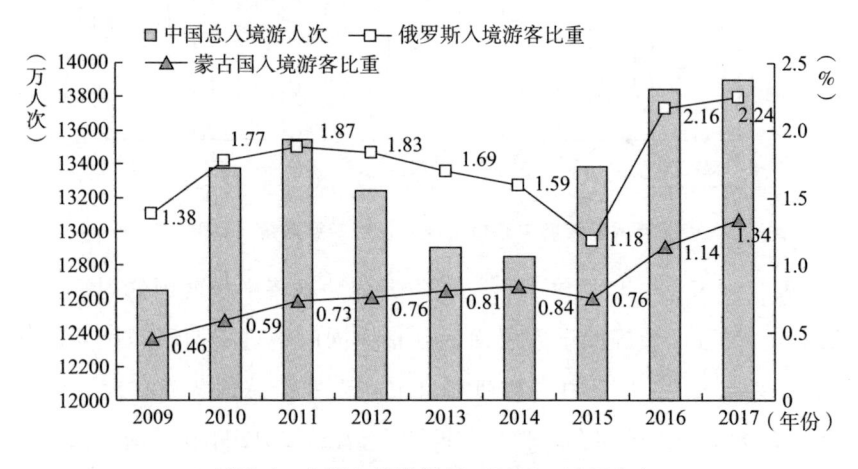

图 7.1 中国入境游数量（2009～2017 年）

数据来源：中国国家统计局、Wind。

越来越多的中国游客选择冬季赴俄旅游，2000～2014 年俄罗斯入境游客数量及中国游客所占比重如图 7.2 所示。2018 年，中俄两国互相前往对方国家的游客数量超过 300 万人次，其中通过团体免签方式赴俄中国游客数量首次超过 100 万人次。中国游客的旅游目的地不局限于莫斯科、圣彼得堡和贝加尔湖，还包括俄罗斯北部地区等。2019 年 3 月，第七届中俄旅游论坛在莫斯科举行，论坛旨在促进两国人文交往，扩大和加强双方旅游商务合作。根据俄方统计，2008年中国赴俄旅游人数为127155人，是俄罗斯第6大客源国；2009年中国赴俄旅游人数为115870人，是俄罗斯第5大客源国；2010年中国赴俄旅游人数为158016人，是俄罗斯第3大客源国；2011年中国赴俄旅游人数为234127人，是俄罗斯第2大客源国；2014年，中国赴俄罗斯人数达到1125098人。现在中俄已互为对方最重要的客源国之一，两国旅游业的合作和交流也趋于多样化。

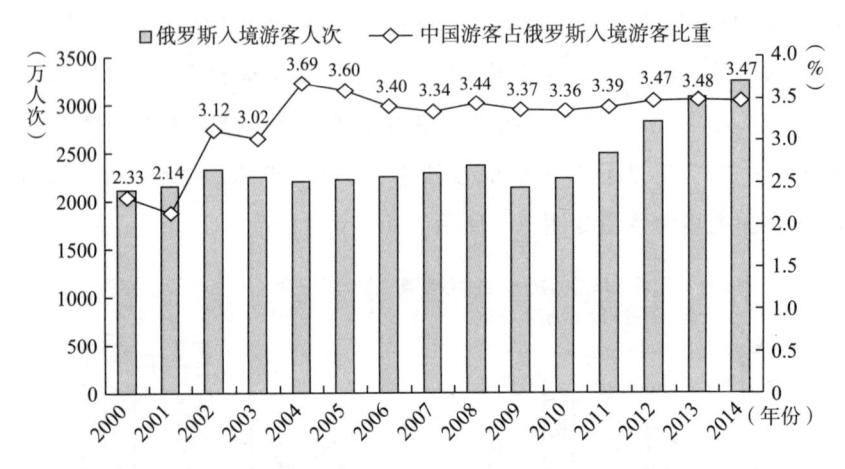

图7.2 俄罗斯入境游客中来自中国的入境游客数量（2000~2014年）

中俄"国家年"和"语言年"的举办成功地将中俄两国的国家形象展现给对方，增强了两国间国家层面的互信，同时增进了两国间民众的交流和了解。2011年10月，中国总理温家宝与俄罗斯总理普京在北京签署的《中俄总理第十六次定期会晤联合公报》中指出：2012年在中国举办"俄罗斯旅游年"，2013年在俄罗斯举办"中国旅游年"。"旅游年"活动举办期间，中俄两国高层互访频繁，加强了旅游、文化、经贸、教育等领域的联系，使得边境及区域旅游的合作更加广泛[①]。"旅游年"活动让俄罗斯民众深入了解中华文明，亲身感受到当地的民风与民俗，了解到中国深厚的历史文化传统和最新的发展状况，从而增进中俄的民间交流与理解。

"旅游年"活动对于中俄关系具有重大意义。首先，旅游是两国民众了

---

① 《温家宝与普京举行中俄总理第十六次定期会晤》，中国政府网，http://www.gov.cn/jrzg/2011-10/11/content_1966445.htm。

解对方国家传统、文化、自然环境最直观的方式，双方国家现在的发展状况能够通过旅游直接展示给游客。其次，旅游是扩大民间交往、增进相互了解和友谊的最自然、最有效方式。最后，在经济上，旅游能够带来不菲的收入，同时也能促使两国相互发现商机，加强旅游领域的相互投资。

（二）中蒙旅游交流合作

中蒙两国人民的友谊交往源远流长。自两国建交以来，双方在政治、经济、科技、文化方面加强合作与交流，睦邻友好关系不断提升，经贸合作也迅速健康发展起来。2014年，中蒙两国确立了全面战略合作伙伴关系。随着中蒙睦邻友好关系的顺利发展，双方的旅游业合作领域也不断拓宽，中蒙两国旅游者跨境旅游的热情逐年增加。近几年，两国的旅游收入逐年递增，旅游收入对两国国民经济的贡献率也逐渐提升。值得一提的是，中蒙旅游合作有着广泛的现实基础和广阔的发展空间，旅游合作将逐渐成为两国经贸合作关系的重要组成部分。在抵御国际金融危机的影响，发挥旅游业对国民经济的促进作用等方面，中蒙加强旅游合作具有重要意义。

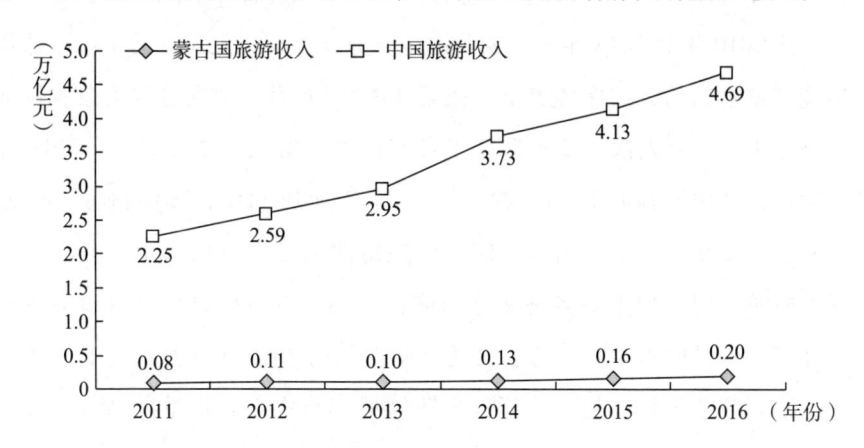

图 7.3 中蒙两国旅游收入情况（2011~2016年）

资料来源：中国国家旅游局、蒙古国统计局、Wind。

旅游交流的收入情况可以反映两国旅游交流的深度。从图 7.3 可以看出，2011~2016 年中蒙两国旅游总收入持续稳定增加。其中中国的旅游总收入从 2011 年的 2.25 万亿元增长到 2016 年的 4.69 万亿元，增长幅度达到 108%。截至 2017 年 6 月，中国的旅游收入已达 2.54 万亿元，基本保持了强劲的增长势头。同时蒙古国的旅游总收入也保持了良好的增长势头，从 2011 年的 0.08 万亿元增长到 2016 年的 0.2 万亿元，增长幅度高达 150%。

图 7.4 蒙古国入境游客数量（2010～2018 年）

旅游交流的人数情况可以反映出两国旅游交流的广度。对图 7.4 的数据进行分析可以看出，在蒙古国的入境游客中，中国游客和俄罗斯游客占 50% 以上。从 2010 年到 2018 年，中蒙两国旅游业持续高速发展。其中中国旅游者出境到蒙古国的人数保持稳定，截至 2017 年 6 月，中国游客去蒙古国旅游的已达 14.25 万人次，基本保持了良好的增长势头。数据显示，2018 年蒙古国接待外国游客近 53 万人次，比 2017 年增加 11%，其中超过 30% 是中国游客。多年来，中国始终是蒙古国旅游业的最大市场。2019 年，乌兰巴托市旅游部门计划组织多场文化和体育活动，以吸引更多来自世界各地的游客，特别是中国游客。乌兰巴托市旅游部门 2019 年 4 月下旬赴中国内蒙古自治区呼和浩特、包头、鄂尔多斯等城市与中方合作举办乌兰巴托文化和旅游日活动。蒙古国发展旅游业的目标是到 2020 年接待 100 万人次外国游客，旅游收入达到 10 亿美元。同时蒙古国游客出境到中国的人数也保持了稳定的势头，截至 2017 年 6 月，蒙古国出境到中国的游客人数已达 21.7 万人次，基本保持增长势头。即使是在 2013～2015 年，由于全球经济危机，全球的旅游产业受到影响的条件下，中蒙两国旅游互访人数仍没有大的衰减。因此，从两国旅游者的出境势头来看，中国和蒙古国的旅游者的旅行意愿较强，为两国在旅游业方面的合作与发展提供了良好的基础。

四 科技领域

(一) 中俄科技交流合作

俄罗斯由于继承了苏联 70% 以上的科技遗产，科研综合实力依然位居世界前列，当前俄罗斯国内科研力量主要集中在科学院系统、工业部门设计研究系统和高等院校科研系统三个领域，此外还有实力同样出众的工程院系统。中俄两国的科技合作，最为人所熟知的事件是 20 世纪 50 年代苏联援助中国的"156 工程"。苏联解体后，中俄两国于 1992 年开始恢复中断多年的科技合作，签订了《中俄政府科技合作协定》，为两国日后的科技合作奠定了基础。2017 年 6 月，协议双方俄罗斯斯科尔科沃基金会和中国启迪控股股份有限公司共同签署了《中俄高科技中心框架协议》，并就在斯科尔科沃创新中心园区共建中俄高科技中心达成共识，该中心将成为中国高科技产品和成果在俄罗斯的展示窗口，从而迈出了双方在科技合作领域的重要一步[1]。2018 年 4 月，第三届"一带一路中俄科技与创新浦俄国际论坛"在上交会俄罗斯馆举办，主要以中俄科技成果发布为主题，签约了多个科技合作项目，并就一些科技创新项目进行了有效对接与洽谈，两国科技合作在"一带一路"及大欧亚伙伴框架下的前景将十分广阔[2]。

中俄两国的科技合作以中国引进俄罗斯的高新技术为主，两国一直在国家间、地方间、企业间、高校科研院所间等多个领域相继开展科技合作项目，并取得了诸多成就。中国通过与俄罗斯的科技合作，解决了很多高新技术难题，缩短了研发周期，填补了技术空白，打破了西方技术垄断和封锁，缩短了与世界先进水平的差距。例如，合成孔径雷达、核电技术、6000 米水下机器人、受控热核聚变超导托卡马克装置、转基因羊和大功率

---

[1] 《"一带一路"科技合作：诚意带来成果》，人民网，http://scitech.people.com.cn/n1/2017/1212/c1007-29700564.html。
[2] 《第三届"一带一路中俄科技与创新浦俄国际论坛"携手上交会成功举办》，上海市浦东新区生物产业行业协会，http://www.spbia.cn/Article/201804/201804260001.shtml。

激光器、深海载人潜水器、激光武器、雷达、空间技术、卫星导航、新材料、同步辐射光源等多个项目、多个领域达到了世界先进水平，同时也有效带动了中国高新技术产业的发展。此外，中俄两国还在多个城市联合建立了科技园、创新园、技术园等，如浙江巨化中俄科技园、烟台中俄高新技术产业化合作示范基地、长春中俄科技园、黑龙江中俄科技与产业化合作中心、莫斯科中俄友谊科技园等，加强科技交流，不断提升合作层次，进而实现合作共赢。

（二）中蒙科技交流合作

1987年，中蒙恢复了中断20多年的科技交流。从2004年开始，迄今已连续举办了14届的"中国（满洲里）北方国际科技博览会"，已成为当前中蒙俄毗邻地区规模最大、层次最高、影响最广、特色突出、主题鲜明的科技成果及高新技术产品展示会，为中蒙俄毗邻地区的科技交流搭建了重要平台，使三国的科技及经贸交流与合作逐步深化，取得丰硕的成果。累计参展国内外企业9600多家，参展项目31000多项，签订合同及协议近960项，协议金额达320亿元，参观和洽谈的客商43万多人次。2014年以来，内蒙古科技厅已连续举办4届"中国新丝绸之路·锡林郭勒草原畜牧业创新品牌展示交易会"，不但有利于提升内蒙古畜牧业产品的知名度和美誉度，而且也为发挥好科技支撑引领经济发展和畜牧业转型升级做出了突出贡献。2017年9月召开的第二届中蒙博览会国际科技合作与产业化论坛上，围绕国际科技合作与产业转型升级、国际科技人才与合作平台共建、国际科技合作政策与经验交流等议题开展了深入研讨，并签署了《国际科技合作框架协议》《国际科技战略合作协议》《富勒烯科研与产业化国际科技合作框架协议》《在蒙建立可再生能源研究中心和发电系统生产线项目协议》4个国际科技合作项目[①]。

内蒙古自治区与蒙古国的科技合作由来已久，多年来一直作为中国的排头兵与蒙古国开展科技合作交流。2005年内蒙古科技厅与蒙古国科技基

---

① 《第二届中蒙博览会·国际科技合作与产业化论坛在呼和浩特市举行》，中华人民共和国科学技术部，http://www.most.gov.cn/dfkj/nmg/zxdt/201709/t20170928_135144.htm。

金委员会在乌兰巴托举办了科技展，达成了总计超 1 亿元的 16 项合作协议，并签署了《内蒙古自治区政府与蒙古国科技合作框架协议》，从而开启了双方科技交流合作的序幕。2012 年和 2014 年先后召开了"中蒙科技合作与交流座谈会"，内蒙古农牧科学院与蒙古国草业协会启动了"蒙古高原绒山羊高效生态养殖技术模式联合研究"项目。2014 年，引进两名蒙古国院士进入鄂尔多斯鄂托克前旗北极神绒牧业研究所成立的"蒙古高原绒山羊高效生态养殖研究院士专家工作站"；内蒙古师范大学与蒙古国科学院和乌兰巴托大学达成了多项科技合作共识；内蒙古科技厅通过实施《内蒙古国际科技合作能力及创新平台建设》科技项目，对蒙古国稀土、有色及黑色矿等资源探测提供帮助，探索国际科技合作新模式，寻求并拓展新的科技合作领域。2015 年，内蒙古对外科技交流中心承接了蒙古国实施的"蒙古国草原畜牧业科研试验示范基地建设""蒙古国边远牧区户用可再生能源发电试验示范""中蒙小型风力、太阳能发电机推广应用"等科技援外项目，并针对中蒙科技合作的相关领域承办了 6 期专题培训班，总计培训了 100 多名蒙古国学员。此外，在中国科技部与内蒙古自治区科技厅的组织推动下，内蒙古高校和科研院所与蒙古国畜牧业及延伸产业开展了诸如传统医学、草原生态保护、畜牧学、矿产研究领域等上百个科技合作项目，取得了多项重要研究成果[①]。

五　医疗卫生领域

（一）中俄医疗卫生交流合作

1992 年 10 月，俄罗斯布拉戈维申斯克卫生代表团访问黑龙江省黑河市中医医院，主要考察中医药的应用，由此开了中国中医医院对俄交流的先河。2000 年 12 月，中俄两国组建了中俄双边"教文卫体合作委员会"，并成立了卫生分委会，规定将鼓励两国医疗机构、医学院校、研究机构、公

[①] 《内蒙古自治区与蒙古国科技合作概况》，人民网，http://nm.people.com.cn/n/2015/1021/c373560-26871543.html。

共卫生机构、传统医学中心以及药品和医疗器械生产企业开展直接合作。中俄卫生分委会每年召开一次例会，轮流在中俄两国举行，就传染病防治、疗养康复医疗、传统医药合作、药品流通监督管理、灾害医学、边境地区卫生防疫合作等议题进行讨论，并不断扩大和深化务实合作[①]。2001年10月，在北京召开了"首届中俄传统医药研讨会"。2004年，黑龙江中医药大学与俄罗斯阿穆尔国立医学院共同创办了"中俄药学论坛"，每年举办一届，2007年第四届开始更名为"中俄生物医药论坛"，至今已举办了14届。2006年以后，中医安全、健康和绿色的治疗理念开始逐渐被越来越多的俄罗斯人所接受，尤其是将传统的针灸、推拿和药敷等中医治疗手段结合西医的现代神经康复技术，其疗效得到认可，从俄罗斯到中国来就诊的患者逐渐增多。2014年和2015年，黑龙江省黑河市中医医院组建代表团赴俄罗斯阿穆尔州布拉戈维申斯克参加"阿穆尔国际洽谈会"，宣传中医文化，展示诊疗特色，让更多的俄罗斯人领略中医的神奇魅力。

2014年7月，中俄医科大学联盟在哈尔滨医科大学成立，当前已有106所知名医学院校加盟，是两国间成立的规模最大、参与面最广的合作联盟，为两国医科大学的交流合作搭建了信息技术平台，也为两国医药卫生领域的合作交流架起了桥梁[②]。同时，在哈尔滨医科大学建立了中俄医科大学研究中心，包括15个研究所和17个学科分会。几年时间内，双方医学生互换交流5000多人，举办近50次国际会议，签署近40项合作协议。2016年7月，"北京中医药大学圣彼得堡中医中心"正式成立，成为俄罗斯历史上第一家中俄合作的中医医院。2016年12月，由哈尔滨医科大学与圣彼得堡国立大学共同推进的"中俄生物医学联合研究中心"正式在哈尔滨成立，双方同时签署了谅解备忘录，中心成立后将在药理学、肿瘤学、地方病学、病理学等领域开展合作，在"一带一路"框架下不断扩大两国医疗卫生领

---

① 《中俄人文交流机制简介》，中国教育国际交流协会，http://www.ceaie.edu.cn/zhongourenwenjiaoliu/1273.html。
② 《中俄医科大学联盟成立三年成员单位扩大至106所》，人民网，http://hlj.people.com.cn/n2/2017/0616/c220024-30339415.html。

域的交流合作①。

(二) 中蒙医疗卫生交流合作

蒙医药学作为蒙古民族的原创医学，其传承发展至今已经历了 2700 多年，在蒙古民族繁衍生息的过程中发挥了巨大的作用，蒙古国至今一直主要用蒙医药开展医疗服务，在当地有着深厚的群众基础。中蒙关系恢复正常化以后，从 20 世纪 90 年代开始，蒙古国每年有 2 万~3 万人专程来内蒙古地区就医，且绝大多数看蒙医、用蒙药，就此播种下了中蒙两国传统蒙医药合作交流的种子。2012 年 4 月，内蒙古自治区呼和浩特市成立了"内蒙古国际蒙医医院"，为蒙医药交流合作进一步搭建了平台②。不仅如此，内蒙古对蒙古国开设的 18 个口岸也积极为蒙古国公民提供绿色就诊通道并适当减免医疗费用，二连浩特市先后与蒙古国立医科大学等 5 所医疗机构建立了协作关系，在蒙医药研究、传染病预防、互派医疗人员开展学术交流等方面建立了长效机制，通过给予蒙古国民众看病就医"市民待遇"、对前来就医的蒙古国患者减免 1/5 费用、免费开放体检等具体政策，每年接诊蒙古国患者 5000 多人次，受到蒙古国民众的欢迎和感激。在"一带一路"倡议与蒙古国"发展之路"倡议有序对接的背景下，两国在蒙医药交流方面的合作日渐升温，在传染病防控、传统医药、国际医疗等领域开展了广泛务实合作，取得了丰硕的成果。

在 2015 年召开的首届中蒙博览会上，来自中、蒙、俄、美等国的 500 余位蒙医药专家和官员学者畅谈蒙医药产业创新发展等领域的经验与探索，中蒙两国一致决定在乌兰巴托建立蒙医传统疗术中心，同时在中心开展蒙医临床诊疗和培训，并签署了《中蒙共建蒙医传统疗术中心合作协议》。在 2017 年召开的第二届中蒙博览会上，"蒙医药"已成为中蒙两国交流合作的

---

① 《我校与圣彼得堡国立大学中俄生物医学联合研究中心成立》，哈尔滨医科大学，http://hrbmu.cuepa.cn/show_more.php?doc_id=2245079。
② 《让蒙医薪传》，中青在线，http://zqb.cyol.com/html/2015-07/31/nw.D110000zgqnb_20150731_2-07.htm。

"亮丽名片"①。内蒙古蒙医药学术研究机构、医疗单位蒙药制剂室（54家）和蒙医药企业（18家）已有近一半与蒙古国相关单位建立了合作交流机制，并为蒙古国培养了300多名蒙医药方面的人才，双方还相互培育拟攻读蒙医药本科、硕士或博士学位人员。内蒙古自治区的两所蒙医医院被国家定为民族医药文化宣传教育基地，内蒙古还多次举办国际蒙医药学术交流和展览，进一步促进了蒙医药的对外交流，提升了蒙医药的国际知名度。两国还将协作研究自然、活性药物，实施科研技术合作计划，并研究制定国际认可的标准，研发世界医学领域认可的蒙药新药。通过上述两国在蒙医药领域的广泛交流合作，不仅提升了蒙医药的学术水平和医疗水平，为蒙古国公民提供了蒙医药医疗卫生服务，同时进一步增进了两国人民的友谊。

第三节 中蒙俄国际人文交流面临的问题

一 蒙古国经济发展水平较低

蒙古国近些年的经济发展取得了长足的进步，经济增长速度持续攀升，两国贸易额逐年增加，经济合作形式多样，中国已经连续多年成为蒙古国最大的贸易伙伴国与投资国。但受困于内在地理位置、经济社会结构等客观条件，蒙古国的经济发展水平较低。并且，蒙古国本身存在立法层面的缺陷，很多法律不全面、不系统，且政策缺乏持续性，投资环境较差。中蒙经济合作单一化。虽然蒙古国资源丰富，吸引了众多国家对其进行开发与投资，而且中国在蒙投资数量一直居首位，但投资行业及中蒙合作项目大多是一些初级原料加工、餐饮服务、小型资源开发等行业，缺乏大型的具有战略意义的资源项目，经济合作的方式较为单一，合作等级较低。

现存的蒙古国基本交通设施运输量小且选择路线单一，中蒙之间现行的边境通商口岸贸易受到极大程度的制约。此外，这些通商口岸存在工作

---

① 《商务部举行"第二届中国—蒙古国博览会"新闻发布会》，中华人民共和国国务院新闻办公室，http://www.scio.gov.cn/xwfbh/gbwxwfbh/xwfbh/swb/Document/1560138/1560138.htm。

效率低下、工作人员扯皮推诿等不利因素的影响,这也极大地影响着中蒙之间的正常贸易往来。在蒙古国国内市场中,中国企业由于缺乏足够的资金、技术等硬实力,出现了一些不诚信与欺诈行为,使蒙古国国内出现了一种反感的情绪,影响了中蒙之间的正常合作。同时,蒙古国民间也存在一些对中国存在误解的反华分子,加剧了中国投资的风险。

二 外部因素的牵制

在国际关系中,中小国家对大国的担心和疑虑是不可避免的。蒙古国是一个内陆国,与中国、俄罗斯两个大国相邻,为了分散风险与加快经济的发展,蒙古国同许多中国周边国家一样,倾向于做"多向"选择,采取"第三邻国""多支点"等外交政策,吸引美国、俄罗斯、日本、印度等国家参与到蒙古国事务中去。21 世纪以来,美国、俄罗斯、日本、印度等国为了获取在亚太地区更多的利益,积极加强与蒙古国的合作。印度自 20 世纪 90 年代初提出"东进"战略之后,就着力加强与东亚各国的关系。印度近年来不断加深与蒙古国各个领域的交往,印蒙逐步成为全方位的伙伴。一方面,印度意图通过与蒙古国的交往,谋取蒙古国在印度联合国"入常"问题上的支持;另一方面,印度一直将中国当作重要的竞争对手,希望通过与蒙古国的交好,对中国进行有效的制约。

从日本角度来看,由于本国自然资源匮乏及经济危机的影响,近年来日本的经济发展势头放缓。蒙古国拥有大量的资源且开发潜力巨大,日本希望利用其资金、技术等优势获取蒙古国丰富的资源为其经济发展谋求新的增长点。为此,日本每年为蒙古国提供大量无偿援助和优惠贷款。2009年日本向蒙古国提供 9 亿多日元的无偿援助,2015 年日本政府对蒙古国出口到日本的产品免除关税,获得了蒙古国民众及官方的支持与好感,提高了日本在东北亚地区乃至整个亚太地区的声望[1]。日本通过经济援助的手段换取蒙古国的政治支持,以实现谋取联合国安理会常任理事国合法席位的

---

[1] 《日本将向蒙古国提供 9.4 亿日元无偿援助》,环球网,http://world.huanqiu.com/roll/2009-07/523333.html?agt=15438。

目标。日本援助蒙古国还有一点不可忽视，就是利用蒙古国牵制中俄，缓解竞争压力，以实现主导亚太事务的目的。

美国作为世界上的超级大国，拥有他国难以企及的经济实力与军事实力。随着中国经济实力与综合国力不断提升，与周边国家往来密切，友好互信，在亚太地区的影响力有增无减，并且在国际热点事务中发挥着重要的作用。近年来，美国调整了对华战略，把中国定位为主要的"战略竞争对手"。在美国的支持下，蒙古国在2012年3月和10月相继加入北约及欧安会①。中美战略竞争的压力，无疑会向中国周边地区传导，并将加大某些地域、某些议题上的竞争态势。在国际秩序转型的过程中，大国之间的权力碰撞可能会有所加剧，这也强化了一些中小国家的担忧心理。对未来国际秩序转型的不安会对其与中国的合作产生现实影响，表现在即使本质上是互利共赢的合作，也会因担心形成对中国的过度依赖而放弃。

俄罗斯是当今世界唯一能与美国保证相互摧毁的超级核军事大国，其在中亚和中东拥有军事基地，在中亚、中东和欧洲都拥有准盟国，俄罗斯在独联体地区建立了地区军事同盟体系——集体安全条约组织。俄罗斯是欧洲和中东这两个世界权力的"心脏地带"的"超级玩家"，具有强大的博弈能力。因此，外部因素的牵制将会对中蒙俄经济走廊的建设产生不利的影响。

第四节　加强中蒙俄国际人文交流的政策建议

一　增强政治互信

对外政策行为是更有效、更有力、更容易被跨文化理解的语言。充分理解小国对国际秩序转型的担心，在行为和言语解释上保持耐心，避免冲动，保持合作的稳定性和可靠性，在周边外交践行过程中让周边国家受益，

---

① 《蒙古国宣布正式加入欧洲安全与合作组织》，中国广播网，http://china.cnr.cn/guantianxia/201211/t20121122_511388845.shtml。

并使其更好地了解和认识中国的政策目标、原则与行为方式，使其对相关理念、倡议形成与中国较为一致的理解，用时间和外交行为来逐步化解其顾虑。各国都有自己的优先利益考虑，做多向选择、参与多个机制是可以理解的，只要不是对抗性的，不把中国设定为遏制，甚至是对抗目标，便不会影响中国与其合作发展的态度。

实现国家领导人互访常态化。领导人互访的常态化是两国互通有无、战略互信的一个重要基础。中蒙关系在21世纪以来之所以取得快速的发展，与两国领导人频繁互访、在重要国际场合会面是分不开的。这不仅可以增加两国之间的亲密感，促进各领域合作的顺利进行，而且可以就双方关注的国际热点问题交换意见，加强国际层面的协商合作。2012年以来，中国高度重视周边外交尤其是同蒙古国发展战略关系，中蒙领导人会见频繁，成效明显，2014年中蒙正式确立全面战略伙伴关系。继续完善两国高层领导人互访机制。中蒙政府要逐步推动两国主要领导人会面时间与方式实现常态化，在平时可通过副部级或者司长级一类官员进行交流互访，当遇到一些国际问题或是重大事项时，可根据程度确定互访领导人的级别。此外还要增加在一些国际会议或场合的事先会面，加强对同一问题的共识，管制分歧，增进互信。

加强互访层面和方式的多样化。增加两国地方政府之间的交流互访。两国高层的互访可以为中蒙关系设计一个美好的蓝图，而两国之间通过地方政府的交流可以将合作落到实处，加大国家层面大政方针的执行力度。特别是中蒙之间边境通商口岸众多，且蒙古国十分重视利用中国的通商口岸与出海口发展对外贸易，这就可以充分发挥中国内蒙古地区作为中蒙之间交流的窗口作用，推动两国边境贸易，提升合作的成效。中国的天津、锦州等港口，可以充分利用作为蒙古国出海口的优势，推动地方政府间的互访洽谈，有助于天津、锦州等城市贸易的发展，也能推动中蒙旅游业的发展与基础设施的优化，从而开展在其他领域的合作。

建立问题协商机制。友好协商机制的建立需要一定的条件作为基础。首先，应建立在尊重两国国家制度、主权和文化独立的前提下。中蒙之间有着不同的国家制度、政权组织形式及民族文化，因此两国之间要做到求同存异,即在尊重这些差异性的基础上,谋求在更多领域的共识,特别是在遇到国际事件及突发问题时,在维护各自国家利益的同时,尽量做到协调一致,事先交换意见。其次,保持两国外交政策的独立自主性。由于所处的国际地位及实力的差异,中蒙之间所推行的外交政策也有所差异。中国奉行亲、诚、惠、容和以邻为伴、与邻为善的周边外交政策,而蒙古国采取"平衡外交""第三邻国""多支点"等周边外交政策,虽然在周边外交中的观念上存在差异,但中蒙应谋求在差异的基础上找到合作的最大公倍数,使合作的利益实现最大化。这就需要中蒙各界特别是高层之间进行定期的友好协商,将政策中的分歧转变为合作中的共识。

二 深化经济合作

经贸合作作为中俄关系的物质基础,对两国人文外交的发展具有基础性作用。在经济全球化时代,国与国之间关系的特点之一,就是经济关系政治化和政治关系经济化:既通过加强政治关系促进经贸关系的发展,又通过经贸关系发展进一步密切政治关系的合作,即通过政治关系和经济关系的结合和相互促进,最终实现战略利益。

2000年以前,中俄进出口贸易总额在100亿美元以内,与同期双方同其他国家的贸易额有很大差距,特别是中国方面。因为两国经济关系的发展有其自身规律性,并不能像政治关系那样在短期内实现重大突破。一方面,苏联解体后,俄罗斯经济处于痛苦的转型期,直到1999年俄罗斯经济仍然处于危机状态。另一方面,虽然在理论上中俄间经济结构差异显著,且互补性强,但是由于实际利益的驱动,并没有在很大程度上促进两国经贸关系的发展。

从2000年起,中俄经贸关系进入了快速发展的阶段。首先,两国良好的政治关系得到了进一步的发展。两国领导人都十分重视双边经贸关系的发展,双边总理定期会晤机制的中心议题就是经贸合作,这为两国经贸关系的发展创造了良好的环境。其次,中俄两国的经济都保持了快速增长,这为两国经贸关系的发展提供了重要的经济基础。2013年3月22日,中国国家主席习近平访问俄罗斯，双方就务实合作进行了深入的探讨。中俄两国一致认为，双方开展大规模经济合作的条件和时机已经成熟，两国要从全局和长远角度，充分挖掘互补优势和发展潜力，重视加强经贸合作。3月22日，两国共同签署《中华人民共和国和俄罗斯联邦关于合作共赢、深化全面战略协作伙伴关系的联合声明》，声明中认为中俄面临的战略任务是把两国前所未有的高水平政治关系优势转化为经济、人文等领域的务实合作成果。实现经济合作量和质的平衡发展，实现双边贸易额2015年前达到1000亿美元，2020年前达到2000亿美元，促进贸易结构多元化。声明中还强调了加大相互投资力度，在贸易、信贷和投资等领域推广使用本币。积极开展能源、农林、高科技等领域合作，扩大地区合作。2018年11月，中俄签署《中俄在俄罗斯远东地区合作发展规划（2018~2024年）》，支持鼓励中国到俄罗斯远东地区进行投资和经贸合作。中俄经贸联系的发展必将为中俄人文外交打下坚实的物质基础。贸易、投资等经济活动不仅会给两国带来巨大的经济利益，提高各自经济实力和国际竞争力，还将加大中俄之间的人员往来、扩大交流渠道、增进彼此的相互了解。

三 提升教育交流水平

所谓国际教育合作，一般指不同国家（地区）的教育机构发挥各自的资源优势，以不设立新的教育机构的方式，在学科、专业、课程等方面，合作开展以两国（地区）公民为主要培养对象的教育教学活动。经济与教育有着特殊的相互依存、相互制约的关系，经济全球化是国际教育合作的物质基础，是世界经济发展不容置疑的客观趋势，正在并已经给世界各国的经济社会发展带来深刻的影响，因此教育合作作为国际贸易的一种形式以及经济全球化进程的一项内容，必然需要相应加强。

教育合作对国家软实力的提高具有重要的作用。文化和教育是国家软实力的重要内容。这是由于文化具有丰富的精神内涵，是民族团结、繁荣的不竭精神源泉。同时文化也是生产力，能够推动经济发展，在同等条件下，有的国家和地区发展得快，有的发展得慢，这其中不乏文化沉淀不同的原因。另外，文化更是创造力，文化所具有的继承、创新的特质支撑着国家民族的创造力，带动新的科技进步、促进生产力新的发展。文化对一个国家的实力特别是软实力是非常重要的。教育作为文化的主要内容，对国家软实力具有很大的影响。教育合作作为一种国际服务贸易，作为一个新的经济增长点，在全球化进程中必然有其自身的发展特点，这些特点会直接或间接地对国家软实力产生影响。

因此，应当继续深化中蒙之间的教育合作。加快两国高校师生的文化交流，共同组织参加相关文化、创新等实践活动，增进两国青年的感情；加大中蒙之间留学生、交流生等形式多样的互访留学活动，特别是积极利用中国优秀的教育资源对蒙古国进行援助，加大蒙古国在中国的留学生名额和奖学金名额，并出台优惠政策吸引蒙古国青年学生来华学习；围绕"汉语热"，在蒙古国多建立孔子学院之类的学习场所，增进蒙古国人民对中国文化的了解。近年来，中俄教育合作深入发展，两国高等院校的交流更加密切，为增进两国人民相互了解、推动中俄全面战略协作伙伴关系高水平发展发挥了积极作用。中俄两国教育主管部门和教育工作者应当发挥各自优势，深挖合作潜力，努力建设高水平大学、培养高素质人才，推进清华大学与圣彼得堡国立大学在2019年6月达成的共建清华大学俄罗斯研究院的合作协议，进一步加强中国与俄罗斯在教育、科研、人才培养、人文交流等各领域的合作，开展俄罗斯相关的战略性、前瞻性和应用性研究，共同打造国际级别的高端俄罗斯研究智库，深化中俄教育合作，增进两国人民友谊。

四　推动文化交流

推动中蒙俄民族文化交流。中华文明拥有几千年的历史，文化包容性非常强。中华文明提倡与世界和平相处，不战而屈人之兵，避免冲突，以中庸、仁德治天下，不以霸权武力取天下、治天下，推崇以德服人。从历史深处看，中华文明具有一种与世界互惠共荣、相互依赖的命运共同体的思想。中华文明又是一种多元文化结合体。所谓"和而不同"，在核心层面建立中华文明观念的同时，包容其他文明以及多种文明和谐共存。中华文明在历史进程当中，也在不断地发展、变化，但始终以中华传统的观念、传统的文化习惯作为根基，而且善于吸收其他民族与国家的文化，并将中华文化传播给周围很多东亚地区的国家，包括越南、日本、缅甸等，实现文明互鉴的优良传统。所以，从这个角度讲，"和而不同"是中华民族值得汲取的优秀文化传统。亲仁善邻、协和万邦是中华文明一贯的处世之道，惠民利民、安民富民是中华文明鲜明的价值导向，革故鼎新、与时俱进是中华文明永恒的精神气质，道法自然、天人合一是中华文明内在的生存理念。

文明因多样而交流，因交流而互鉴，因互鉴而发展。要加强世界上不同国家、不同民族、不同文化的交流互鉴，夯实共建亚洲命运共同体、人类命运共同体的人文基础。在中蒙俄文化交流过程中，坚持相互尊重、平等相待。每一种文明都扎根于自己的生存土壤，凝聚着一个国家、一个民族的非凡智慧和精神追求，都有自己存在的价值。人类只有肤色语言之别，文明只有姹紫嫣红之别，但绝无高低优劣之分。认为自己的人种和文明高人一等，执意改造甚至取代其他文明，在认识上是愚蠢的。应该秉持平等和尊重的理念，摒弃傲慢和偏见，加深对自身文明和其他文明差异性的认知，推动不同文明交流对话、和谐共生。

妥善处理好与宗教有关的文化交流活动。加强中蒙有关宗教问题的磋商，采取定期会面协商相关事项，逐步增进了解，以消除宗教问题产生的负面影响。还要不定期地推动宗教活动讨论，特别是针对突发的热点争端或分歧，第一时间进行高层领导的会晤，防止问题扩大化。中蒙加强宗教交流，要不断扩大宗教交流的主体，丰富交流方式，实现交流的信息化和网络化，争取找到共识的最大公倍数。不断增加交流与互动，并且利用传统习俗与活动寻找精神世界的共同点，建立处理问题的应急机制，中蒙在宗教文化领域中的一些问题就会迎刃而解。

应利用现代先进的媒体技术和舆论宣传方式广泛宣传彼此的文化，做好两国之间的互惠共享双赢文化建设。坚持美人之美、美美与共。每一种文明都是美的结晶，都彰显着创造之美。一切美好的事物都是相通的。既要让本国文明充满勃勃生机，又要为他国文明的发展创造条件。将两国的文化成果以各种形式与途径进行交流与展出，做到相互汲取对方所长，为本国所用，为发展所用。文明之美集中体现在哲学、社会科学等经典著作和文学、音乐、影视剧等文艺作品之中，应鼓励支持中蒙俄各国优秀文化产品的传播。针对一些共有文化遗产，如长调、呼麦等，联合"申请非遗"、联合进行开发演出，力争让优秀民族文化永不褪色。针对共有的传统节日与习俗，可以举行大型的庆祝活动将两国高层与民众代表集聚一堂，并通过电视、网络等媒体直播形式展示给两国所有民众及全世界，增进友好与互信。积极参与实施亚洲经典著作互译计划和亚洲影视交流合作计划，帮助人们加深对彼此文化的理解和欣赏，为展示和传播文明之美打造交流互鉴平台。通过公益广告、纪录片等直接宣传方式与学校老师和教科书等间接宣传方式相结合，最大限度地将中蒙俄最真实的一面展现给民众。

五　促进民间交流

加强中蒙俄民间交流。民间交流一般是指与政府的对外政策和意图没有直接关系的不同于国家或地区的民众或民间团体之间的交往，诸如一般的经贸往来、文化交流、个人的学习、工作与旅游等活动。民间交流会对中蒙俄关系的发展起到潜移默化的作用，其效果较为隐性，也更容易被忽视。

推动中蒙俄交往领域的主体多元化、方式多样化、范围广泛化。不仅要加大两国政府与公民的往来与交流，还要不断增强各种民间社团、非政府组织、各类企业的往来，并且不要拘泥于地点与形式，范围涉及政治、经济、文化等各个领域，以谋求中蒙俄实现全方位的交流与互动。一是重视中国商人在俄罗斯、蒙古国的文化交流。商业交流是民间交流的重要组成部分。商业活动不仅带动了资金、商品和技术的流动，而且也加强了双方人员的往来和思想观念的碰撞。这种带有经济利益的活动，还能带动双方民间交流的积极性和广泛性。这就需要各国的商人以互利共赢为理念，以诚信为本，多为地方经济的发展做贡献。同时，积极鼓励华商更多地参与到对方国家的公益事业和慈善事业中，树立中国的良好形象。这不仅能够取得很大的经济效益，也能获取良好的社会效益。二是重视中国留学人员在俄罗斯、蒙古国的文化交流。他们往往是受过良好教育的人，因此，他们的言行更能反映中国人民的素质，他们也往往成为俄罗斯、蒙古国学界观察中国和中国人的一个重要窗口。因此，留学人员更要保持良好的国家形象，要时刻意识到自己代表的是背后的国家和国人。三是重视中国国际务工人员在俄罗斯、蒙古国的文化交流。中国国际务工人员的特点是素质参差不齐，既有受过良好教育的高端人士，也有从事简单体力劳动的人员。政府应当有针对性地对他们进行培训，他们自身也要有对国家形象的认识，切实提高自身素质，做一个文明的跨国劳动者。

第八章　中国东北参与中蒙俄经济走廊建设研究

第一节　中国东北参与中蒙俄经济走廊建设的现状

一　辽宁省

（一）贸易合作

辽宁省是"一带一路"倡议中重点规划的18个省区之一，也是中蒙俄经济走廊的重要节点。辽宁省在东北四省区中经济和技术实力最强，尽管是四省区中唯一与俄罗斯没有边界接壤的省份，但由于该省拥有较为雄厚的资金和技术实力，其与俄罗斯的经贸合作有着一定的发展潜力。在空间上，辽宁处在东北亚经济圈的核心位置，同时拥有大连港、营口港两个吞吐量超亿吨的大港和123个万吨级以上的生产性泊位，是中蒙俄经济走廊向南以及我国南方商品进入蒙俄市场的重要进出海口。同时，按照国家区域战略布局，为将沈阳建设成为东北交通枢纽，将大连建设成为东北亚航运中心，建设并形成了以沈阳和大连为核心的、向东北腹地辐射的、发达、便捷、快速的综合运输体系。辽宁省与俄罗斯的贸易合作相对较为稳定，与其他三省区不同，该省对俄贸易没有明显受到俄罗斯经济困难的影响，近年来双方经贸合作呈扩大态势。辽宁省主要是通过海空货运与俄罗斯进行贸易，因为与俄罗斯的空间距离较近，所以其与俄罗斯的过货量和贸易额均远大于吉林省。

从对外贸易看（见表8.1），2009年，辽宁省与俄罗斯进出口贸易额为1217万美元，其中辽宁对俄罗斯出口929万美元，从俄罗斯进口288万美元；2010年，辽宁对俄罗斯进出口贸易额为160125万美元，其中辽宁对俄罗斯出口74882万美元，从俄罗斯进口85243万美元。相比2009年，2010年辽宁对俄罗斯进口额、出口额均有大幅增加。2015~2016年，辽宁省对俄贸易不但没有受到俄罗斯经济下滑的影响，反而呈上升态势，双边贸易于2015年首次达到301818万美元，2016年和2017年双边贸易额分别为325400万美元和412114万美元，主要原因是2015年中蒙俄经济走廊倡议提出后，辽宁省加大了对俄罗斯的进口规模。2017年1~10月，辽宁省与俄罗斯贸易额为297.7亿元，同比增长11.5%，占全国同期对俄贸易总额的6.42%。以大连关区为例，2016年大连关区与俄罗斯双边贸易总额达327.9亿元，较上年增长10%。其中出口113.4亿元，增长55%；进口214.5亿元，下降4.6%。在具体贸易产品方面，大连关区对俄罗斯出口机电产品56.3亿元，增长54.3%，占同期大连关区对俄罗斯出口总额的49.6%。与此同时，大连关区自俄罗斯进口原油149.7亿元，下降2.9%，占同期大连关区自俄罗斯进口总额的69.8%；进口农产品49.8亿元，增长48.6%，占23.2%[①]。总之，从近年辽宁省对俄罗斯进出口贸易的产品来看，主要自俄罗斯进口石油、矿产品等工业燃料、原料初级产品，而出口以机电和传统劳动密集型产品为主。

表8.1 辽宁省对俄罗斯贸易数据（2009~2017年）

年份	辽宁省对俄罗斯进出口情况（万美元）			辽宁省进出口情况（亿美元）		
	进出口总额	出口总额	进口总额	进出口总额	出口额	进口额
2009	1217	929	288	629.2	334.4	294.8

---

① 2016年大连关区与俄罗斯双边贸易稳步增长［EB/OL］．中华人民共和国大连海关，http://www.customs.gov.cn/dalian_customs/460678/460680/460681/651058/index.html．

续表

年份	辽宁省对俄罗斯进出口情况（万美元）			辽宁省进出口情况（亿美元）		
	进出口总额	出口总额	进口总额	进出口总额	出口额	进口额
2010	160125	74882	85243	806.7	431.2	375.5
2011	216755	101603	115152	959.6	510.4	449.2
2012	245462	109835	135627	1039.9	579.5	460.4
2013	241896	113558	128338	1142.8	645.4	497.4
2014	243095	117886	125209	1139.6	587.6	552.0
2015	301818	93186	208632	960.9	508.4	452.5
2016	325400	79582	245818	865.3	430.7	434.6
2017	412114	92396	319718	994.3	448.8	545.5

资料来源：《辽宁统计年鉴》（2010~2018年）。

（二）投资合作

辽宁省对俄罗斯投资额近年不断增加，但数额还是很小，2013年投资额为3300多万美元，仅占其对外投资总额的1.1%[1]。2013年，辽宁省共核准对外直接投资企业174家，而其中对俄罗斯直接投资企业仅有2家，辽宁省对俄直接投资以资源开发类投资和低技术投资为主，高技术投资比重很低。俄方在辽宁直接投资项目160个，合同外资额3.2亿美元，实际投资1.5亿美元。俄罗斯对辽宁省投资的规模也很小，其中制造业是俄罗斯投资最为活跃的领域，但并未推动辽宁省相关行业的技术进步。

近年来，辽宁与蒙古国各地，尤其是与苏赫巴托省的交往不断密切。2013年10月，蒙古国总理访问辽宁，双方就出海铁路通道建设、矿产资源合作开发、境外工业园区建设、民航互通、建立友好省际关系及开展旅游合作等方面达成广泛共识，苏赫巴托省与辽宁签署了关于建立友好合作关系的谅解备忘录。2014年3月，苏赫巴托省省长访问辽宁，双方签署了建立友好省际关系意向书，并对矿产开发等合作事项达成了一致。2013年，辽宁与蒙古国贸易额4780万美元，对蒙古国投资项目累计33个，协议投资额1.2亿美元，辽宁省与蒙古国的国际投资合作仍有较大的发展空间。在海

---

[1] 毛泽等：《携手共建中蒙俄经济走廊与辽宁的路径选择》，《辽宁经济》2015年第8期。

洋经济时代，临海通商、发达的陆路联结交通网络是一个地区快速发展的先决条件，辽宁省作为我国东北地区海运、陆运体系最为发达的省份，在中蒙俄经济走廊建设中能否获得跨越式的发展有待考验。

（三）人文交流合作

作为中蒙俄经济走廊中对外交流合作的重要省份，为深化与俄罗斯、蒙古国的友好合作关系，自1993年以来，辽宁已与新西伯利亚州、伊尔库茨克州建立友好省州关系，并与哈巴罗夫斯克边疆区、滨海边疆区、巴什科尔托斯坦共和国、堪察加边疆区、鞑靼斯坦共和国、托木斯克州、阿尔泰边疆区等保持经常性的交往。辽宁省还建立了对俄合作工作联席会议制度，成立了辽宁中俄合作协会，积极开展政府间交往和经贸、人文、青少年等领域的交流。在对外文化交流与合作方面，辽宁在莫斯科中国文化中心成功举办"中国汉字发展史图片展"，赴蒙古国、俄罗斯举办"大美辽宁"精品艺术展交流活动。在教育合作方面，辽宁省高校2016年留学生总规模为2.4万人，持续保持全国前列，其中"一带一路"沿线国家的留学生约占1/3。为推进教育国际化，辽宁省向"一带一路"沿线国家派出汉语教师和志愿者100余人，省内30多所高校与俄罗斯高校建立了长期交流合作关系[①]。

在旅游合作方面，辽宁省参与联合国计划署大图们旅游合作项目，积极推动中俄、中蒙旅游项目落地实施。根据表8.2，2009~2017年，辽宁省入境游客人次呈现先上升后下降的趋势。2009~2013年，入境游客数量保持稳步增长的态势，2009年辽宁省入境游客数量为250.74万人次，2013年入境旅游数量达到了辽宁省入境旅游数量历史最高值，为503.13万人次。说明世界经济的发展有效提升了各国跨境旅游的发展，同时反映出国外友人对中国文化的认同感逐渐增强，从侧面说明辽宁省旅游产品、旅游设施、旅游服务不断完善，吸引更多的国外游客前来辽宁省旅游参观。2014~2017年，辽宁省游客基本在260万~280万上下波动，相比2013年的入境游客数量，2014年以来入境旅游人次有了明显的下滑。

---

① 《辽宁省参与"一带一路"建设新闻发布会》，辽宁省人民政府，http://www.ln.gov.cn/spzb/xwfbh1_120073/wuranfont/index.html。

表 8.2　辽宁省入境游客数量（2009～2017 年）

单位：人次，%

年份	入境游客	俄罗斯游客	俄罗斯占比
2009	2507403	159078	6.34
2010	3070097	216104	7.04
2011	3444122	224800	6.53
2012	4731340	276869	5.85
2013	5031286	323372	6.43
2014	2607019	170418	6.54
2015	2640052	202173	7.66
2016	2736658	224550	8.21
2017	2788464	239821	8.60

资料来源：《辽宁统计年鉴》（2010～2018 年）。

总体上，2009～2013 年，俄罗斯来辽宁的旅游人次与辽宁入境游客人次呈现同步变化的趋势。引起该现象的原因除了文化认同感这一因素外，还与辽宁省一直以来注重文化旅游的发展，大力宣传辽宁省自有的旅游特色有关，种种旅游服务政策的实施吸引了国内外游客，特别是俄罗斯游客纷至沓来。2014～2017 年，俄罗斯来辽宁旅游人次整体呈现缓慢上升的态势，俄罗斯游客人次占辽宁省入境游客的比例相应有了缓慢提高。这主要是随着"一带一路"倡议的确立，特别是中蒙俄经济走廊规划的实施，双方的文化旅游合作进入深度发展阶段，进一步增加了入境俄罗斯游客人次，有效促进了辽宁省经济的增长。

二　吉林省

（一）贸易合作

吉林省对俄贸易口岸仅有珲春一个，且过货量小，致使吉俄贸易量相对较小，多年来始终没有超过 10 亿美元（见表 8.3）。俄罗斯经济形势恶化也导致吉林省对俄贸易额出现了不同程度的下滑，由 2012 年的 8.22 亿美元降至 2016 年的 4.35 亿美元。然而，2017 年吉林省对俄罗斯进出口额达到

56302万美元,占吉林省全年进出口总额的2.9%。其中出口完成16973万美元,进口完成39329万美元。2017年1~10月,吉林省与俄罗斯贸易额为30.89亿元,同比增长37.4%,占同期全国对俄贸易总额的0.67%。吉林省规划到2020年,全省对俄进出口总额比2015年增长3倍左右,达到20亿美元以上,对俄投资中方协议投资额累计达到30亿美元。吉林省对俄进口的主要商品有矿产品、活动物、木及木制品、植物产品等;对俄出口的主要商品有机械器具及其零件、车辆、航空器、船舶及有关运输设备、纺织原料及纺织制品等。尽管这些年吉林比较重视对俄贸易,但相对黑龙江、辽宁和内蒙古三省区,其对俄贸易量要小许多。不过,该省对俄贸易商品结构尤其是进口商品结构与其他三省区十分相似,进口多是木材、矿产品、干果、海产品和食品,出口多为汽车配件、机械制造产品、电子仪器和农产品等。

表8.3 吉林省对俄罗斯贸易数据(2009~2017年)

单位:万美元

年份	吉林省对俄罗斯进出口情况			吉林省进出口情况		
	进出口总额	出口总额	进口总额	进出口总额	出口总额	进口总额
2009	47417	38278	9139	1174744	313154	861590
2010	62402	53968	8434	1684637	447640	1236997
2011	70565	63978	6587	2204742	499848	1704894
2012	82211	67822	14389	2457171	598269	1858902
2013	70035	60734	9301	2585254	675701	1909553
2014	57744	44839	12905	2637816	577771	2060045
2015	52089	26999	25090	1893840	465382	1428458
2016	43509	15665	27844	1844246	420568	1423678
2017	56302	16973	39329	NA	NA	NA

资料来源:《吉林统计年鉴》(2010~2018年),NA表示数据无法获取和计算。

吉林省与蒙古国的贸易合作主要涉及石油、天然气、矿产资源等领域。2017年吉林省对蒙古国进出口额达到8449万美元,同比增长10.5%,占吉林省全年进出口总额的0.43%。其中出口完成353万美元,进口完成8096

万美元。吉林省对蒙古国出口商品主要有机械器具及零部件、食品、活动物等,而进口商品以植物产品(鲜、干水果及坚果)为主。2009~2017年,吉蒙经贸往来相对活跃。2014年吉蒙对外承包工程营业额实现432万美元,2017年实现15万美元。2018年随着世界经济不断回暖,吉林省伴随"一带一路"的脚步,进一步扩大与蒙古国的经贸合作[①]。

(二)投资合作

吉林省作为边疆近海省,近年来积极发展对外经贸合作,特别是加强与蒙古国等东北亚各国的经济交往,先后建设了珲春口岸、长春国际陆港、长春兴隆综合保税区、通化国际内陆港务区等口岸和通道。为了打通陆海联运,吉林省开通了珲春—扎鲁比诺港—南方沿海港口、珲春—扎鲁比诺港—釜山航线。未来还规划建设珲春—符拉迪沃斯托克高速铁路、高速公路等互联互通项目。目前,吉林省与俄罗斯滨海边疆区、新西伯利亚等地区签署了长期经贸合作协议,与阿穆尔州等地区建立了密切的经贸联系,俄罗斯成为吉林省首要的境外投资目的国。

近年来,吉林省对俄罗斯的投资逐渐增加,截至2017年,吉林省累计核准备案的在俄企业已达到174家,中方协议投资额为24亿美元;吉林省经核准及备案在蒙设立境外投资企业38家,中方协议投资额21.7亿美元。但总体来看,规模不大。吉林省对蒙古国、俄罗斯的投资领域以石油及天然气开采、农业种植开发、商务服务、汽车及零部件销售等行业为主。此外,吉林省连续多年举办中国(吉林)东北亚投资贸易博览会,加强双边经贸合作交流。通过积极争取国开行等资金支持,投资合作建设了中蒙现代农牧业国际合作区、俄罗斯泰源农牧业产业园区、美来中信木业俄罗斯友好工业合作区、俄罗斯伊尔库茨克木材加工园区、俄罗斯滨海边疆区木材加工园区等境外园区项目。吉林省与蒙、俄两国投资合作项目的日渐丰富,凸显出吉林省作为中蒙俄经济走廊的重要节点,正在发挥着不可替代的作用。

---

① 吕国军:《"一带一路"框架下吉林省与蒙俄经贸合作研究》,吉林大学硕士学位论文,2018。

（三）人文交流

吉林省积极推进与蒙俄的人文合作交流向深层次发展。在科技领域，吉林省重点培育中俄科技园等10个产业合作园区，打造深度合作产业链。2015年8月，由吉林省农业科学院与吉林省科技厅组成代表团，与俄罗斯国家科学院在农作物品种资源保存、作物病虫害生物防治技术、黑土地保护等方面进行合作，并就农业实用技术引进、人才培养等签署了1个农业技术合作框架协议、4个合作研究协议。每年定期举办东北亚博览会、东北亚产业技术论坛、"一带一路·中俄科技合作北方论坛"等多项科技、经贸论坛，加强多方技术交流与合作，多位专家获外籍院士称号。在文化交流方面，2010年，长春大学获教育部审批，在俄罗斯叶赛宁梁赞国立大学设立孔子学院；2015年，东北师范大学与蒙古国教育大学合作，将2010年12月两校合作成立的孔子课堂升级为孔子学院，吉林与蒙、俄两国的教育和文化交流日益深入。近些年，通过每年定期举办的"中国吉林省旅游宣传周""中国汉语年"活动，三方文化交流呈常态化、规范化发展。2016年5月，"今日俄罗斯"国际通讯社、塔斯社、全俄国家广播公司等驻华记者组成采访团到访吉林，对吉林省经济发展、对外交流、文化繁荣进行全面、深入报道[①]。

从表8.4可以看出，2009～2016年吉林省入境游客人次呈现逐年上升的趋势。2012年，吉林省入境游客数量首次突破100万人次，2016年入境游客达到161.95万人次。说明入境国经济的增长、居民消费水平的提高、文化认同感的增强等因素，以及吉林省旅游文化的推广、旅游服务的提升、旅游基础设施的完善等，在一定程度上促进了俄罗斯游客来吉林旅游规模的增加。从俄罗斯游客占吉林省入境游客比例的角度看，2009～2016年吉林省入境游客中俄罗斯游客比例呈现先上升后下降的趋势，尤其是2016年，俄罗斯前来吉林省的游客人次达到近几年的最低值，为187979人次，在吉林省入境游客中所占比例仅为11.61%，说明随着俄罗斯经济的下滑，俄罗斯出境游客受居民收入水平的影响有了显著的下降。

---

① 李寅权：《吉林省深度融入中蒙俄合作交流研究》，《北方经济》2017年第6期。

表8.4 吉林省入境游客数量（2009～2016年）

单位：人次，%

年份	入境游客	俄罗斯游客	俄罗斯占比
2009	680528	199837	29.36
2010	820062	259765	31.68
2011	993204	317054	31.92
2012	1182689	319743	27.04
2013	1273559	341880	26.84
2014	1376852	290728	21.12
2015	1480994	248802	16.80
2016	1619530	187979	11.61

资料来源：《吉林统计年鉴》（2010～2017年）。

三 黑龙江省

（一）贸易合作

黑龙江省是我国最北方的省份，与俄罗斯相邻，与俄罗斯的水陆边界长达3045公里，是我国对俄经贸合作第一大省。在中蒙俄经济走廊发展规划提出后，黑龙江省委、省政府结合黑龙江省的优势与经济发展目标，制定了《"中蒙俄经济走廊"黑龙江陆海丝绸之路经济带规划》，积极融入"一带一路"倡议。随着中俄经济合作不断深化，中俄毗邻地区的合作水平不断提升。地区贸易额持续增加，贸易结构不断优化。地区合作协商机制不断完善，地区合作开发向深层次、多领域发展。黑龙江省拥有国家一类口岸25个，其中15个是对俄边境口岸，年过货能力2900万吨，对俄贸易额与投资额均超过全国总量的1/5。

在东北四省区中，黑龙江省与俄罗斯的贸易额最大，占其对外贸易额的一半以上。根据表8.3，2011～2014年，黑龙江省对俄贸易快速增长，贸易额分别为189.9亿美元、213.1亿美元、223.6亿美元和232.8亿美元，超过同期中俄两国贸易总额的20%，2013年和2014年甚至超过两国贸易额的25%。从2015年起，西方对俄罗斯进行经济制裁给中俄经贸合作带来极大影响，当年中俄贸易额为642亿美元，下降27.8%，而黑龙江省对俄贸易额下降幅度更大,由上一年的 232.8 亿美元降至 108.5 亿美元。2016 年,双方贸易额更是降至 91.92 亿美元。2017 年,黑龙江省对俄进出口总值达 109.88 亿美元,占同期全国对俄贸易额的 13.06%。

表 8.5 黑龙江省对俄罗斯贸易数据 (2009~2017 年)

年份	黑龙江对俄罗斯进出口情况(万美元)			黑龙江进出口情况(亿美元)		
	进出口总额	出口总额	进口总额	进出口总额	出口额	进口额
2009	557715	326843	230872	162.2	100.8	61.4
2010	747356	428475	318881	255.0	162.8	92.2
2011	1898618	434702	1463916	385.1	176.7	208.4
2012	2130921	515584	1615337	378.3	144.4	233.9
2013	2236452	690904	1545548	388.8	162.3	226.5
2014	2328318	900346	1427972	389.0	173.4	215.6
2015	1084636	235285	849351	209.9	80.5	129.6
2016	919213	169997	749216	165.3	50.4	114.9
2017	1098818	161070	937748	189.4	52.6	136.8

资料来源:《黑龙江统计年鉴》(2010~2018 年)。

从黑龙江省与俄罗斯贸易的商品构成来看,进口以石油、木材、煤炭、粮食和食品为主,出口以机电产品、服装、食品、轻工产品为主。2017 年 1~11 月,黑龙江省原油进口总量达 1809.75 万吨,同比增长 2.9%,进口总额达 480.87 亿元(约为 78.94 亿美元),占同期全省进出口总值的 41.68%,占同期全省进口总值的 58%。原油进口总额对全省进出口总值增长的贡献率为 59.7%,对全省进口总额增长的贡献率为 71.1%。煤炭进口量达 556.3 万吨,同比增长 316.1%;进口总额达 21.33 亿元(约为 3.13 亿美元),增长 487.4%。原木进口 627.88 万立方米,同比增长 17.8%;进口总额达 54.45 亿元(约为 8.01 亿美元),增长 31.3%。三种进口产品占同期全省进出口总额的 48.02%,占进口货物总额的 67.18%。此外,俄罗斯的面粉、豆油等食品凭借纯天然、无添加剂等特点,逐渐通过中国北疆走上了消费者的餐桌。近年来,东北从俄罗斯进口粮油制品数量也在快速增长。2017 年,黑龙江省口岸进口俄罗斯大豆 51.55 万吨,达到历史最高峰,较上年增长

33.95%。2017年前三季度，黑河口岸共进口散装植物油15925.69吨，货值达1136.88万美元，同比分别增加1382.38%、1406.00%。黑龙江省对俄出口产品以轻工产品和食品为主，特别是黑龙江省机电产品的出口增长势头强劲，2016年黑龙江对俄罗斯机电产品出口额同比增加18.5%，占俄罗斯机电产品进口额的35.5%，机电产品贸易额更是突破两亿美元大关，这标志着俄罗斯对中国机电类产品的认可度在不断提升。2017年前10个月，黑龙江省对俄出口产品中，鞋类及服装产品出口额达5.196亿美元，占该省对俄出口商品总额的32.3%；出口蔬菜22.1万吨，价值1.5121亿美元，占对俄出口总额的9.4%；出口鲜、干水果及坚果7.8万吨，价值9103万美元，占对俄出口产品总额的5.7%；纺织纱线等出口额为8012万美元，占对俄出口额的5.0%。黑龙江省作为纺织类产品的主要出口地，由于有了相对完整的商品出口结构，对俄出口额有了明显提高。值得一提的是，近年统计数据显示黑龙江对俄开始出口鞋靴、伞等轻工制品，这说明黑龙江对俄罗斯的出口商品结构日益完整。

黑龙江与蒙古国的贸易持续发展。2017年，黑龙江省对外贸易发展迅猛，进出口总额达1280.7亿元人民币，同比增长17.19%，高于同期全国进出口增速2.9个百分点。其中，出口总额356.2亿元，增长7.3%；进口总额924.5亿元，增长21.3%。作为黑龙江省的非传统贸易伙伴，黑蒙贸易总额起伏不定。黑蒙贸易额在连续五年出现大幅下滑后，于2017年止住下滑趋势。2017年，黑龙江省对蒙古国进出口总额为63249万元，同比增长26.6%。其中，对蒙古国出口总额42390万元，同比增长91.3%；进口总额20859万元，同比减少25%。黑蒙贸易额的巨大起伏，凸显黑蒙间贸易的不确定性。随着黑蒙经济的复苏，在保持传统领域合作的基础上黑蒙经贸关系有望进一步发展。黑龙江省与蒙古国的贸易尽管在全省对外贸易中比重较小，仅为5%左右，增长形势却比较乐观。黑龙江省对蒙经贸关系依然是重振该省经济形势的有利增长点[1]。

---

[1] 李宁:《"一带一路"背景下黑龙江省推进中蒙俄经济走廊建设的路径选择》,《对外经贸》2018年第12期。

2017年，黑龙江省对蒙古国出口的主要商品仍为机电产品、汽车和钢材，三项商品出口总额占出口总额的97%，黑龙江省自蒙古国进口商品只有铁矿砂一项。黑龙江省与蒙古国的双边贸易以劳动密集型产品和工业制成品出口居多，能源资源性产品进口为主，双边贸易互补性较强。黑龙江省作为中国的农业大省，耕地面积占全中国耕地总量的1/9，是中国最大的商品粮生产基地。2017年黑龙江省粮食产量6018.8万吨，位列全国第一。黑龙江省有着先进的农耕机械和农业人才优势，正是蒙古国所缺少的。同时，畜牧业作为蒙古国的传统基础产业，其牲畜肉类加工市场广阔。而在黑蒙进出口贸易中，粮食和肉食品所占比重甚小，双方并未充分发挥互补优势。

（二）投资合作

黑龙江是东北四省区中对俄投资最多的省份，俄罗斯是该省对外投资的重点国家，也是其对外投资存量最大的国家。黑龙江省对俄投资占全国的1/3，投资领域主要集中在能源、矿产、林业、农业和园区建设。2015年黑龙江省对俄备案投资额34.6亿美元，实际投资1.46亿美元。截至2015年底，黑龙江省在俄罗斯投资企业累计为505家，投资总额99.2亿美元，其中中方投资额76.03亿美元，实际直接投资存量25.9亿美元。然而受俄罗斯卢布贬值等因素的影响，2016年黑龙江省对俄投资有所减少，备案投资仅20亿美元左右。截至2017年，黑龙江省在俄罗斯共建设了18个园区，其中有5个园区被俄方纳入俄罗斯远东超前发展区，累计为俄方上缴税费2.1亿美元，安置了3800多人就业，为推动俄罗斯地区发展做出了贡献。但基于多种因素，黑龙江省对俄投资的绝对数额并不大。2017年黑龙江省外商直接投资项目共计103个，投资额58.36亿美元。2017年俄罗斯对黑龙江的直接投资项目28个，项目总金额为1477万美元。可以发现，俄罗斯对黑龙江省的直接投资额在所有国家和地区中处于中等偏下的水平，但对俄罗斯的投资项目数在所有外商项目中最多，说明黑龙江与俄罗斯之间开展的投资合作项目较为丰富，从侧面体现了双方密切的投资关系。

2015年初，黑河和绥芬河海关正式开通了卢布现钞跨境通关业务，与以往卢布从哈尔滨空运至北京，在北京报关后运往俄罗斯的通关方式相比，效率明显提升，成本明显下降。此外，黑龙江省还积极发挥哈尔滨银行卢布做市商优势，推动中俄跨境电子商务在线支付结算平台建设，努力打造面向俄罗斯及东北亚的区域金融服务中心。跨境人民币业务保持增长，2016年实际收付311.8亿元，两家银行机构与俄方银行签署了235亿元的跨境人民币融资协议，已实现资金融出85亿元。外保内贷业务规模逐步增长，截至2016年12月末，黑龙江省境外担保项下贷款余额1.33亿美元，同比增长1.23倍。依托中国银行和哈尔滨银行，建立中俄跨境电商支付平台，解决了长期以来境内对俄电商企业收汇难、网上支付成本高等问题。

在基础设施投资领域，哈尔滨至齐齐哈尔高速铁路建成通车；牡绥铁路扩能改造工程竣工投入运行，牡丹江至绥芬河铁路年过货能力由1100万吨提升到3300万吨；绥芬河铁路站场改造工程顺利完成，进一步释放了铁路运能潜力。此外，同江黑龙江界河铁路大桥中方一侧于2014年2月开工，目前已完工；俄方一侧经各方面共同努力，在黑龙江省积极协调推动下调整了建设方股比结构，落实了建设资金，俄方承建部分正进行桥墩基础施工。黑河界河公路大桥已经于2016年12月开工建设；中俄双方已同意增设黑瞎子岛公路客运口岸；哈尔滨机场扩建工程和五大连池、建三江机场建设加快推进；中俄原油管道二线工程获得国家发改委核准，中俄东线天然气管道黑河境内控制段工程开工。2015年6月，中欧班列（哈尔滨—汉堡）成功开行并实现每周双向对开一班的常态化运行。2015年8月，由哈尔滨经绥芬河、俄罗斯符拉迪沃斯托克至韩国釜山的"哈绥符釜"班列正式开通，2016年共发运32列、3266个标箱，货值2.94亿元。2016年全年累计发运100班、2474标箱，货值2.08亿美元。2016年2月，开通了哈尔滨至莫斯科、叶卡捷琳堡、新西伯利亚等地的哈俄班列，至12月底已累计发运4234标箱、货值5614万美元。可以看出，黑龙江与俄罗斯一系列投资项目的实施，体现出中蒙俄经济走廊投资进程正在加速进行。

（三）人文交流

近年来，为推进与俄罗斯等东北亚国家友好省州及友城交往，黑龙江省委、省政府主要领导带队出访俄罗斯、韩国、澳大利亚、新西兰、德国、瑞士、荷兰、英国、意大利等国家及港澳台地区，围绕和平、发展、合作、共赢的主题，举行了一系列推介活动，宣传"一带一路"倡议，营造中外互动、共同建设"一带一路"的良好氛围。2016年6月，由黑龙江省政府、中国社会科学院主办，黑龙江省社会科学院、黑龙江省人民政府发展研究中心承办的"第三届中国—欧亚经济联盟合作智库高层论坛"在哈尔滨举行，并邀请广西、吉林、辽宁和内蒙古的专家学者参加了论坛；第27届"哈洽会"期间，由黑龙江省委宣传部和黑龙江省社会科学院组织召开了"一带一路"建设与龙江全面振兴高层论坛，使"一带一路"沿线国家和地区了解了"龙江丝路带"建设的目的、重点、合作领域以及合作路径，为构建全方位对外开放新格局奠定了基础。2017年4月，以"南北携手对外开放龙粤合作互利共赢"为主题的中蒙俄经济走廊"龙江丝路带"推介会在广交会展馆举行。黑龙江省与毗邻的俄罗斯地区均建立了省州长会晤机制，双方共同研究中国倡导的"一带一路"与俄罗斯倡导的"欧亚经济联盟"对接合作事宜，就俄罗斯远东自由港、超前发展区以及"滨海1号"国际大通道建设等重大项目与政策进行了深入对接。

黑龙江省还成功实施了"中俄文化大集"等大型中俄文化交流项目，在国内外获得高度评价。在黑龙江大学设立了中俄学院、中俄联合研究生院，圣彼得堡国立大学与哈工大合作设立中俄等离子物理应用技术联合研究中心、生态环境联合研究中心、中东铁路文化遗产保护创新研究中心，与黑龙江大学、哈医大合作设立了俄语测试中心、中俄生物医学联合研究中心，哈师大与莫斯科国立苏里科夫美术学院合作设立了中俄美术学院。在科技旅游方面，搭建了哈工大中俄人才交流和科研合作基地、黑龙江中俄船舶与海洋技术合作中心等科技交流平台，成功举办了中俄国际自驾车集结赛、中俄旅游节、跨境自驾游等旅游交流活动。

表8.6　黑龙江省入境游客（蒙古国、俄罗斯）数量（2009～2017年）

单位：人次，%

年份	入境游客	俄罗斯游客	蒙古国游客	俄罗斯游客占比	蒙古国游客占比
2009	1350307	1070994	818	79.31	0.06

续表

年份	入境游客	俄罗斯游客	蒙古国游客	俄罗斯游客占比	蒙古国游客占比
2010	1648303	1317308	625	79.92	0.04
2011	1978434	1463368	15857	73.97	0.80
2012	1947335	1527864	657	78.46	0.03
2013	1450170	972879	550	67.08	0.04
2014	1322891	919053	304	69.47	0.02
2015	786811	609696	148	77.49	0.02
2016	908707	741779	197	81.63	0.02
2017	984643	824367	250	83.72	0.03

资料来源：《黑龙江统计年鉴》（2010～2018年）。

从表8.6可以看出，黑龙江省入境游客人次在2009～2017年变化较为剧烈，自2009年开始，黑龙江入境游客人次缓慢上升，2012年达到194.73万人次。但从2013年开始，黑龙江入境游客人次出现了显著下降的趋势，2015年入境游客仅为78.68万人次，2017年入境游客为98.46万人次。"十三五"以来，黑龙江省努力将旅游业培育成全省经济新的战略性支柱产业，但目前仍存在旅游产品供需矛盾未解决、旅游服务水平较低、目的地建设不完善等短板，再加上近几年受生态环境影响，黑龙江旅游业面临巨大挑战。

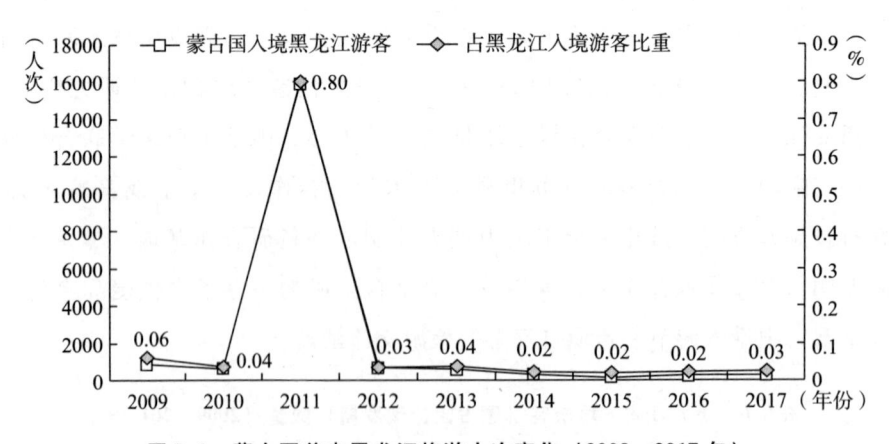

图8.1 蒙古国前来黑龙江旅游人次变化（2009～2017年）

分国别看，2009～2017年，俄罗斯前来黑龙江省的游客人次始终保持在较高水平，黑龙江省入境游客中俄罗斯游客比例大多数年份保持在70%

以上，在2017年该比例达到历史最高值，为83.72%。可以发现，黑龙江省入境游客中来自俄罗斯的游客占据了黑龙江省入境游客的极大比重；相较而言，蒙古国前来黑龙江省的游客人次微乎其微，基本处于100~500人次。2011年，蒙古国来黑龙江旅游人次突破1000人次，达到15857人次，主要原因是蒙古国在2011年经济发展态势迅猛，零售贸易行业、汽车维修行业、加工业、建筑业均有显著增长，2011年国内生产总值比2010年增长了27.8%，跨入世界高速增长国家行列。蒙古国经济的增长推动了居民跨境旅游业的发展，而黑龙江相较其他省份区位优势显著，吸引蒙古国游客大幅增加。2009~2017年蒙古国前来黑龙江游客变化如图8.1所示。

四 内蒙古自治区

(一) 贸易合作

内蒙古位于中国北部边疆，边境线长达4200多公里，其中1012公里与俄罗斯相邻，拥有直接对俄陆路边境口岸4个，航空口岸2个，承担着中俄陆路运输65%的货运量。内蒙古与俄罗斯的通关贸易有百年历史，满洲里铁路口岸于1901年开通，是我国规模最大、通过能力最高的铁路口岸。满洲里国际公路口岸于1998年投入使用，主要担负着我国与俄罗斯、东欧国家及西北欧国家对外贸易进出口货物的转运、分拨等任务，是中国规模较大的边境公路口岸。满洲里口岸货运量始终雄居全国同类口岸之首，2013年满洲里口岸进出口货运量首次突破3000万吨，达到3006万吨，同比增长6%，居全国陆运口岸之首，被称为"欧亚大陆第一条通道"。口岸进出境人员达到181万人次。近年来，中俄两国贸易合作力度的加大，为内蒙古对俄贸易开展带来新的发展机遇。俄罗斯是内蒙古第二大贸易伙伴，尤其是金融危机之后，中俄贸易一直呈现快速增长趋势，中俄贸易增速高于中国与其他主要贸易伙伴增速[1]。

内蒙古对俄罗斯的贸易情况见表8.7。在东北四省区中，内蒙古对俄贸

---

[1] 丁晓龙：《内蒙古与俄罗斯贸易形势分析及建议》，《北方经济》2015年第2期。

易额一度仅次于黑龙江省。中蒙俄经济走廊倡议提出后，进一步推动了内蒙古对蒙、俄的双边贸易增长。2013年内蒙古对俄罗斯出口额为27524万美元，2014年出口额增长为64981万美元，内蒙古对俄罗斯出口贸易额增长了约2.3倍，2015~2016年内蒙古对俄罗斯的出口额仍保持6亿多美元的高水平。2017年，内蒙古对俄罗斯的出口贸易额为5.1亿美元。从整个地区来看，内蒙古共有570家企业展开对俄罗斯的进出口贸易，企业结构出现多元化，集中度相对较高，企业集中度增幅最大的是包头市企业。2016年包头市对俄罗斯进出口8855万元，增长78.4%；位于边境的满洲里市企业贸易额占79%，充分发挥了口岸优势；二连浩特和赤峰市对俄罗斯进出口额分别为21.1亿元、10.2亿元，赤峰市较同期大幅增长33.5%，对外贸易势头迅猛[①]。

从内蒙古与俄罗斯商品贸易结构来看，进口仍然以锯材、原木、纸浆、铅矿砂、石油等资源性产品为主，出口以机电产品和农产品（蔬菜和水果）为主。2015~2017年，这些商品的进口额分别为129.1亿元、152.7亿元和137.2亿元，占同期该海关进口产品的65.5%、74%和56.8%。而这三年满洲里海关区对俄罗斯出口的产品主要是机电产品、农产品和高新技术产品，这3类产品超过了满洲里海关区对俄罗斯出口额的50%。

内蒙古对蒙古国的贸易情况见表8.7。总体来看，内蒙古对蒙古国的出口额呈现先上升后下降的波动变化。2009~2013年，内蒙古对蒙古国的出口额逐年增加，由5.44亿美元增长到11.45亿美元，2012年对蒙出口额首次突破10亿美元，2013年内蒙古对蒙古国出口额达到历史最高值。2014~2017年，内蒙古对蒙古国出口额呈现大幅下降的趋势，2016年出口额达到2009年以来的最低值，为4.09亿美元。主要原因是2015年以来国际能源价格下降，使依赖单一产业结构发展经济的蒙古国较为脆弱，再加上蒙古国货币的贬值，蒙古国进口能力显著下降。数据显示，2017年内蒙古外贸进出口总额达1387352万美元，较上年增长18.57%，扭转连续两年下降局

---

① 魏曙光、魏婧忞：《内蒙古对外贸易发展现状分析——基于"中蒙俄经济走廊"视角》，《北方经贸》2016年第11期。

面，创历史最高纪录。2017年内蒙古出口额为487796万美元，同比增长9.1%；进口额为899556万美元，同比增长24.42%。2017年内蒙古对蒙古国进出口额达390918万美元，对俄罗斯进出口额达304357万美元，说明内蒙古与蒙古国、俄罗斯贸易潜力巨大。分盟市来看，进出口额排在前5名的依次是呼伦贝尔市、满洲里市、巴彦淖尔市、包头市和呼伦贝尔市。从进出口商品种类来看，内蒙古进口以资源型商品为主。比如，全年进口原油32.4亿元，增长12.6倍；进口煤炭143.7亿元，增长1.3倍。在出口商品中，机电产品、钢材和高新技术产品出口大幅增长，出口额分别为61.1亿元、53.2亿元和38.1亿元，同比增长75.5%、45.8%和52.8%。蒙古国和俄罗斯是内蒙古最主要的贸易伙伴。

表8.7　内蒙古自治区对俄罗斯、蒙古国贸易数据（2009~2017年）

单位：万美元

年份	内蒙古对俄、蒙出口额		内蒙古进出口情况		
	内蒙古对俄罗斯出口总额	内蒙古对蒙古国出口总额	进出口总额	出口总额	进口总额
2009	19528	54409	676395	231556	444839
2010	18518	52790	871894	333485	538409
2011	21754	91310	1193910	468723	725187
2012	27863	105445	1125667	397045	728622
2013	27524	114479	1199247	409257	789990
2014	64981	92655	1455400	639500	815900
2015	60610	72937	1278391	567344	711047
2016	62800	40900	1170100	447100	723000
2017	50913	41512	1387352	487796	899556

资料来源：《内蒙古统计年鉴》（2010~2018年）。

（二）投资合作

内蒙古对俄罗斯的投资数额近年来有所增长。2013年，内蒙古对境外实际投资额4.5亿美元，其中对俄罗斯协议投资10个项目，共4300万美元，投资领域主要集中在矿产资源勘探开发、森林采伐、木材加工、房地产开发等。2014年内蒙古对俄罗斯投资项目19个，协议投资额8092万美元。2015年内蒙古对俄罗斯投资备案企业45家，投资企业数量同比增长26家，协议投资总额2.23亿美元，投资领域主要涉及森林采伐、木材加工、矿产资源开采。2016年，内蒙古与俄罗斯签署了47个项目，对俄罗斯协议投资3.88亿美元，投资领域主要涉及森林采伐、木材加工、制造业、采矿业等。

在口岸开放方面，2017年上半年，内蒙古口岸出入境货运量为4201万吨，同比增长29.0%。其中，对俄口岸货运量为1500万吨，同比增长3.8%；对蒙口岸货运量为2701万吨，同比增长49.1%。出入境客运量为315万人次，同比增长41.6%。乌力吉公路口岸已开工建设，额布都格、阿日哈沙特口岸获批常年开放，策克、甘其毛都、满都拉口岸延长开放时间。2017年上半年，内蒙古与俄蒙双边本币结算实现了较快增长，全区对蒙人民币跨境收支58.6亿元，同比增长47.7%，对俄人民币跨境收支8.5亿元，同比增长42.4%，对俄卢布结算124.4亿卢布，同比增长10.6%。2017年上半年，内蒙古各商业银行已与俄蒙商业银行建立代理结算关系58个，开立金融同业往来账户156个，蒙方人民币境外参加行已覆盖蒙古国所有商业银行。在国际产能合作方面，在累计外销电力44亿度的基础上，又续签2017～2023年的供电协议。在俄罗斯建了满洲里龙森木业种养殖项目、呼伦贝尔都成矿业公司铁矿项目等，协议投资3.04亿美元；在蒙古国建成了生产能力100万吨的蒙中水泥生产线，内蒙古矿业集团矿产资源勘探项目、赤峰赤阳春公司新型建材项目等加大了对蒙投资合作，协议投资6.3亿美元[①]。

（三）人文交流

为深化与蒙古国的人文交流合作，内蒙古经与蒙古国多次沟通，签署了教育合作、学校章程、筹建计划等方面的协议。2017年1～6月，内蒙古新增来华学生52人，内蒙古自治区人民政府与教育部共同签署完成《教育部内蒙古自治区人民政府开展"一带一路"教育行动合作备忘录》。内蒙古启动2017～2018学年中国政府奖学金招生工作，并组团赴蒙古国举办"内蒙古自治区教育展"，内蒙古参展学校共计15所。在文化合作方面，内蒙

---

① 《内蒙古自治区参与"一带一路"、中蒙俄经济走廊建设推进情况》，内蒙古新闻网，http://inews.nmgnews.com.cn/system/2017/09/27/012401335.shtml。

古在音乐戏剧、声乐培训和考古等方面与蒙古国开展了多项合作，并在呼和浩特举办了"内蒙古·蒙古国文化周"。通过与俄蒙的文化交流合作，更好地推广中国文化走出去，积极营造社会各界参与建设"丝绸之路经济带"的良好氛围①。

在旅游合作方面，内蒙古大力支持跨境旅游基础设施建设，不断提升内蒙古旅游对外宣传整体形象，推动中蒙俄三国旅游业合作逐步深入健康发展，并成功举办首届中蒙俄三国旅游部长会议，签署了《中蒙俄三国旅游合作谅解备忘录》《首届中蒙俄三国旅游部长会议联合宣言》，成立了"万里茶道"国际旅游联盟。内蒙古满洲里市边境旅游区升级为5A级景区，开通了"满洲里—西伯利亚号"中俄跨境旅游专列。2019年4月，蒙古国乌兰巴托市旅游部门赴中国内蒙古自治区呼和浩特、包头、鄂尔多斯等城市与中方合作举办乌兰巴托文化和旅游日活动，吸引中国游客。

表8.8 内蒙古入境游客（蒙古国、俄罗斯）数量（2009~2017年）

单位：人次，%

年份	入境游客	俄罗斯游客	蒙古国游客	俄罗斯游客占比	蒙古国游客占比
2009	1289600	389727	738743	30.22	57.28
2010	1428015	499780	758684	35.00	53.13
2011	1515177	516606	810722	34.10	53.51
2012	1591682	556368	813156	34.95	51.09
2013	1616136	638583	790118	39.51	48.89
2014	1671233	633389	782449	37.90	46.82
2015	1607816	514148	817319	31.98	50.83
2016	1779121	600102	880912	33.73	49.51
2017	1848321	779006	922635	42.15	49.92

资料来源：《内蒙古统计年鉴》（2010~2018年）。

由表8.8可以发现，2009~2017年，相较于其他三省入境旅游人次变化，内蒙古入境旅游人次波动幅度较小。分国别看，俄罗斯前往内蒙古旅

---

① 《内蒙古自治区参与"一带一路"、中蒙俄经济走廊建设推进情况》，内蒙古新闻网，http://inews.nmgnews.com.cn/system/2017/09/27/012401335.shtml。

游人次在2009~2014年增长较快,入境旅游游客数量从38.97万人次增长到63.34万人次,这主要是由于俄罗斯经济增长和居民消费水平提高,以及内蒙古多次举办旅游推介会等一系列活动,提高了内蒙古各旅游城市在国内外旅游市场的知名度。2015~2017年,俄罗斯前来内蒙古旅游人次增幅较大,但在2015年出现断层,2017年入境旅游游客数量突破70万人次。蒙古国前来内蒙古的游客数量始终处于80万人次左右的高水平,其在内蒙古入境游客中的比重维持在50%左右。蒙古国前来内蒙古的旅游人次和所占比重均较高,主要是由于内蒙古与蒙古国山水相连,且双方蒙古族居多,语言沟通障碍较小,文化融合度较高,故蒙古国居民更倾向前往内蒙古旅游。

第二节 地方参与中蒙俄经济走廊建设存在的问题

一 商品贸易结构不合理

中国东北四省区对蒙俄贸易规模较小。中国东北四省区尽管借助与蒙俄毗邻的地缘优势,与蒙俄的经贸合作较为密切,双方贸易额占全国对蒙俄贸易额的比重也较大,但从贸易总量来看依然较小。除黑龙江和内蒙古的对俄贸易占两省区外贸比重较大以外,辽宁和吉林对俄贸易所占比重还很低。2015年和2016年,吉林省对俄贸易额仅占其外贸总额的2.49%和2.35%,2017年前10个月对俄贸易占其外贸总额的2.98%。辽宁省对俄贸易总额虽较吉林多,但其占辽宁外贸比重也较低,2015年和2016年辽宁对俄贸易占其外贸总额的3.15%和3.76%,2017年上半年辽宁省对俄贸易占其外贸总额的4.19%。可见,吉林与辽宁两省对蒙俄贸易的地缘优势并未得到充分体现。俄罗斯、蒙古国在两省贸易中的重要性也不是很大,双方的贸易合作水平尚有待提升。

近年来东北四省区与俄罗斯、蒙古国的经贸合作日益密切,但是,商品贸易结构不合理导致双、多边贸易的凝聚度不强,经济上的相互依赖较弱,被替代性较大。尤其是对于东北四省区这样经济实力和科技力量都相对较弱的地区而言，不但面临国际竞争，而且与国内兄弟省份，甚至四省区彼此之间也存在激烈的竞争。这不仅对该地区的经济发展不利，也不利于两国间的经贸合作。仅从四省区与俄罗斯、蒙古国的贸易商品来看，四省区进口的商品主要是石油、木材、粮食、煤炭等原材料，而这些商品既是东北亚国家尤其是韩国、日本等国经济发展所必需的，也是中国国内其他省份所紧缺的。对俄罗斯、蒙古国而言，只要运输条件允许，并不缺少国际买家。而且四省区即便利用地域优势进口所需的原材料，也多半只是起到一个"二传手"的作用，随即运往南方经济较为发达的省份，这对商品进口地的经济发展并无太大益处。东北四省区尽管与俄蒙两国经贸合作有着地缘优势，但因为东北地区出口商品中，除农产品外，自产产品较少，很多时候，该地区边境口岸仅是起到"中转站"的作用。在信息时代交通运输日益发达的情况下，这些省区的地缘优势很容易被化解。这种"中转站"现实情况对该地区尤其是黑、吉、蒙三省区的经济发展意义不是很大。此外，东北四省区边境口岸进出口商品的同质性，也使得该地区各口岸之间出现严重的竞争态势，这很容易造成地区间的恶性竞争及重复建设等情况。

中国东北地区尤其是与俄罗斯经贸合作较多的黑龙江省，对俄贸易产品附加值大多较低，外部可替代性较强。因此，这种商品的可替代性和"吃亏"心态势必影响双方经贸合作，尤其是俄罗斯建成通往太平洋的油气管道后，对向中国出口油气资源的态度如何变化尚不得而知，但有一点可以确定，那就是俄罗斯的主动权会更大。当然，中俄两国正在铺设从黑龙江入境的石油和天然气管道，考虑到管道铺设成本及中国的市场因素，俄罗斯不会轻易放弃中国这个巨大的能源消费市场，黑龙江省依然会成为中俄能源合作的最重要通道，双方签署的巨额能源合同也注定黑龙江会成为两国经贸合作的重要省份。此外，双方商品的贸易集中度过高。俄罗斯对黑龙江省出口商品中仅原材料便占其对华出口的90%以上，这对两国贸易的稳定性极为不利，一旦两国经济或国际经济形势发生变化，双方贸易将会受到很大影响。而从黑龙江省对俄罗斯出口的商品构成可以看出，食品和生活用品占比高达70%，这些商品技术含量低，易替代。俄罗斯经济情况好转的时候，对中国产品的依赖性不会很强，俄罗斯也很容易找到进口类似商品的替代产地①。

二 企业境外经营风险大

中国东北四省区与俄罗斯的经贸合作主要是中小企业或私人间行为，这既有利也有弊。有利的一面是中小企业转型快，对市场反应及时，更容易摸准对方市场，适应市场形势。不利的是这些中小企业实力有限，由于技术、成本和法律意识等原因，它们不愿意花费时间、精力去研究和了解俄罗斯的政策法规，这样就容易因不了解俄罗斯的法律法规而遭受损失，承担更大风险。中小企业的风险信息预警能力有限，尽管有的企业试图建立风险信息预警机制，但是由于缺乏东道国的人脉关系，获取信息的渠道有限，数据收集效率低，风险信息预警能力受限。2012年8月俄罗斯加入世界贸易组织，为了适应国际市场规则，其涉及经济方面的法律政策不断变化调整，很多企业难以跟踪和适应。蒙古国同样如此，对于经营投资等方面的法律变化较大，企业不加以防范很容易陷入风险境地②，这严重影响了双方的经济合作。

口岸等基础设施建设有待加强，尤其是通关便利化等软环境机制有待完善，全局层面的制度合作机制缺失。制度是深化合作的基础，中蒙俄经济走廊建设过程中制度合作与沟通不充分。例如，在中国出台的税收协定助力"一带一路"建设的过程中，由于中蒙俄三国的税制不统一，由税制冲突引发的经济风险较大。机制不健全且执行不力，致使在经贸合作中缺乏完善而规范化的管理服务体系，从而出现产品质量标准不同、市场准入规范不同、海关货物通关速度的不同，以及检验检疫制度的不统一、不稳定等问题。已有的合作机制约束力不强，主要停留在会晤或者软约束机制的层面，导致缺乏执行力强的仲裁机构和合理有效的协商制度。

东北四省区在对蒙俄的地方合作过程中，存在领导权冲突、基层间交

---

① 陈宪良：《中国东北四省区与俄罗斯经贸合作现状分析》，《西伯利亚研究》2018年第1期。
② 国家开发银行等：《"一带一路"经济发展报告》，中国社会科学出版社，2017，第194~196页。

流有限的问题。从整个东北地区看，仍然没有科学的统筹规划方案，省级单位之间也缺少交流机制，导致各区域各自为政。从省外看，尽管建立了东北四省区行政首长联席会议制度，但如何实施、具体分工仍不明确，机制落地困难[①]。

三　国际次区域制度性合作进展缓慢

作为东北亚区域唯一的合作组织，大图们倡议一直是东北亚各国开展多边合作的重要平台。中国、俄罗斯、韩国、蒙古国是现在的大图们倡议成员国。创始会员国朝鲜因核试验在2009年退出大图们倡议，但朝鲜仍在原定的参与大图们江合作区域内积极开展对外合作。大图们倡议成员国高度认可大图们倡议对东北亚地区稳定和发展的重要作用。在大图们倡议即将到期的2014年，在中国延吉召开的第十五次政府间协商委员会部长级会议上，各成员国通过了大图们倡议法律过渡概念文件，积极探讨大图们倡议的升级问题，共同议定共建具有独立法律地位的东北亚经济合作组织。自2014年开始，大图们倡议秘书处与各国进行了5年多的积极沟通，为大图们倡议升级为东北亚经济合作组织起草了比较完备的法律过渡文件，4个成员国就大部分文件达成共识。此后一直处于具体细节和相关条款的修改调整阶段，目前大图们倡议升级迫在眉睫，大图们倡议升级为政府间国际组织成为各成员国反复磋商的重要议题和积极努力的主要方向。

大图们倡议源于联合国开发计划署提出的图们江国际开发项目。联合国开发计划署在1991年提出《图们江地区开发愿景》报告，明确了图们江地区开发的必要性与可行性，提出了建设东北亚地区贸易与交通枢纽的发展目标，确定了图们江下游中、俄、朝毗邻的"小三角"区域和"大三角"区域。"小三角"区域是指中国珲春、朝鲜罗津—先锋、俄罗斯波谢特和扎鲁比诺港，约1000平方公里的图们江经济带；"大三角"是指连线中国延吉、朝鲜清津、俄罗斯纳霍德卡港，约10000平方公里的图们江经济开发

---

① 李寅权：《吉林省深度融入中蒙俄合作交流研究》，《北方经济》2017年第6期。

区。图们江国际开发项目在初创期就获得了东北亚各国的积极支持。在联合国开发计划署的主导下,图们江地区开发纳入其第五期(1992~1996年)的优先支持项目给予资金安排,编制了系列图们江地区开发专项规划。因多种原因,联合国开发计划署决定将项目开发的领导权让渡给项目所涉及的各个成员国。1995年,中国、俄罗斯、朝鲜、韩国和蒙古国五国代表正式签署《关于建立图们江经济开发区及东北亚开发协商委员会的协定》《图们江地区经济开发区及东北亚环境谅解备忘录》,中国、朝鲜、俄罗斯三国代表签署《关于建立图们江地区开发协调委员会的协定》,有效期10年,图们江地区进入实质开发阶段。在2005年长春召开的第八次政府间协商委员会部长级会议上,各国同意将协议延长至2015年,并将图们江国际开发项目正式更名为大图们倡议。大图们倡议将大图们江区域合作开发范围扩大到中国东北三省及内蒙古自治区、朝鲜罗津—先锋经济贸易区、蒙古国东部省区、韩国东部港口城市、俄罗斯滨海边疆区的部分地区。

韩国对将大图们倡议升级为具有独立法律地位的东北亚经济合作组织持非常积极的态度。在2016年于韩国首尔召开的第十六次政府间协商委员会部长级会议上,韩国提出进一步加快大图们倡议升级的进程,行动起来,努力将大图们倡议升级后的新组织打造成各成员国区域合作的重要平台,推进一些共同关心的项目,为各成员国带来实在的利益。在第十七次政府间协商委员会部长级会议上,韩国高度赞成大图们倡议升级为新的政府间国际组织。在2018年于蒙古国乌兰巴托召开的第十八次政府间协商委员会部长级会议上,韩国代表强烈要求加快大图们倡议转型升级的进度,提出2018年完备法律文件,2019年正式组建政府间国际组织,即东北亚经济合作组织。蒙古国高度重视图们江地区的国际合作开发,历届政府制定了一系列的积极支持政策,制定了以开发蒙古国东部带动全国发展的国家战略,成立一个专职对应大图们倡议政府间协商委员会的国家行动小组,并将临近东方省的苏赫巴托省和色楞格省纳入大图们江区域开发范围。作为第十八次政府间协商委员会部长级会议的主办国,蒙古国对大图们倡议升级持积极的肯定态度,同意加快成立政府间国际组织,启动谈判。俄罗斯未明确支持大图们倡议升级。俄罗斯愿意最大限度地利用大图们倡议这一平台来实现国家利益，主要是吸引外资投资远东地区，提升过境运输能力，推动远东地区经济发展。俄罗斯认为当前现状是否满足大图们倡议升级的条件尚需进一步考虑，更加务实的做法是进一步加强大图们倡议的现有合作机制，提升工作效率，推进项目建设，而不是追求建立政府间国际组织。面对韩国、中国和蒙古国在第十八次政府间协商委员会部长级会议上对大图们倡议升级为政府间国际组织的积极推动，俄罗斯提出要再会同外交部门商讨后才能做出最终的决定。

大图们倡议升级为政府间国际组织面临以下几个主要问题。第一，升级为政府间国际组织的基础法律文件和各项规则制定。历史经验表明大图们倡议存续的关键在于《关于建立图们江地区开发协调委员会的协定》《关于建立图们江经济开发区及东北亚开发协商委员会的协定》《图们江地区经济开发区及东北亚环境谅解备忘录》三个重要的框架性文件，这些文件保证了大图们倡议能够在复杂的地缘政治条件和经济条件下保持稳健的发展。但是，由于大图们倡议不是独立的国际组织，不能以法人的身份签订协议，不具有明确的功能定位与国际法权利，因此大图们倡议在协调成员国多边关系、落实协商委员会的经济合作协定、推进项目建设等方面存在困难。

第二，升级为国际组织后的成员组成。1995年，俄罗斯、朝鲜、中国、蒙古国和韩国共同签署了大图们倡议，成为创始成员国。朝鲜因核试验在2009年退出大图们倡议，但是朝鲜一直在大图们倡议划定的朝方地域内积极开展对外合作。朝鲜是否回归到大图们倡议升级后的东北亚经济合作组织中是需要考虑的。此外，作为东北亚地区的经济大国，日本的地方政府、商界及非政府组织对大图们倡议具有极大的兴趣，是否将日本吸纳入东北亚经济合作组织也是一个重要问题。

第三，升级为国际组织后的基本组织架构。大图们倡议的最高决策机构是协商委员会，每年召开一次，委员由成员国推选的副部长级代表担任，委员会主席采取轮流制，任期一年。大图们倡议的所有重要决议要求协商委员会一致通过，并体现在会议的总结报告中。大图们倡议秘书处设在北京，秘书处负责执行协商委员会的决议，起草和制定所有文件，筹备会议，秘书长负责秘书处的日常工作。大图们倡议升级为国际组织后，其相应的组织架构也需要进行升级。

第四，升级为国际组织后的地域开发范围。大图们倡议最早来源于1991年联合国开发计划署的图们江国际开发项目，其地域开发范围主要是指中国、朝鲜及俄罗斯的图们江流域所在地区，从中朝俄毗邻的珲春、罗津—先锋、波谢特和扎鲁比诺港构成的"小三角"区域扩大到延吉、清津、纳霍德卡港的"大三角"区域。目前，地域开发范围包括中国的东北三省（黑龙江、吉林、辽宁）和内蒙古、蒙古国东部地区、韩国东部港口城市、俄罗斯滨海边疆区，但事实上大图们倡议开发项目的辐射范围要大得多。

第五，升级为国际组织后的经费保障和项目融资。稳定的经费来源无疑是保障大图们倡议升级后顺利开展工作的重要因素。创始成员国需要就东北亚经济合作组织的经费来源和资助程序达成共识。如何进一步提升大图们倡议的经济发展功能，如何利用好亚洲开发银行、亚洲基础设施投资银行、丝路基金等区域性金融机构以及东北亚进出口银行联盟，解决好项目融资难题是各成员国关注的焦点。

第三节 促进地方参与中蒙俄经济走廊合作的对策建议

一 加大技术合作与投资合作力度

发挥中国东北四省区各自的工业技术优势，推动其与俄罗斯一些科技力量雄厚的企业进行合作，加大技术合作与投资合作力度，提升双方经贸合作的质量和空间。

第一，根据地区发展实际加强中国东北与俄罗斯的技术合作。中国东北老工业基地虽然工业基础较雄厚，但企业创新性不足，而俄罗斯欧洲部分的基础工业技术水平较高，东北四省区可以与俄罗斯欧洲部分加强技术合作，引进俄罗斯的先进技术，以提升企业的科研能力。另外，东北地区尤其是黑龙江、吉林两省，是中国粮农生产基地，农业技术水平较高，可以与俄罗斯加强农业合作，利用俄罗斯远东地区优质的土地资源，进行农业种植、农产品联合开发及深加工合作。这不但能保障两国的粮食生产，而且有利于提升中国的食品安全。此外，东北地区还可以利用自己科研院校的研发优势加强与俄罗斯的技术合作，也可以加强与俄罗斯技术企业的合作。东北四省区作为老工业基地，尽管技术水平有些落后，但是一些工业企业仍然有着较为雄厚的技术基础。比如辽宁省的造船业居全国第三位，而俄罗斯造船业世界领先，双方完全可以强强联合，加强造船方面的合作。东北四省区的汽车工业在全国处于领先地位，而俄罗斯作为重工业发达的国家，其汽车行业也有一定的技术底蕴，加强双方汽车工业的合作，对于快速推进东北四省区与俄罗斯的经贸发展具有重要意义。黑龙江省除了在农业方面加强与俄蒙的联系外，还可以加强与俄蒙在石油加工方面的合作。中国大庆的石油开采与加工技术领先，俄罗斯又是世界上最重要的石油开采与加工大国之一，双方完全可以加强石油领域上下游的合作。

第二，加强中国东北四省区对蒙俄的投资合作。中国东北四省区尽管与蒙俄之间有着地缘优势，但基于四省区的经济实力和工业企业的发展状况，双方在相互投资合作方面比较滞后，这成为影响双方经贸合作质量的重要原因。应利用地缘优势，根据四省区的优势产业，有选择性地加强四省区与俄罗斯、蒙古国的投资合作[①]。东北四省区拥有汽车、光电子技术、医药生物技术、应用化学等先进的工业技术，经过多年的积累，沉淀了先进的研发机构、雄厚的技术实力、优秀的产业工人和较为完整的工业体系。在新一轮东北振兴发展的过程中，积极对接俄罗斯远东地区的振兴发展战略。2018年5月，俄罗斯总统普京提出了2024年前俄罗斯发展的总体方向、社会目标和战略任务。为此，符拉迪沃斯托克自由港和远东经济超前发展区等区域合作项目的发展进入快车道，在积极实施"滨海边疆区1号"和"滨海边疆区2号"国际交通运输走廊项目过程中，中国东北四省区应该加强对俄投资合作，如考虑俄罗斯滨海边疆区哈桑区的位置条件，加快实施"滨海边疆区2号"项目，并研究经哈桑区—珲春跨朝鲜干线的方案，在中俄朝的交界处建成大型国际交通运输枢纽。

第三，加大政府对境外中小企业的扶持力度。东北四省区作为与俄罗

---

① 陈宪良：《中国东北四省区与俄罗斯经贸合作现状分析》，《西伯利亚研究》2018年第1期。

斯经贸合作的第一阵营，尤其是黑龙江、内蒙古两省区作为中国对俄贸易大户，应该加大对俄罗斯经贸政策及法律法规的跟踪调研，对俄罗斯政治经济政策的调整和可能给在俄华商带来的风险及时发布通告，及时做出预警，使华商能够规避俄方经济政策变动带来的风险。各地市县级政府也应该组织力量，配合上级部门共同对俄罗斯的政策法规进行及时预警，并定期或不定期地征集对俄贸易企业的意见或建议，减少华商因为不了解俄罗斯的法律法规而遭受损失的情况发生。

二　加快中蒙俄经济走廊大通道建设

加快中国东北地区与俄罗斯蒙古国交通基础设施的对接与建设，重点建设三条中蒙俄经济走廊大通道，提高中蒙俄的互联互通水平，充分发挥三条经济走廊大通道的作用。

第一，提升"中国华北京津冀—内蒙古二连浩特—蒙古国乌兰巴托—俄罗斯乌兰乌德"交通大通道建设水平。蒙古国境内段已经在"草原之路"中规划，并计划与中俄两国进行合作，进行铁路电气化改造，修建高速公路，铺设石油和天然气管道，架设高压输电线路。俄境内也在对西伯利亚大铁路和贝阿铁路进行现代化改造。2014年中国境内的二连浩特—集宁段也已开工330公里的扩能改造项目。

第二，提升"俄罗斯赤塔—中国内蒙古满洲里—哈尔滨—绥芬河—俄罗斯符拉迪沃斯托克"交通大通道建设水平。这一通道将黑龙江省与欧洲联系起来，同时黑龙江省也在太平洋确立了出海口。《黑龙江和内蒙古东北部地区沿边开发开放规划》和《中国东北地区面向东北亚区域开放规划纲要》已将这条通道建设作为重要战略之一。中国铁路总公司和俄罗斯铁路部门已经就打通这条中欧陆路跨境运输通道建立了密切协调机制，现已开通"津满欧""苏满欧""粤满欧""沈满欧"等"中俄欧"铁路国际货物班列，并基本实现常态化运营。东北地区通过"大连—沈阳—长春—哈尔滨"高铁与该通道无缝对接，形成高速运输通道。

第三，加快"蒙古国乌兰巴托—乔巴山—霍特—中国内蒙古阿尔山—

吉林白城—长春—珲春—俄扎鲁比诺港"交通大通道贯通建设。2009年8月，国务院批复了《中国图们江区域合作开发规划纲要——以长吉图为开发开放先导区》，对中、蒙、俄、朝国际合作及这条中蒙俄国际大通道做出了详细规划。2013年8月，中国珲春—俄罗斯马哈林诺国际联运铁路列车重启。2015年5月，中国吉林珲春—俄罗斯马哈林诺—扎鲁比诺—韩国釜山国际陆海联运航线开通。目前，该交通大通道由于"两山"铁路段的缺失尚未形成，急需加强研究，尽快完成"两山"铁路建设，实现"蒙古国乌兰巴托—乔巴山—霍特—中国内蒙古阿尔山—吉林白城—长春—珲春—俄罗斯扎鲁比诺港"交通大通道的贯通。

第四，加快"滨海1号"和"滨海2号"国际交通走廊的开发，对中俄远东地区合作，以及"一带一路"建设与欧亚经济联盟对接合作具有重要意义。"滨海1号"连接中国黑龙江省与俄罗斯滨海边疆区的港口，具体路线为哈尔滨—牡丹江—绥芬河—波格拉尼奇内—乌苏里斯克—符拉迪沃斯托克港/东方港/纳霍德卡港。"滨海2号"连接中国吉林省与俄罗斯滨海边疆区的扎鲁比诺港，具体路线为长春—吉林—珲春—扎鲁比诺港。2017年7月4日，在中俄领导人见证下正式签署了《关于"滨海1号"、"滨海2号"国际交通走廊共同开发的备忘录》。为创造和保持通过滨海边疆区港口转运中国货物的竞争力，俄罗斯实行符拉迪沃斯托克自由港口岸昼夜工作制，设置单一货物报关管理机构，实行货物电子申报，明确最长等待期限及运输工具海关检查期限。自中方转口货物集装箱到达地点确定为扎鲁比诺港、波斯耶特港、符拉迪沃斯托克港、东方港及纳霍德卡港。

三 推动口岸基础设施建设

规范市场秩序，提高中国东北四省区境外企业的审批资质，培育中国东北四省区境外企业的良好投资环境；制定海关检疫、检验等的统一标准，提高口岸通关效率[①]。东北四省区进一步放宽边民互市贸易免税限额政策，

---

① 乌云塔娜：《内蒙古参与中蒙俄经济走廊建设的对策研究》，吉林大学硕士学位论文，2016。

适当提高边民每人每天带进生活用品的金额和数量标准。

（一）推动中国对俄边境口岸建设

中国对俄边境口岸主要分布在中国东北的黑龙江省、吉林省和内蒙古自治区，其中大部分口岸位于黑龙江省。黑龙江省对俄边境口岸的良好发展，能够积极促进中俄贸易的发展，进一步发挥对俄边境口岸的积极作用，已经成为黑龙江省经济社会的重要组成部分。与此同时，吉林省对俄口岸的持续发展对吉林省的经济发展有着重要的推进作用。无论是对边境基础设施的建设，还是对相关物流产业的培育，都能够大力推动吉林省经济的发展繁荣。对于内蒙古自治区来说，对俄边境口岸的发展能够促进地区的经济发展，并且促进了各种生产要素的集聚，带动了经济的发展。

第一，促进绥芬河口岸的建设发展。绥芬河位于黑龙江省东南部，东部与俄罗斯滨海边疆区接壤，边境线长约27公里。绥芬河是中国东北地区对外开放的窗口，也是参与国际分工的重要桥梁，同时它是我国振兴东北和面向俄罗斯开发远东地区的重要节点城市，故被誉为连接东北亚和走向亚太地区的"黄金通道"。通过绥芬河口岸，经俄罗斯符拉迪沃斯托克、纳霍德卡港口之后，陆海联运的货物便可直达日本、韩国等国家，地理位置十分优越。

绥芬河是黑龙江省唯一拥有公路口岸和铁路口岸的城市。绥芬河为推进中俄贸易合作的快速发展，加强龙江陆海丝绸之路经济带建设，做出了很多努力。黑龙江对省内最大的对俄边境铁路货场进行改造，现已投入使用。改造后的货场，4个功能区在装卸和储存能力上分别提高到原来的5倍，绥芬河铁路口岸承载的木材、钢铁、化肥、煤炭和化工品的运输运量均有所提高。绥芬河口岸过货量大幅度增加，主要表现在原木、锯材和铁矿砂等一些大宗货物上。2016年1~5月，绥芬河进出口货物为426.1万吨，比2016年同期提高9.4%。其中进口货物过货量为416.5万吨，同比增长10.8%；出口货物为9.6万吨，同比减少28.5%。口岸的吞吐能力得到了有效提升[①]。加大与俄罗斯边关的配合力度，及时了解客流动态，结合口

---

① 《前5个月绥芬河海关过货量大幅增长 比去年同期增加9.4%》，黑龙江省人民政府，http://www.hlj.gov.cn/zwfb/system/2016/07/05/010781199.shtml。

岸数字化，配备了便携式检验仪和智能验放台，安装了指纹采集仪和车辆检查系统等科技高、智能化的设备，便于提供高效便捷的通关服务。另外，绥芬河高效的边检制度为自驾游提供了便捷的条件①，集中办理出境手续和讲解注意事项，不到十分钟就可以从专用通道安全通关。

第二，促进东宁口岸的建设发展。东宁地处黑龙江省东南部，东面与俄罗斯接壤，它也是东北亚国际大通道上重要的一部分。东宁口岸于1990年4月26日正式对外开放，是国家一级陆路口岸，与俄罗斯远东最大城市符拉迪沃斯托克隔岸相对。东宁口岸与俄罗斯陆路相接、铁路相通，并且是中俄水路联运的最佳路径，地理位置十分优越，从符拉迪沃斯托克出发经过朝鲜海峡到大连只有900海里，距离上海和南通有1500海里，而到达中国香港有1900海里。东宁口岸是黑龙江省对俄贸易的龙头口岸，同时也是对俄贸易活动的重要城市，东宁口岸目前年过货量为100万吨左右，年出入境人数更是达到150万人次。

2016年4月，国务院同意设立黑龙江绥芬河—东宁重点开发开放试验区，东宁成为对俄边境开放的前沿地区。东宁利用互市贸易区与东宁经济开发区，引导企业在东宁建立"边境仓"。如今，东宁已经成为到达欧洲部分市场最快捷、最便利的通道。它的境外园区也是如此，已经设有国家级境外园区乌苏里斯克经贸合作区和华信中俄现代农业产业合作区，还有两个按照国家级标准建设的滨海华宇经贸合作区和华洋境外绿色农业园。东宁正在构建以境外园区为依托并且着眼于龙江陆海丝绸之路经济带和东北亚区域的跨境连锁加工产业联盟。东宁在加快自身的转型发展，突出对外开放，发挥口岸优势，利用中药材进境，来建设俄罗斯中药材集散地，并且与京东集团合作，扩大海产品品种与数量，抢占国内中高端海产品的市场份额②。近几年，东宁不断推进公路、铁路、机场和口岸的基础设施建设，力图优化通道建设，改善向北、向南和向东的交通不利条件，形成北

---

① 《绥芬河边检站为中俄跨境自驾游开辟绿色通道》，中国新闻网，http://www.hlj.chinanews.com/hljnews/19515.html。
② 《东宁口岸货运通道实现每周7天12小时工作制》，中华人民共和国外交部，http://www.mofcom.gov.cn/article/difang/201610/20161001491160.shtml。

面连接龙江陆海丝绸之路经济带的陆海联运大通道，南到珲春"借港出海"的大通道。除此之外，东宁口岸界河桥建成后将会大大改善口岸的通关环境，进而促进中俄贸易的快速发展。

第三，促进黑河口岸的建设发展。黑河市在黑龙江省西北部，与俄罗斯的布拉戈维申斯克市仅有一水之隔，1982年经国务院批准恢复为国家一类口岸。黑河口岸是黑龙江流域面对俄罗斯规模最大、运输能力最强和距离最近的边境口岸，地理位置优越。

黑河口岸与俄罗斯的布拉戈维申斯克市隔江相望，黑河货运码头与俄罗斯布拉戈维申斯克码头距离仅有3500米。另外，大黑河岛客运码头与布拉戈维申斯克更近，距离不到1000米。从1992年黑河就被称为四季通畅口岸：每年1~3月为冰封期，可以进行冰上客货汽车运输；3月下旬到5月初，为春季流冰期，继续开通气垫船运输；5~10月为水上客货运输以及轮渡汽车运输；11月到12月下旬是冬季流冰期，可以开通气垫船运输。全年累计实际通航天数大约有295天，交通条件十分便利。近年来，黑河为发展口岸经济做出了不少努力，借助口岸的发展优势，努力加强中俄双方在能源和农业方面的合作，在俄罗斯布拉戈维申斯克创办和兴物流建材产业加工园区、跨境中俄园区和金色丰收中俄产业示范园区等，还有很多园区正在建设中，以促进中俄贸易的进一步发展。

第四，促进同江口岸的建设发展。同江口岸位于黑龙江省东北部，处于松花江与黑龙江交汇处，与俄罗斯的犹太州只有一江之隔，距离也仅有35公里，国境线长165公里。同江口岸开放较早，1904年中国商户就与俄国商人有贸易往来。同江口岸交通比较便利，是哈同公路的终点。与此同时，同江与松花江平行，从这里可以到达佳木斯和哈尔滨。同江也是黑龙江省重点的江海联运港口，通过江海联运可以到达日本、朝鲜和韩国等国家。同江港口江面宽阔，并且水深流缓，是天然的优质港口。该港口建有木材、粮食、综合、油料和简易码头，同江港口有15个泊位，它可以停靠3000吨船舶，通航期为6个月。

同江政府为促进对俄边境贸易和口岸经济的发展，不断完善基础设施建设。2016年12月，同江建立了公用型保税仓库，面积为4000平方米，是目前佳木斯地区唯一的公用型保税仓库。2016年在同江的中俄首座跨江铁路大桥中方主体工程已经基本完工，俄方项目全面开工，大桥的建设将进一步推进同江口岸的物流发展，同江将充分利用同江大桥带来的优势，引进出口产品加工和国际物流、农副产品加工和食品产业链、旅游商贸服务等项目，促进同江口岸与所在地区的发展。

第五，促进抚远口岸的建设发展。抚远是中国最东端的城市，位于黑龙江和乌苏里江交汇之处，被称为"东方第一城"。抚远与俄罗斯仅一水之隔，边界线长为275公里，与哈巴罗夫斯克陆上相距35公里，水上相距64公里。抚远的水域宽阔，并且水中无浅滩，水域最深处达到10米左右，而平均水深为4米，是我国最好的深水良港之一。抚远口岸于1992年5月被国务院批准成为对外开放的一类口岸，并且在1993年2月正式投入使用。该口岸是中国最东端的边境物流口岸，不仅具有优越的地理优势，还具有便利的交通运输条件。与此同时，抚远口岸能够停泊5000吨级船舶，而且在丰水期，可以行驶船舶直接到达黑龙江出海口，是我国优良的换装港口。抚远口岸现在已经拥有千吨泊位33个，口岸的吞吐能力达到650万吨。

抚远口岸的通关能力不断提高，基础设施不断完善。建三江到黑瞎子岛的高速公路已经开通，抚远铁路开始顺利通车，加之机场的通航，使抚远具备了水路、铁路、公路和航空四类运输条件，形成了良好的交通运输网络，这对抚远口岸物流的发展起着极其重要的作用。便利的交通不仅能够拉近抚远和附近地区的距离，而且能够促进口岸物流的发展，同时能够进一步促进国际贸易往来大通道的发展。抚远港口是中国通往俄罗斯以及北美国家最便捷和最重要的江海联运大通道，所以被称为"东方水上丝绸之路"。

第六，促进满洲里口岸的建设发展。满洲里口岸是我国东北地区和内蒙古地区通向俄罗斯以及欧洲各国的重要交通道路。与俄罗斯赤塔州后贝加尔斯克区铁路、公路相通，被称为"欧亚大陆桥"。满洲里是中国最大的边境陆路口岸，也是全国最大的铁路口岸与通商口岸，它的国际贸易、地方贸易和转口贸易均位于全国内陆口岸之首。2016年1~8月，满洲里出口农产品人民币总额为14.5亿元，同期增长50.4%，比满洲里出口水平高出22个百分点，占同期口岸出口总额的78.3%,而且基本是出口到俄罗斯[①]。2016年1~7月,满洲里海关出口汽车零配件1.1亿元人民币,同比增长182.2%。

为提高口岸经济,努力完善口岸的基础设施建设,在满洲里政府政策的推动下,满洲里综合保税区已经建成,并且通过国家验收。这个保税区是在满洲里市公路口岸、铁路口岸和航空口岸的交汇处,具有很大的地理位置优势,保税区历时一年建成,规划面积1.44平方公里,围网面积为1.39平方公里[②]。它具有保税区、保税物流区、出口加工区和港口功能,可以进行国际中转、配送、采购、转口贸易、出口加工等活动,具有优惠的政策条件和较高的开放层次,对满洲里发展现代物流业和口岸外向型经济都有一定的促进作用。同时也有利于提高口岸的服务功能,促进产业的优化升级。

第七,促进珲春口岸的建设发展。珲春口岸是吉林省唯一的对俄国际公路口岸,又称长岭子口岸。它位于珲春东南部,距离珲春市区15公里,与俄罗斯隔岸相望的是克拉斯基诺口岸,距离珲春28.5公里,距离符拉迪沃斯托克170公里,距离纳霍德卡340公里。珲春口岸具有很好的地理位置优势,早在1993年4月获国务院批准成为国家一类口岸。珲春口岸于1998年5月正式过客,目前拥有通往扎鲁比诺、符拉迪沃斯托克等地的旅游线路,这条线路使得珲春的民俗旅游、边境旅游和跨国旅游业发展迅速,促进了一方经济的发展。2004年国务院批准珲春开展签证工作。

为提高口岸通关能力,积极出台一系列措施。2015年珲春推出"三个一"计划,要求一次性报关、一次性查验和一次性放行,是安全高效的通关服务,对加强有关制度建设和提高口岸商贸物流安全水平具有重要的意义。

(二)推动中国对蒙边境口岸建设

我国对蒙古国的口岸均分布于我国北方的沿边地区,目前集中于新疆

[①] 《满洲里口岸前7个月口岸木材进口量同比增长22.5%》,央广网,http://news.cnr.cn/native/city/20160901/t20160901_523105203.shtml。

[②] 《满洲里综合保税区顺利通过国家正式验收》,环球网,http://news.cr.cn/native/city/20160914/t20160914-523135851.shml。

和内蒙古境内①。内蒙古拥有长达4221公里的边境线，其中，与蒙古国的边境线长达3103公里，对蒙古国的边境口岸有10个，分别是二连浩特铁路口岸、二连浩特公路口岸、策克公路口岸、甘其毛都公路口岸、珠恩嘎达布其公路口岸、阿日哈沙特公路口岸、满都拉公路口岸、额布都格水运口岸、阿尔山公路口岸、巴格毛都公路口岸（见表8.9），是我国目前对蒙古国开放最前沿的阵地。改革开放以来，内蒙古对蒙古国的口岸开放得到了极大的发展。从我国对蒙古国口岸的整体贸易流量、发展规模和近些年的上升趋势来看，内蒙古境内对蒙古国的口岸占据绝对主导地位。

表8.9 内蒙古对蒙古国口岸建设规模

口岸名称	运输方式	口岸分类	年过货能力（万吨）	批准开放机关	类型
二连浩特—扎门乌德	铁路 公路	1类 1类	1000 400	国务院 国务院	国际性常年开放口岸
策克—西伯库伦	公路	1类	500	国务院	双边性常年开放口岸
额布都格—巴彦胡舒	水路	2类	10	自治区政府	双边性常年开放口岸
阿尔山—送贝尔	公路	2类	5	自治区政府	国际性常年开放口岸
满都拉—杭吉	公路	2类	2	自治区政府	双边性常年开放口岸
甘其毛都—嘎舒苏海图	公路	1类	200	国务院	双边性常年开放口岸
阿日哈沙特—哈比日嘎	公路	1类	5	国务院	双边性常年开放口岸
珠恩嘎达布其—毕其格图	公路	1类	10	国务院	双边性常年开放口岸
巴格毛都—布敦毛都	公路	2类	2	自治区政府	双边性常年开放口岸
乌力吉—查干德勒乌拉	公路	2类	500	自治区政府	双边性常年开放口岸

中国已经连续多年成为蒙古国的第一大贸易出口国，二连浩特口岸也是蒙古国的唯一出海口。中国在蒙古国的建设投资规模不断扩大，口岸的通关建筑、交通运输以及邮电通信等基础设施日益完善，为双边的口岸贸易往来、经济发展起到了推动作用。目前，自治区已初步形成了全面对外

---

① 新疆地区对蒙古国共开设了四个口岸：红山嘴陆运公路口岸、塔克什肯陆运公路口岸、乌拉斯台陆运公路口岸、老爷庙陆运公路口岸。其中只有塔克什肯陆运公路口岸为常年开放口岸，其余均为季节性开放口岸，并且整体贸易量较小。

开放的口岸布局，包括公路、铁路、水路、航空等多种运输方式，以口岸为依托的沿边开放经济带正在逐步形成。加快中蒙俄口岸基础设施建设，加速电子口岸进程，提高口岸的换装和查验能力，形成陆海空"三位一体"的对外开放格局，是扩大沿边开放的前提条件，也是解决中俄经贸长期得不到快速发展的关键。

四 加快大图们江倡议升级

高度重视大图们江倡议升级，作为东北亚地区唯一的一个政府间经济合作机制，其肩负着重要的经济使命和地缘政治责任。突出东北亚经济合作组织的经济功能，促进东北亚地区的多边经济合作，积极应对逆全球化浪潮和中美贸易摩擦升级。根本性地改变大图们倡议的法律地位，将其升级为独立的政府间国际组织，使其具备国际法主体资格，将大图们倡议的副部长级领导机构同步升级为部长级，未来进一步上升到总理级别或元首级别。将涉及大图们倡议升级的各项议题纳入各成员国的国家领导人会晤日程中。保证大图们江倡议升级后的新组织的经费预算，尽快成立东北亚经济合作组织的合作伙伴基金。

第一，加强与韩国在大图们倡议升级方案上的协调沟通。充分研究韩国政府的积极主动对朝政策，研判韩朝关系的改善空间与发展。考虑韩国推动大图们倡议升级、恢复朝鲜成员国身份的实质利益，在推进朝鲜半岛无核化和朝鲜半岛建立长久稳固的和平机制，进一步升华中朝关系的长期目标下，积极把握大图们倡议升级的主动权。抓住大图们倡议升级的历史机遇，进一步提升中国、韩国和朝鲜的三边关系与经济合作。强化中国在大图们倡议升级进程中的核心关键方地位与作用，积极担当各方磋商谈判会议的组织者和召集人。在合作共赢的基础上，提出大图们倡议升级为政府间国际组织的架构、决策程序机制、运行机制的中国方案，保证中国在大图们江地区的国家利益。

第二，从经济利益角度推动俄罗斯积极参与大图们倡议升级。进一步加强中国与俄罗斯的全面战略协作伙伴关系，在中俄最高领导人会晤中达成共识,既要加强上海合作组织这一以安全功能为主体的中俄合作,也要建立包含中国和俄罗斯新的以经济功能为主的国际组织。充分借鉴中俄两国在上海合作组织发展成国际组织过程中的经验,携手俄罗斯共同推动大图们倡议升级为东北亚经济合作组织。加强中国"一带一路"倡议与蒙古国"草原之路"、俄罗斯"欧亚联盟"和"远东开发"的互动与对接,以中蒙俄经济走廊为主要载体,进一步做实大图们倡议升级后中蒙俄三国的经济利益,消除俄罗斯对大图们江地区开发的国家安全误解。积极利用俄罗斯每年在符拉迪沃斯托克举办的"东方经济论坛",促进俄罗斯尽快同意大图们倡议升级为东北亚经济合作组织并积极作为。

第三,积极发挥智库联盟作用,加强大图们江倡议升级为政府间国际组织的协同研究工作。将经济合作作为大图们江倡议升级为政府间国际组织的基石,综合研究各成员国间经济、政治、文化的交织影响与基础法律协议。进一步明确重点发展领域、关键环节,改革与创新交通、贸易便利化、旅游、能源、环境五大优先发展领域的合作。进一步支持地方合作委员会开展工作,发挥地方政府在大图们江区域合作中的作用,推进重大互联互通基础设施建设,加快大图们江三角洲旅游开发项目建设。

第四,加快起草成立东北亚经济合作组织的各项基本文件。根本性地转变大图们倡议的法律地位,加大各国政府对大图们倡议升级和升级后新组织的重视,巩固加强东北亚地区这个唯一的政府间经济合作机制的地位,将大图们倡议由政府间的合作机制升级为独立的国际组织,明确规定大图们倡议升级为东北亚经济合作组织的法律地位,使其具有国际法主体资格。制定专业严谨的成立文件,全面阐述东北亚经济合作组织的定位、基本原则、发展目标、管理规则等。新组织成立文件的签署应为总理级或元首级,明确主办国会议开幕式的规格是总理级。

第五,积极吸引朝鲜和日本加入东北亚经济合作组织。无论是从经济角度,还是从政治角度,大图们倡议创始成员国朝鲜的回归都是一件好事。朝鲜地处图们江地区重要交通干线的交汇处,吸引日本的加入,有利于扩大区域国际贸易规模,增加区域货物运输需求,推进交通等基础设施项目建设,有利于增加来自日本的投资资金,更加方便地开展包括日本在内的区域国际物流和旅游项目，进而推动东北亚区域一体化的进程。包括朝鲜和日本的东北亚经济合作组织，才是覆盖整个东北亚地区的区域合作国际组织，这有利于推进东北亚地区的进一步繁荣，开创互利共赢的新局面。在大图们倡议升级为东北亚经济合作组织的法律文件中增加新成员加入的条款，通过大图们秘书处和各国的正式外交渠道，积极推动朝鲜和日本加入新组织。

第六，建立经济功能导向型的国际组织架构。最高决策机构是由各成员国部长级代表组成的理事会，代表的任期明确，且不能随意更换。理事会负责大图们倡议升级以及建立国际组织后的各项工作，包括制订战略计划和组织预算等，理事会会议每年召开一次。在理事会下可设立行业或领域分委会，如能源、交通、旅游、环境保护、农业、贸易投资便利委员会，各委员会同样由各成员国指派相应级别的全权代表开展工作，制订工作计划、项目方案等，接受理事会的领导。秘书处负责人由主任改为秘书长，秘书长由各成员国公民根据规定程序竞聘选出，并由最高决策机构通过决议任命，每届任期三年。特别重视秘书长的人选问题，选择专业水平高、组织能力强、具备外交素养的人担任秘书长，推动东北亚经济合作组织的顺利建立，并使其在国际舞台上发挥重要作用。秘书长的职责权限将进一步拓宽，其级别与独立的国际组织相对应，有权单独做出决定。秘书长将替代现在的协商委员会主席的部分职能，全面负责最高决策机构会议安排的各项任务的执行工作。合理扩大秘书处人员规模，继续从地方政府借调工作人员，积极招募各国志愿者到秘书处工作。

第七，对东北亚经济合作组织的地域开发范围加以确认。为了使其有限的资源能够对各成员国发挥最大的作用，全面评估各国愿意加入地区的作用与价值，划定地域范围的核心区与重点区。其中，将中朝俄毗邻的延吉、清津、纳霍德卡港的"大三角"区域作为核心区，重点开发区将包括中国的吉林、黑龙江、辽宁、内蒙古，韩国的江原道、固城郡、釜山和蔚山，俄罗斯的滨海边疆区、哈巴罗夫斯克边疆区、阿穆尔州和伊尔库茨克州，蒙古国的东方省、肯特省和苏赫巴托尔省，朝鲜的清津、罗津和新义州，日本的鸟取和新潟。加强地方政府在项目开发建设中的作用，促进地方合作委员会积极工作,密切各个地方政府的沟通与协作,逐步开展与北京、首尔、东京等大都市圈的经济合作。

第八,科学制定新组织的会费收取、管理与支出办法。考虑成员国缴纳会费的所有可能问题,明确成员国缴纳会费的程序与标准,保证缴纳会费的标准清楚公平,尽量避免会费简单地与国内生产总值指标挂钩的办法。明确外部赞助程序,吸引各成员国为东北亚经济合作组织提供额外的经费资助。定期制订为期3~5年的战略计划和每年的工作计划,明确新组织年度预算的制定标准,且让各国能够充分参与制定预算,在预算收支平衡原则的情况下,根据计划安排相应的工作,明确新组织支出的主要款项。秘书处负责人每年提交总结报告,汇报计划及预算的完成情况,建立新组织经费使用的外部审计制度。积极筹备大图们倡议合作伙伴基金,为大图们倡议升级为东北亚经济合作组织后的各项活动和项目提供保障。

第九,加快与银行建立有效的合作模式。积极与东北亚进出口银行联盟开展有效合作,突出项目立项、融资与建设的协同配合。由东北亚经济合作组织的下设各行业领域委员会提出项目计划;东北进出口银行联盟召开联席会议评审各个申报项目,对筛选通过的项目给予研究经费支持;项目运作经费实行预算制,按照银行可担保的项目标准进行论证;召开由行业领域委员会、银行联盟、区域性金融机构及私人资本共同参加的项目建设融资论证会,集体决定是否开展项目建设以及具体的融资方案,由东北进出口银行联盟牵头保证开工项目的融资需要。

第十,东北四省区地方政府积极参与大图们倡议升级为东北亚经济合作组织的工作。积极参与大图们倡议地方合作委员会的工作,谋求委员会中的主导地位。与蒙古国东方省、俄罗斯滨海边疆区、韩国东原道等地方政府加强联系,促进地方政府往来交流与地区经贸合作项目建设。图们江发源于长白山,主要流经中国吉林省的延边州、朝鲜的两江道和咸镜北道、俄罗斯滨海边疆区的哈桑,最终注入日本海。作为联合国开放计划署确定的图们江国际开放项目核心区域,长期以来,吉林省是中国地方层面参与大图们倡议的主要推动者与受益人。2019年,中国作为大图们倡议的轮值主席国,在中国召开第十九次部长级协商委员会。利用这一有利契机,积极参与大图们秘书处的会议筹备工作，积极配合国家领导机关，组织省商务、外事等部门协同工作，加快东北亚经济合作组织基础法律文件和各项规则的制定。

五　加强地方人文交流合作

东北各省区应该加强与俄罗斯、蒙古国的友好合作关系，既要加强两国地方政府关系，也要加强双方民间关系，尤其是要加强两国地方人文交流，让俄罗斯远东地区进一步了解中国，从而促进两国地方关系全方位发展。

第一，加强东北四省区对蒙俄的民间文化交流。文化交流只有让民众成为主体，才能富有活力、持续发展。东北四省区在发展对外文化交流中，应注重让民众成为交流对话的主体，积极构建全民参与的交流平台，扩大文化交流的广度。打破文化交流活动参与者的领域界限，吸引各类社会主体参与文化交流活动，实现文化交流主体范围从政界到普通民众的转变；充分利用沿边地区的地理优势，制定多元化的优惠政策，促进边境人民往来，发挥友好关系的辐射效应，带动内地人民的热情；注重发挥民间团体的作用，鼓励一些规模较大、实力较强、层次较高的民间组织积极参与、组织或承办有关对外文化交流的国际性会议及其他有关活动，特别是经济、教育、科技、文化、体育等方面的国际交流与合作，例如举办大图们倡议东北亚旅游论坛，加快大图们江三角洲旅游开发项目建设，积极在中俄朝毗邻地区及环日本海地区开展国际旅游合作项目。

第二，加强东北四省区对蒙古语、俄语人才的培养。针对当前蒙古语、俄语人才缺乏问题，东北四省区应充分发挥已有蒙古语、俄语的比较优势，加强对蒙古语、俄语人才的培养，为做好对蒙、对俄文化交流储备语言人才。为此，一要充分发挥东北四省区高等院校和职业学院在蒙古语和俄语教学方面的主渠道优势，培养精通蒙古语、俄语的专业语言型人才；二要在高校实行蒙古语、俄语专业的人才培养模式，优化课程设置，在学习语言的同时学习其他专业知识，培养实用型蒙古语、俄语人才；三要加强与蒙俄高校的沟通交流，可以通过联合办学、互派教师及学生等方式，通过融入当地语言环境，拓宽学生的知识面，增强语言沟通能力和对东北地区以及蒙俄两国文化底蕴的了解。

第三，进一步拓宽东北四省区对蒙俄文化交流的广度并提升深度。东北四省区作为国家联通蒙俄、向北开放的重要窗口，应将对蒙、对俄人文交流放在同样重要的位置，在继续加强与深化同蒙古国各个领域交流的同时，也要不断拓展对俄罗斯文化交流的广度并提升深度。为此，要充分利用边境口岸城市的地理优势，以点带面，以边境城市带动其他城市，实现边境与内地城市对俄罗斯文化交流同步发展，推动中国东北地区文化走出去，加强与蒙俄文化中心的联系，深化中蒙俄三国人民对彼此国家文化的理解，可将文化交流与旅游产品相结合，丰富东北四省区旅游项目的同时促进文化交流。进一步丰富对俄罗斯文化交流的内容，在现有文化交流的基础上，加强东北四省区与俄罗斯在智库、教育、科技、医疗卫生等方面的交流与合作，并通过搭建如博览会、论坛、学术会议等平台，提高东北四省区的艺术教育水平和居民的文化修养，拓宽对俄罗斯文化交流的渠道[①]。

[①] 王启颖：《"中蒙俄经济走廊"建设中的内蒙古与蒙俄文化交流》，《实践》（思想理论版）2018年第6期。

参考文献

[1] 巴达玛:《论蒙中贸易的现状及其发展前景》,吉林大学博士学位论文,2013。

[2] 巴特尔:《中蒙经贸合作问题的策略思考》,《东北亚论坛》2002年第2期。

[3] 包崇明:《中蒙俄区域经济一体化战略研究》,《当代世界与社会主义》2013年第1期。

[4] 包明齐:《中蒙区域经济合作研究》,吉林大学博士学位论文,2016。

[5] 宝斯琴塔娜、包斯日古楞:《中蒙对外贸易特点及两国贸易关系分析》,《西北师范大学学报》(自然科学版)2016年第6期。

[6] 保健云:《中国对蒙直接投资的特点及问题》,《当代亚太》2007年第6期。

[7] 保利尔:《中国对蒙古国直接投资分析》,吉林大学博士学位论文,2014。

[8] 蔡春林:《中俄、中印、中巴经贸合作——基于竞争性与互补性分析》,《国际经济合作》2008年第3期。

[9] 蔡振伟、林勇新:《中蒙俄经济走廊建设面临的机遇、挑战及应对策略》,《北方经济》2015年第9期。

[10] 曹海波:《中蒙合作面临良好历史机遇》,《东北亚论坛》2009年第1期。

[11] 曹盟:《中蒙俄经济走廊的历史考察》,《西伯利亚研究》2018年第1期。

[12] 常树春:《中俄开展产业内贸易的可行性分析》,《俄罗斯中亚东欧研究》2009 年第 5 期。

[13] 陈才:《地缘关系与世界经济地理学科建设》,《世界地理研究》2001 年第 3 期。

[14] 陈才等:《图们江通海航行与珲春地区总体开发战略设想》,《东北亚论坛》1992 年第 1 期。

[15] 陈国喜:《"一带一路"倡议下的中蒙次区域经贸合作关系研究》,《延边大学学报》2017 年第 4 期。

[16] 陈强:《"一带一路"背景下中国对俄罗斯的直接投资(FDI)研究》,武汉大学硕士学位论文,2017。

[17] 陈宪良:《中国东北四省区与俄罗斯经贸合作现状分析》,《西伯利亚研究》2018 年第 1 期。

[18] 陈岩:《"一带一路"战略下中蒙俄经济走廊合作开发路径探析》,《社会科学辑刊》2015 年第 6 期。

[19] 达古拉、乌日陶克套胡:《蒙古国牧户收入研究》,《内蒙古师范大学学报》2015 年第 6 期。

[20] 戴育琴、欧阳小迅:《"污染天堂假说"在中国的检验》,《企业技术开发》2006 年第 12 期。

[21] Danzan Pagamsuren:《中国对蒙古的直接投资分析》,吉林大学硕士学位论文,2015。

[22] 〔德〕于尔根·弗里德里希斯:《全球化时代的资本主义》,张世鹏等译,中央编译出版社,1988。

[23] 德·恩赫其其格:《蒙古色彩——蒙古国艺术作品展》,《美术观察》2009 年第 5 期。

[24] 丁晓龙:《内蒙古与俄罗斯贸易形势分析及建议》,《北方经济》2015 年第 2 期。

[25] 杜伟:《完善 R&D 激励机制方略》,《财经问题研究》2004 年第 3 期。

[26] 鄂晓梅:《中蒙俄经济走廊"五通"建设中的问题与对策》,《内蒙古社会科学》2017 年第 5 期。

[27] 方创琳、崔军：《中国图们江区域城市国际经济合作开发战略》，中国经济出版社，2013。

[28] 芳芳、图门其其格：《中国对蒙古国直接投资的现状及影响分析》，《财经理论研究》2010年第4期。

[29] 芳芳：《中国对蒙古国直接投资现状研究》，内蒙古大学硕士学位论文，2010。

[30] 高际香：《俄罗斯城市化与城市发展》，《俄罗斯东欧中亚研究》2014年第1期。

[31] 格日乐其其格、楚力顿苏荣：《蒙古国牧民的消费研究》，《内蒙古师范大学学报》2015年第6期。

[32] 关秀丽：《俄罗斯入世后中俄经贸结构的调整探析》，《宏观经济管理》2011年第12期。

[33] 郭连成：《中俄区域经济合作路径探析》，《东北亚论坛》2007年第3期。

[34] 国际货币基金组织：《世界经济展望》，中国金融出版社，1997。

[35] 国家开发银行等：《"一带一路"经济发展报告》，中国社会科学出版社，2017，第14~20页，第123~125页，第194~196页。

[36] 韩师光：《中国企业境外直接投资风险问题研究》，吉林大学博士学位论文，2014。

[37] 韩银安：《地缘经济学》，世界知识出版社，2011，第45页。

[38] 何茂春、田斌：《"一带一路"的先行先试：加快中蒙俄经济走廊建设》，《国际贸易》2016年第12期。

[39] 贺文华：《FDI、经济增长与环境污染的实证研究——基于中国东部11省（市）的面板数据》，《湖南农业大学学报》2010年第1期。

[40] 黄凤志：《对中蒙俄经济走廊建设的战略分析》，《人民论坛·学术前沿》2016年第13期。

[41] 〔加〕马歇尔·麦克卢汉：《理解媒介——论人的延伸》，何道宽译，商务印书馆，2000。

[42] 简新华、黄锟：《中国城镇化水平和速度的实证分析与前景预测》，

《经济研究》2010 年第 3 期。

[43] 江小涓：《利用外资领域的理论研究》，《经济学动态》2001 年第 3 期。

[44] 姜其林：《蒙古国经济金融发展现状及内蒙古对蒙金融货币合作问题研究》，《中国信用卡》2018 年第 8 期。

[45] 姜振军：《中俄共同建设"一带一路"与双边经贸合作研究》，《俄罗斯东欧中亚研究》2015 年第 4 期。

[46] 蒋殿春、张宇：《经济转型与外商直接投资技术溢出效应》，《经济研究》2008 年第 7 期。

[47] 康成文：《中俄、日俄双边贸易比较分析》，《现代日本经济》2014 年第 3 期。

[48] 李丹、崔日明：《"一带一路"战略与全球经贸格局重构》，《经济学家》2015 年第 8 期。

[49] 李国鹏：《中国与"一带一路"沿线主要新兴经济体的经贸合作研究》，东北财经大学博士学位论文，2017。

[50] 李建军、孙慧：《共建丝绸之路经济带背景下中蒙俄经济走廊建设研究》，《新疆社会科学》2016 年第 6 期。

[51] 李健：《从全球生产网络到大都市区生产空间组织》，华东师范大学博士学位论文，2008。

[52] 李靖宇、韩瑜：《开创中俄两国经贸合作新局面的对策》，《财经问题研究》2002 年第 11 期。

[53] 李靖宇、张璐：《中俄经贸合作战略升级的历史机遇》，《和平与发展》2005 年第 4 期。

[54] 李俊江、孟勐：《中蒙经贸合作实现"量—质—量"升级的利益平衡策略研究》，《内蒙古社会科学》2016 年第 3 期。

[55] 李宁：《"一带一路"背景下黑龙江省推进中蒙俄经济走廊建设的路径选择》，《对外经贸》2018 年第 12 期。

[56] 李平：《技术扩散中的溢出效应分析》，《南开学报》（哲学社会科学版）1999 年第 2 期。

[57] 李强：《中日贸易商品结构及其优化策略研究》，东北师范大学硕士学

位论文，2011。

[58] 李铁立：《边界效应与跨边界次区域经济合作研究》，中国金融出版社，2005。

[59] 李新：《中俄蒙经济走廊助推东北亚区域经济合作》，《俄罗斯东欧中亚研究》2015年第4期。

[60] 李新：《中蒙俄经济走廊是"一带一路"战略构想的重要组成部分》，《西伯利亚研究》2015年第3期。

[61] 李寅权：《吉林省深度融入中蒙俄合作交流研究》，《北方经济》2017年第6期。

[62] 李勇慧：《中蒙俄经济走廊的战略内涵和推进思路》，《北方经济》2015年第9期。

[63] 刘美平：《黑龙江流域中、俄、蒙三国软环境与经济合作》，《东北亚论坛》2000年第2期。

[64] 刘清才、张海霞：《中俄两国经贸关系发展现状及其广阔前景》，《东北亚论坛》2012年第3期。

[65] 刘爽：《后金融危机时期加快中俄经贸结构调整研究》，《俄罗斯中亚东欧研究》2010年第3期。

[66] 刘威、丁一兵：《中蒙俄经济合作走廊贸易格局及其贸易潜力分析》，《商业研究》2016年第10期。

[67] 刘晓音：《"丝绸之路经济带"对中俄贸易投资便利化的影响》，《学习与探索》2015年第6期。

[68] 刘亚等：《人民币汇率变动对我国通货膨胀的影响：汇率传递视角的研究》，《金融研究》2008年第3期。

[69] 刘彦君：《"一带一路"倡议下的中俄经济合作：新趋势、挑战及应对》，《国外社会科学》2017年第3期。

[70] 刘用明等：《"一带一路"背景下中俄双边贸易效率及潜力研究——基于随机前沿引力模型（SFGM）》，《经济体制改革》2018年第5期。

[71] 刘正良、刘厚俊：《东道国对FDI技术外溢吸收能力的研究综述》，《南京社会科学》2006年第7期。

[72] 刘志中：《"一带一路"战略下中俄双边贸易的竞争性、互补性及发展潜力》，《经济问题探索》2017年第7期。

[73] 刘主光：《跨国次区域经济合作区与自由贸易区的分析——以GMS和CAFTA为例》，《亚太经济》2012年第1期。

[74] 卢锋：《产品内分工》，《经济学》（季刊）2004年第4期。

[75] 陆建人、王旭辉：《东亚经济合作的进展及其对地区经济增长的影响》，《当代亚太》2005年第2期。

[76] 罗会钧、戴薇薇：《"一带一路"背景下中俄合作的动力、风险与前景》，《中南大学学报》（社会科学版）2018年第1期。

[77] 吕国军：《"一带一路"框架下吉林省与蒙俄经贸合作研究》，吉林大学硕士学位论文，2018。

[78] 马立国：《中蒙战略伙伴关系的建立及其影响》，《中央民族大学学报》（哲学社会科学版）2013年第6期。

[79] 梅丽霞等：《试论地方产业集群的升级》，《科研管理》2005年第5期。

[80] 〔美〕阿里夫·德里克：《后革命氛围》，王宁等译，中国社会科学出版社，1999。

[81] 〔美〕丹尼尔·耶金：《一个时髦词的诞生》，《新闻周刊》1999年第2期。

[82] 〔美〕杰弗里·萨克斯：《贫穷的终结》，邹光译，上海人民出版社，2007。

[83] 〔美〕莱维：《市场的全球化》，吴臻译，《经济资料译丛》1990年第2期。

[84] 〔美〕罗伯特·基欧汉、约瑟夫·奈：《权力与相互依赖》，门洪华译，北京大学出版社，2002。

[85] 〔美〕马汉：《海权论》，萧伟中、梅然译，中国言实出版社，1997。

[86] 〔美〕迈克尔·波特：《竞争战略》，陈小悦译，华夏出版社，2005。

[87] 〔美〕塞缪尔·亨廷顿：《文明的冲突与世界秩序的重建》，周琪等译，新华出版社，1999。

[88]〔美〕斯皮克曼:《和平地理学》,刘愈之译,商务印书馆,1965。

[89]米军、李娜:《中蒙俄经济走廊建设:基础、挑战及路径》,《亚太经济》2018年第5期。

[90]毛泽等:《携手共建中蒙俄经济走廊与辽宁的路径选择》,《辽宁经济》2015年第8期。

[91]娜琳:《中蒙经贸关系现状及双方在矿产领域的合作》,《当代亚太》2004年第10期。

[92]潘志平:《对丝绸之路经济带与中俄合作研究的评估》,《俄罗斯东欧中亚研究》2017年第1期。

[93]庞德良、张建政:《中、日、韩金融合作与东北亚区域经济发展》,《东北亚论坛》2002年第4期。

[94]邱济洲等:《中蒙经贸关系及发展前景》,《世界经济文汇》1998年第2期。

[95]〔瑞〕赫克歇尔、俄林:《赫克歇尔-俄林贸易理论》,陈颂译,商务印书馆,2018。

[96]莎仁高娃:《浅谈加强蒙古国建筑市场的中国国有经济资产的管理》,《中国外资》2011年第17期。

[97]盛昕、刘明明:《构建"中俄命运共同体"的区域效应》,《当代世界》2018年第2期。

[98]苏哈列夫、徐向梅:《中国和俄罗斯的宏观经济发展:贸易现状、结构和前景》,《欧亚经济》2019年第1期。

[99]苏梽芳等:《是什么导致了"污染天堂":贸易还是FDI?——来自中国省级面板数据的证据》,《经济评论》2011年第3期。

[100]孙长雄:《中俄产业互补与共生合作的规划研究》,《管理世界》2000年第1期。

[101]孙长雄:《中俄产业战略合作的规划研究》,《中国软科学》1999年第9期。

[102]汤晓丹、冷雪莉:《"一带一路"倡议下中蒙经贸物流发展的机遇与挑战》,《物流科技》2017年第6期。

[103] 唐晓云：《产业升级研究综述》，《科技进步与对策》2012年第4期。

[104] 图雅：《关于中国企业对蒙古国直接投资的思考》，《商品与质量：房地产研究》2014年第2期。

[105] 王刚：《基于亚欧融合和支线陆桥一体化双重背景下中蒙俄的差趋性分析》，《东北亚论坛》2013年第1期。

[106] 王海燕：《"一带一路"视域下中蒙俄经济走廊建设的机制保障与实施路径》，《华东师范大学学报》（哲学社会科学版）2016年第5期。

[107] 王明昊、吴丹：《"一带一路"背景下中俄蒙自由贸易区建设构想研究》，《经济纵横》2016年第8期。

[108] 王启颖：《"中蒙俄经济走廊"建设中的内蒙古与蒙俄文化交流》，《实践》（思想理论版）2018年第6期。

[109] 王绍媛：《中、俄、蒙三国的油气合作》，《东北亚论坛》2010年第6期。

[110] 王胜今：《中国与周边国家区域合作的研究》，《东北亚论坛》2003年第3期。

[111] 王淑敏、戴蕊：《中蒙俄贸易结构对实现中蒙俄经济走廊的影响及对策》，《海关与经贸研究》2017年第2期。

[112] 王巍：《中俄经贸合作展望》，《学术交流》2017年第2期。

[113] 王文治、陆建明：《要素禀赋、污染转移与中国制造业的贸易竞争力——对污染天堂与要素禀赋假说的检验》，《中国人口·资源与环境》2012年第12期。

[114] 王咏梅、代峰：《外国直接投资技术溢出效应研究综述》，《对外经济贸易大学学报》2005年第6期。

[115] 魏曙光、魏婧态：《内蒙古对外贸易发展现状分析——基于"中蒙俄经济走廊"视角》，《北方经贸》2016年第11期。

[116] 文虎：《内蒙古自治区对蒙古国投资现状及发展思路》，《财经理论研究》2009年第6期。

[117] 乌兰巴根：《中蒙俄经济走廊的历史基础与地缘政治分析》，《北方经济》2017第12期。

[118] 乌云塔娜:《内蒙古参与中蒙俄经济走廊建设的对策研究》,吉林大学硕士学位论文,2016。

[119] 吴敬琏:《中国应当走一条什么样的工业化道路》,《管理世界》2006年第8期。

[120] 吴盼盼:《西方制裁下的俄罗斯对外贸易现状分析》,《经济论坛》2015年第6期。

[121] 吴兆丽等:《中蒙俄经济走廊建设的贸易基础及发展建议》,《中国国情国力》2016年第12期。

[122] 武安:《经济全球化条件下的东北亚区域经济合作研究》,吉林大学博士学位论文,2006。

[123] 西仁塔娜:《中蒙俄经济走廊建设探析:一种跨境次区域合作视角》,《俄罗斯东欧中亚研究》2017年第2期。

[124] 项义军、张金萍:《中俄区域经济合作战略对接的障碍与冲突》,《国际贸易》2016年第1期。

[125] 项义军、赵阳阳:《中俄双边自由贸易区创建基础及其贸易效应分析》,《商业研究》2016年第1期。

[126] 肖艳、廖丽婷:《中俄贸易结构的比较研究》,《现代商业》2018年第20期。

[127]《新帕尔格雷夫经济学大辞典》(第二卷),经济科学出版社,1996。

[128] 徐康宁、王剑:《要素禀赋、地理因素与新国际分工》,《中国社会科学》2006年第6期。

[129] 许海清:《基于利益共享的中蒙经贸合作关系研究》,《东北亚论坛》2011年第5期。

[130] 闫国庆等:《我国加工贸易战略转型及政策调整》,《经济研究》2009年第5期。

[131] 杨闯:《从分歧到契合——"一带一路"下俄罗斯的战略调整与选择》,《人民论坛·学术前沿》2015年第12期。

[132] 杨丽花、董志勇:《中蒙俄自贸区构建的经济制约因素与推进路径》,《中共中央党校学报》2018年第4期。

[133] 杨淑杰、于国政：《影响东北亚区域经济合作的因素分析》，《石家庄经济学院学报》2005年第1期。

[134] 杨希燕、王笛：《中俄贸易互补性分析》，《世界经济研究》2005年第7期。

[135] 杨小凯、张永生：《新贸易理论、比较利益理论及其经济研究的新成果：文献综述》，《经济学》2001年第1期。

[136] 杨艳梅：《中俄贸易发展现状、影响因素与对策研究》，中国海洋大学硕士学位论文，2009。

[137] 杨云母：《跨越障碍寻求中蒙资源合作的新路径》，《国际经济合作》2008年第8期。

[138] 伊丽娜、石腾飞：《蒙古国"牧民工"城市化及其问题——基于乌兰巴托"蒙古包区"的实证研究》，《内蒙古民族大学学报》（社会科学版）2016年第2期。

[139] 〔意〕朱里奥·杜黑：《制空权》，曹毅风、华人杰译，解放军出版社，1986。

[140] 〔英〕安东尼·吉登斯：《社会学》，郭忠华译，上海译文出版社，2016。

[141] 〔英〕彼得·罗布森：《国际一体化经济学》，戴炳然等译，上海译文出版社，2001。

[142] 〔英〕大卫·李嘉图：《政治经济学及赋税原理》，郭大力等译，上海商务印书馆，1976。

[143] 〔英〕哈·麦金德：《历史的地理枢纽》，林尔蔚译，商务印书馆，1985。

[144] 〔英〕亚当·斯密：《国民财富的性质和原因的研究（下卷）》，郭大力等译，商务印书馆，1983。

[145] 〔英〕约翰·穆勒：《政治经济学原理及其在社会哲学上的若干应用》，赵荣潜等译，商务印书馆，1991。

[146] 尤艳佳：《中国对蒙古国直接投资对中蒙贸易影响及对策研究》，北京交通大学硕士学位论文，2017。

[147] 于洪君：《中蒙俄在"一带一路"框架下深化合作的现状与前景》，

《北方经济》2016年第9期。

[148] 于洪洋等:《试论"中蒙俄经济走廊"的基础与障碍》,《东北亚论坛》2015年第1期。

[149] 于吉:《"一带一路"战略中的企业风险防控》,《企业管理》2015年第12期。

[150] 于津平:《中国与东亚主要国家和地区间的比较优势与贸易互补性》,《世界经济》2003年第5期。

[151] 张博显:《中俄贸易结构优化研究》,黑龙江大学硕士学位论文,2014。

[152] 张弛:《中国东北地区与俄罗斯东部地区经济合作模式研究》,经济科学出版社,2013。

[153] 张二震:《国际贸易分工理论演变与发展述评》,《南京大学学报》(哲学·人文科学·社会科学版)2003年第1期。

[154] 张红霞:《中俄贸易下滑原因和对策分析》,《改革与战略》2017年第5期。

[155] 张俊勇、张玉梅:《蒙古国经济形势分析》,《内蒙古财经大学学报》2017年第2期。

[156] 张飘飘:《俄罗斯产业结构的调整与对策研究》,新疆大学硕士学位论文,2018。

[157] 张秀杰:《东北亚区域经济合作下的中蒙俄经济走廊建设研究》,《学习与探索》2015年第6期。

[158] 张秀杰:《蒙古国经济发展放缓与中蒙经贸合作新思路》,《内蒙古社会科学》(汉文版)2015年第2期。

[159] 张英:《基于引力模型的中俄双边贸易流量与潜力研究》,《国际经贸探索》2012年第6期。

[160] 张蕴岭:《区域合作的政治经济学》,《世界经济与政治》2004年第6期。

[161] 赵传君、宋铁锋:《中俄贸易可持续发展研究》,《俄罗斯中亚东欧市场》2007年第1期。

[162] 赵传君:《对中俄贸易优势互补的实证分析》,《北方经贸》2010年

第 6 期。

[163] 赵儒煜、冯建超:《东北亚交通物流合作框架研究》,《东北亚论坛》2007 年第 6 期。

[164] 郑伟:《"一带一路"倡议下构建中蒙俄经济走廊的路径选择》,《北京工商大学学报》2016 年第 5 期。

[165] 周延丽:《新形势下发展中俄经贸合作需要调整思路》,《俄罗斯中亚东欧市场》2010 年第 3 期。

[166] 朱显平、李天籽:《加强东北亚区域能源合作保障我国能源安全》,《东北亚论坛》2004 年第 6 期。

[167] Aitken, B., Harrison, A., "Do Domestic Firms Benefit from Foreign Direct Investment? The Evidence from Venezuela", *American Economic Review* 89 (3), 1989, pp. 605 – 618.

[168] Balassa, B., "Trade Liberalization and Revealed Comparative Advantage", *Manchaester School* 33 (2), 1965, pp. 99 – 123.

[169] Balassa, Bela., *Change and Challenge in the World Economy* (New York: St. Martin's Press, 1985).

[170] Blomström, Magnus, Kokko, A., "Multinational Corporations and Spillovers", *CEPR Discussion Papers* 12 (3), 1996, pp. 247 – 277.

[171] Brander, A. Spencer, "Tariffs and the Extraction of Foreign Monopoly Rents under Potential Entry", *The Canadian Journal of Economics* 14 (3), 1981, pp. 371 – 389.

[172] Brown, J., *Applied Economics: Aspects of the World Economy in Warand Peace* (London: Allenand Unwin, 1949).

[173] Camagni, Belussi, *Innovation Networks: Spatial Perspectives* (Belhaven Press, 1991).

[174] Cooper, Manyin, Jurenas, Platzer, "The U. S. – South Korea Free Trade Agreement (KORUS FTA): Provisions and Implications", *Congressional Research Service*, 2011.

[175] Curson, V., *The Essentials of Economic Integration* (New York: St. ma-

rtin's Press, 1974).

[176] Drysdale, P., "Japan, Australia and New Zealand: The Prospects for Western Integration", *Economic Record* 45 (3), 1969, pp. 321 – 342.

[177] Dunning, H., Mcqueen, M., "The Eclectic Theory of International Production: A Case Study of the International Hotel Industry", *Managerial and Decision Economics* 2 (4), 1981, pp. 197 – 210.

[178] Dunning, H., "Trade, Location of Economic Activity and the MNE: A Search for an Eclectic Approach", *The International Allocation of Economic Activity*, ed. Ohlin, Hesselborn, Wijkman (London: Macmillan, 1977), pp. 395 – 418.

[179] Parker, G. *Western Geopolitical Thought in the Twentieth Century* (London: Croom Helm, 1985).

[180] Gereffi, G., Humphrey, J., Sturgeon, T., "The Governance of Global Value Chains", *Review of International Political Economy* 12 (1), 2005, pp. 78 – 104.

[181] Glass, J., Saggi, K., "Exporting Versus Direct Investment under Local Sourcing", *Review of World Economics* 141 (4), 2005, pp. 627 – 647.

[182] Gottardi, *Evolutionary Patterns of Local Industrial Systems: Towards a Cognitive Approach to the Industrial District* (Ashgate Pulishing Ltd., 2000).

[183] Hansen, N., "Border Regions: A Critique of Spational Theory and a European Case Study", *The Annals of Regional Science* 11 (1), 1977, pp. 1 – 14.

[184] Hejazi, W., Safarian, E., "Trade, Foreign Direct Investment and R&D Spillovers", *Journal of International Business Studies* 30 (3), 1999, pp. 491 – 511.

[185] Henderson, J., Dicken, P., Hess, M., Coe, N., Yeung C., "Global Production Networks and the Analysis of Economic Development", *Review of International Political Economy* 9 (3), 2002, pp. 436 – 464.

[186] Hymer, S. , *International Operation of Domestic Enterprises*: *A Study of Foreign Direct Investment* (Massachusetts Institute of Technology, 1960).

[187] Javorcik, Smarzynska, B. , "Does Foreign Direct Investment Increase the Productivity of Domestic Firms? In Search of Spillovers Through Backward Linkages", *American Economic Review* 94 (3), 2004, pp. 605 – 627.

[188] Johnson, G. , "Survey of the Issues", *Direct Foreign Investment in Asiaand Pacific*, ed. Drysdale, P. (University of Toronto Press, 1972), pp. 1 – 17.

[189] Kiyoshi, K. , "The Pattern of International Trade among Advanced Countries", *Hitotsubasbi Journal of Economics* 5 (1), 1964, pp. 16 – 36.

[190] Kogut, B. , "Designing Global Strategies: Profiting from Operating Flexibility", *Thunderbird International Business Review* 28 (1), 1985, pp. 27 – 38.

[191] Kojima, K. , *Direct Foreign Investment*: *A Japanese Model of Multinational Business Operation* (Praeger Publishers, New York, 1978).

[192] Kokko, A. , "Foreign Direct Investment, Host Country Characteristics and Spillovers", Doctor's Degree Dissertation of Stockholm School of Economics, 1992.

[193] Krugman, P, Helpman. , "Trade Policy and Market Structure", *The Canadian Journal of Economics* 23 (3), 1990, pp. 718 – 20.

[194] Leontief, W. , "Domestic Production and Foreign Trade: The American Capital Position Re-examined", *Proceedings of the American Philosophical Society* (97), 1953, pp. 332 – 349.

[195] Linder, B. , "An Essay on Trade and Transformation", *Journal of Economics* 22 (1/2), 1962, pp. 197 – 199.

[196] Maskus, E. , "Intellectual Property Rights and Foreign Direct Investment", *Journal of International Economics* 56 (2), 2002, pp. 387 – 410.

[197] Ohlin, B. , *Interregional and International Trade* (Cambridge, MA: Harvard University Press, 1933).

[198] Posner, M., "International Trade and Technical Change", *Oxford Economic Papers* 13 (3), 1961, pp. 323 – 341.

[199] Ratzel, F., *The History of Mankind* (Butler trans. London: MacMillan and Co. Ltd, 1896).

[200] Samuelson, P., "International Fator-Price Equalisation Once Again", *International Trade: Selected Readings*, ed., Jadish N. Bhagwati (The MIT Press, 1996), pp. 6 – 20.

[201] Schumpeter, J., "Theory of Innovations and Technical Change", *Econometrica* 35 (5), 1967, pp. 117 – 119.

[202] Sklair, L., *The Sociology of the Global System* (Baltimore: Johns Hopkins University Press, 1991).

[203] Spiro, J., "Knowledge Representation, Content Specification and the Development of Skill in Situation-Specific Knowledge Assembly: Some Constructivist Issues as They Relate to Cognitive Flexibility Theory and Hypertext", *Educational Technology* 31 (5), 1991, pp. 22 – 25.

[204] Tamara, T., Tatiana, S., "Building the Index of Efficiency of FDI Transformation: Economic Development and Intellectual Capital", *Emerging Markets Finance and Trade* 55 (10) 2019, pp. 2164 – 2184.

[205] UNCTAD, *World Investment Report*, New York, UN, 2001.

[206] Vernon R., "International Investment and International Trade in the Product Cycle", *Quarterly Journal of Economics* 80 (2) 1966, pp. 190 – 267.

[207] Viner, J., *The Customs Union Issue* (New York: Carnegie Endowment for International Peace, 1950).

[208] Walz, U., "Innovation, Foreign Direct Investment and Growth", *Economica* 64 (253), 2010, pp. 63 – 79.

[209]《2015年对外投资国别（地区）指南——蒙古国篇》，中国商务部，http://www.mofcom.gov.cn/article/i/dxfw/cj/201512/20151201200492.shtml。

[210]《2015年蒙古国民经济运行整体情况》，中华人民共和国驻蒙古国大

使馆，https://www.fmprc.gov.cn/ce/cemn/chn/mgdt/t1335451.htm。

[211]《2016年大连关区与俄罗斯双边贸易稳步增长》，中华人民共和国大连海关，http://www.customs.gov.cn/dalian_customs/460678/460680/460681/651058/index.htm。

[212]《2017第二届中国—蒙古国博览会开幕》，内蒙古新闻网，http://inews.nmgnews.com.cn/system/2017/09/27/012400893.shtml。

[213]《2017年第四季度中国货币政策执行报告》，中国人民银行货币政策司，http://www.pbc.gov.cn/zhengcehuobisi/125207/125227/125957/3307990/3484662/index.html。

[214]《2017年蒙古国煤炭出口中国市场份额有望继续保持》，中国煤炭资源网，http://www.sxcoal.com/news/4561261/info。

[215]《2018年起电子签证将在远东11个边检站生效》，黑龙江省人民政府，http://www.hlj.gov.cn/ztzl/system/2017/08/17/010843179.shtml。

[216]《白通社发表驻白俄罗斯大使崔启明接受专访实录》，中国外交部网站，http://www.fmcoprc.gov.hk/chn/xwdt/zt/ydyl/t1144496.htm。

[217]《蔡武率中国政府文化代表团访问蒙古国》，中华人民共和国驻蒙古国大使馆，https://www.fmprc.gov.cn/ce/cemn/chn/xw/t1085809.htm。

[218]《蔡武与奥特根巴雅尔就加强文化交流合作交换意见》，中国政府网，http://www.gov.cn/gzdt/2012-04/13/content_2112925.htm。

[219]《策克口岸跨境铁路项目开工助力经济发展新风貌》，人民网，http://nm.people.com.cn/n2/2016/0530/c196700-28425834.html。

[220]《第二届中蒙博览会·国际科技合作与产业化论坛在呼和浩特市举行》，中华人民共和国科学技术部，http://www.most.gov.cn/dfkj/nmg/zxdt/201709/t20170928_135144.htm。

[221]《第七届中俄旅游论坛在莫斯科举行》，新华网，http://www.xinhuanet.com/2019-03/11/c_1124222461.htm。

[222]《第三届"一带一路中俄科技与创新浦俄国际论坛"携手上交会成功举办》，上海市浦东新区生物产业行业协会，http://www.spbia.cn/Article/201804/201804260001.shtml。

[223]《东宁口岸货运通道实现每周7天12小时工作制》，中华人民共和国外交部，http://www.mofcom.gov.cn/article/difang/201610/20161001491160.shtml。

[224]《俄2020年前社会经济发展构想未反映工商界的利益》，俄罗斯卫星通讯社，http://sputniknews.cn/russia/2008032042080730/。

[225]《俄白哈三国签署〈欧亚经济联盟条约〉》，新华网，http://www.xinhuanet.com//world/2014-05/29/c_1110925922.htm。

[226]《俄将举行全国统考汉语考试莫斯科报名人数最多》，中国新闻网，http://www.chinanews.com/gj/2019/02-12/8751533.shtml。

[227]《俄罗斯"汉语热"是长期现象俄媒：学好汉语等于有了"铁饭碗"》，参考消息网，https://baijiahao.baidu.com/s?id=1621949883889737581&wfr=spider&for=pc。

[228]《俄罗斯教授："学汉语为生活增添色彩"》，人民网，http://edu.people.com.cn/n1/2019/0213/c1006-30641793.html。

[229]《俄罗斯葵花籽油市场2015年现状及2016年展望》，黑龙江省人民政府，http://www.hlj.gov.cn/ztzl/system/2016/09/19/010791404.shtml。

[230]《俄罗斯首次举办俄国家统一考试汉语科目考试》，人民日报海外网，https://baijiahao.baidu.com/s?id=1629687300874096200&wfr=spider&for=pc。

[231]《二连浩特检验检疫局助力中蒙俄经济走廊铁路通道建设》，中国质量新闻网，http://m.cqn.com.cn/zj/content/2017-02/13/content_3923454.htm。

[232]国别报告网，https://countryreport.mofcom.gov.cn/record/view110209.asp?news_id=63198。

[233]《胡锦涛在中国共产党第十八次全国代表大会上的报告》，人民网，http://cpc.people.com.cn/n/2012/1118/c64094-19612151.html。

[234]《记温家宝总理出席乌兰巴托中国文化中心揭牌仪式》，中国政府网，http://www.gov.cn/ldhd/2010-06/03/content_1619536.htm。

[235]《辽宁省参与"一带一路"建设新闻发布会》,辽宁省人民政府,http://www.ln.gov.cn/spzb/xwfbh1_120073/wuranfont/index.html。

[236]《满洲里口岸前7个月口岸木材进口量同比增加22.5%》,央广网,http://news.cnr.cn/native/city/20160901/t20160901_523105203.shtml。

[237]《满洲里综合保税区顺利通过国家正式验收》,环球网,http://news.cr.cn/native/city/20160914/t20160914-523135851.shml。

[238]《蒙古国官员盛赞中企承建首条高速公路项目》,人民网,http://world.people.com.cn/n1/2018/0903/c1002-30268350.html。

[239]《蒙古国通过新投资法案》,新华网,http://news.xinhuanet.com/world/2013-10/03/c_117592203.htm。

[240]《蒙古国希望吸引更多中国游客》,新华社,https://baijiahao.baidu.com/s?id=1627240521026680683&wfr=spider&for=pc。

[241]《蒙古国宣布正式加入欧洲安全与合作组织》,中国广播网,http://china.cnr.cn/guantianxia/201211/t20121122_511388845.shtml。

[242]《莫斯科—喀山段高铁计划于2018年第四季度开工建设》,俄罗斯卫星通讯社,http://sputniknews.cn/russia/201806201025699030/。

[243]《内蒙古两年来接待蒙俄游客281万人次》,内蒙古新闻网,http://inews.nmgnews.com.cn/system/2017/09/26/012400761.shtml。

[244]《内蒙古自治区参与"一带一路"、中蒙俄经济走廊建设推进情况》,内蒙古新闻网,http://inews.nmgnews.com.cn/system/2017/09/27/012401335.shtml。

[245]《内蒙古自治区与蒙古国科技合作概况》,人民网,http://nm.people.com.cn/n/2015/1021/c373560-26871543.html。

[246]《欧亚经济联盟同中国签署经贸合作协议》,哈萨克国际通讯社,https://www.inform.kz/cn/article_a3255193。

[247]《前5个月绥芬河海关过货量大幅增长 比去年同期增加9.4%》,黑龙江省人民政府,http://www.hlj.gov.cn/zwfb/system/2016/07/05/010781199.shtml。

[248]《让蒙医薪传》,中青在线,http://zqb.cyol.com/html/2015-07/31/

nw. D110000zgqnb_20150731_2 – 07. htm。

[249]《日本将向蒙古国提供9.4亿日元无偿援助》,环球网,http://world. huanqiu. com/roll/2009 – 07/523333. html? agt = 15438。

[250]《商务部举行"第二届中国 – 蒙古国博览会"新闻发布会》,中华人民共和国国务院新闻办公室,http://www. scio. gov. cn/xwfbh/gbwxfbh/xwfbh/swb/Document/1560138/1560138. htm。

[251]《商务部召开"第三届中国 – 蒙古国博览会"新闻发布会》,中华人民共和国驻蒙古国大使馆,https://www. fmprc. gov. cn/ce/cemn/chn/sghd/t1669261. htm。

[252]《首届内蒙古自治区人民政府奖学金蒙古国留学生毕业典礼在我校隆重举行》,内蒙古师范大学,http://office. imnu. edu. cn/n363c15. jsp。

[253]《首届中国—蒙古国博览会在呼和浩特隆重开幕》,中国共产党新闻网,http://cpc. people. com. cn/n/2015/1025/c64094 – 27737159. html。

[254]《数说"一带一路":30多个重大项目带动中国基建走向世界》,中国经济网,http://intl. ce. cn/specials/zbjj/201704/20/t20170420_22178871. shtml。

[255]《数说"一带一路"成绩单》,中国"一带一路"网,http://www. mofcom. gov. cn/article/ae/ai/201503/20150300928878. shtml。

[256]《绥芬河边检站为中俄跨境自驾游开辟绿色通道》,中国新闻网,http://www. hlj. chinanews. com/hljnews/19515. html。

[257]《天津检验检疫局多举措助力中蒙俄国际道路货运畅通》,中国质量新闻网,http://www. cqn. com. cn/zj/content/2016 – 08/28/content_3339011. htm。

[258]《推动共建丝绸之路经济带和21世纪海上丝绸之路的愿景与行动》,中华人民共和国商务部,http://www. mofcom. gov. cn/article/ae/ai/201503/20150300928878. shtml。

[259]《温家宝与普京举行中俄总理第十六次定期会晤》,中国政府网,http://www. gov. cn/jrzg/2011 – 10/11/content_1966445. htm。

[260]《我校与圣彼得堡国立大学中俄生物医学联合研究中心成立》,哈尔

滨医科大学，http://hrbmu.cuepa.cn/show_more.php?doc_id=2245079。

[261]《亚洲文明对话大会2019北京共识》，新华网，http://www.xinhuanet.com/world/2019-05/24/c_1124539189.htm。

[262]《"一带一路"科技合作：诚意带来成果》，人民网，http://scitech.people.com.cn/n1/2017/1212/c1007-29700564.html。

[263]《一个重大变化开始这些国家铁路要采用中国标准了》，央视网新闻，http://baijiahao.baidu.com/s?id=1627401917571096194&wfr=spider&for=pc。

[264]《政府工作报告》，中华人民共和国中央人民政府，http://www.gov.cn/premier/2018-03/22/content_5276608.htm。

[265]《支树平在中俄总理见证下签署质检合作协议》，国家质量监督检验检疫总局，http://www.aqsiq.gov.cn/zjxw/zjxw/zjftpxw/201711/t20171101_500911.htm。

[266]《中俄东线黑龙江段跨境江底管道穿越工程全面完工》，中国石油新闻中心，http://news.cnpc.com.cn/system/2018/12/25/001715064.shtml。

[267]《中俄国际商用飞机有限责任公司挂牌成立》，中国新闻网，http://www.chinanews.com/cj/2017/05-22/8230870.shtml。

[268]《中俄互办"国家年"活动成果丰硕》，中国网，http://www.china.com.cn/international/zhuanti/zegjn/content_9188748.htm。

[269]《中蒙俄经济走廊的理想与现实》，国研网，http://d.drcnet.com.cn/eDRCNet.Common.Web/DocDetail.aspx?DocID=4110069&leafid=22570&chnid=5714。

[270]《中俄签署2018~2022年航天合作大纲》，国家航天局，http://www.cnsa.gov.cn/n6758823/n6758840/c6797933/content.html。

[271]《中俄人文合作委员会旅游分委会举行第四次会议》，中国政府网，http://www.gov.cn/gzdt/2007-03/30/content_567040.htm。

[272]《中俄人文交流机制简介》，中国教育国际交流协会，http://www.ceaie.edu.cn/zhongourenwenjiaoliu/1273.html。

[273]《中俄人文交流跃上新台阶 在俄留学生人数中国排第三》，中国一带

一路网，https://www.yidaiyilu.gov.cn/xwzx/hwxw/23164.htm。

[274]《中俄人文领域交流合作硕果累累》，光明网，http://epaper.gmw.cn/gmrb/html/2010-12/19/nw.D110000gmrb_20101219_3-08.htm。

[275]《中俄医科大学联盟成立三年成员单位扩大至106所》，人民网，http://hlj.people.com.cn/n2/2017/0616/c220024-30339415.html。

[276]《中俄元首签署〈中华人民共和国和俄罗斯联邦关于发展新时代全面战略协作伙伴关系的联合声明〉》，新华网，http://www.xinhuanet.com/world/2019-06/06/c_1124588505.htm。

[277]《中俄原油管道二线工程全线贯通》，新华网，http://www.xinhuanet.com//world/2017-11/12/c_1121943190.htm。

[278]《中俄重大能源合作项目亚马尔液化天然气项目正式投产》，中国日报网，http://baijiahao.baidu.com/s?id=1586275022558850414&wfr=spider&for=pc。

[279]《中国高铁"走出去"的十大挑战与战略对策》，中国共产党新闻网，http://theory.people.com.cn/n1/2016/0818/c40531-28646334.html。

[280]《中国人民银行、国家外汇管理局有关负责人就我国全口径外债、外汇储备、黄金储备等情况答记者问》，中国人民银行，http://www.pbc.gov.cn/goutongjiaoliu/113456/113469/2813879/index.html。

[281]《中国商务部与蒙古国对外关系部签署关于加快推进中蒙跨境经济合作区建设双边政府间协议谈判进程的谅解备忘录》，中华人民共和国商务部，http://www.mofcom.gov.cn/article/ae/ai/201804/20180402729737.shtml。

[282]《中国通往蒙古国首条标准轨距铁路在内蒙古开工》，环球网，http://finance.huanqiu.com/roll/2016-05/8993611.html?agt=15438。

[283]《中国同蒙古国的关系》，中国网，http://news.china.com.cn/2014-08/20/content_33291640_2.htm。

[284]《"中国文化月"开幕式在蒙古首都成功举行》，中华人民共和国驻蒙古国大使馆，https://www.fmprc.gov.cn/ce/cemn/chn/xw/t965250.htm。

[285]《中国与欧亚经济联盟签署的经贸合作协定正式生效》,中国经济网,http://intl.ce.cn/specials/zxgjzh/201812/11/t20181211_31007835.shtml。

[286]《中国驻俄大使:2013年中俄将扩大互派留学生人数》,中国新闻网,http://www.chinanews.com/lxsh/2013/01-22/4508195.shtml。

[287] 中华人民共和国海关总署,http://fangtan.customs.gov.cn/tabid/612/Default.aspx。

[288]《中蒙俄口岸将使用统一账单发票以提高铁路运输时效》,中国国际贸易促进委员会,http://www.ccpit.org/Contents/Channel_4115/2017/1109/911279/content_911279.htm。

[289]《中蒙俄携手打造精品国际运输线》,新华网,http://www.xinhuanet.com/world/2016-08/24/c_129251025.htm。

[290]《中蒙联合保护非物质文化遗产合作机制领导小组会议在京召开》,央视网,http://news.cntv.cn/20110929/118907.shtml。

[291]《中蒙联合保护非遗会议在蒙首都乌兰巴托举行》,中国网,http://cul.china.com.cn/yichan/2013-04/10/content_5864266.htm。

[292]《中蒙两国检验检疫部门首次实现电子证书联网核查》,内蒙古新闻网,http://inews.nmgnews.com.cn/system/2017/02/16/012268811.shtml。

[293]《中蒙人文交流共同委员会第一次会议在京举行》,中华人民共和国外交部,https://www.mfa.gov.cn/web/wjbxw_673019/t1529309.shtml。

[294]《中蒙双边关系》,中华人民共和国驻蒙古国大使馆,https://www.fmprc.gov.cn/ce/cemn/chn/zmgx/t174828.htm。

后 记

中国作为一个政治和经济实体,是世界上历史最悠久的国家之一。历史上,以中国为起点的丝绸之路连接欧亚大陆,是世界经济贸易的轴心。地缘政治学的世界岛理论强调陆权的重要,的确,欧亚大陆具有丰富的人力和物力资源,重建丝绸之路经济带,对于沿线国家经济乃至国际地缘政治格局和国际经济秩序都将产生深远影响。

经过40多年的改革开放,中国已经从一个农村农业社会转变为一个城市工业社会,从一个低收入经济体转变为一个中等收入经济体。总结中国的发展经验,有效政府功不可没,具体体现在领导层的睿智、能干、务实和注重结果上,在积极融入全球分工体系的过程中,中国巨大的人口红利,以及中国人民的勤劳、奉献、重视教育与代际助力精神,使得中国日益跻身世界舞台,成为制造大国、贸易大国和吸引国际投资大国。中国的外部导向战略取得了丰硕的回报,使得"东亚奇迹"再次上演,如何更好地惠及周边国家,加强与周边国家的垂直专业化合作与经济互补性,是中国逐渐走向世界舞台中央过程中必然经历的考验。

"一带一路"倡议的提出正逢其时,在国际局势处于百年未有之大变局的新时代,"一带一路"背负着时代赋予的光荣使命。其中,中蒙俄经济走廊是"一带一路"建设的重要起点,也是"一带一路"是否有成效的试金石。作为一个国际区域问题领域的新人,研究中蒙俄经济走廊这样重要的选题,我诚惶诚恐。思考未来不能割裂过去,我常常回忆自己的学术经历,在吉林大学商学院读书10年,专注于宏观经济理论与非线性时间序列模型应用，偶尔涉猎薪酬激励、区域金融、银行体系脆弱性、信用风险、供应链管理等研究，但在国际区域问题领域，我是后来者。幸运的是，我来到东北亚研究院区域经济所工作，东北振兴等地区经济发展议题日益成为研究重心，在学习研究的过程中，不断反思中国经济腾飞的根源，比照东部沿海经济发达地区的成功经验，一个结论就是融入世界经济体系的重要性，向前人、向有知识有技术有文化的人学习是摆脱贫困落后的重要路径。同时，东北亚研究院老师宏大的视野与战略眼光深刻地启发了我，国内区域问题往往与国际区域问题分不开，理论研究有学科偏向性，但现实问题的研究必须考虑全面，"两个市场、两种资源"成为共识是有原因的。

经过10年的学习，虽常有间断，还是读了一些经典著作，但是越学越觉得所知甚少，难以选题，难以下笔。感谢于潇教授的鼓励与支持，确定对中蒙俄经济走廊建设进行研究，新手的研究艰辛自不赘言，这里要感谢于潇教授、吴昊教授、朱显平教授的点拨与启发，同时要感谢我的博士研究生李春凤、硕士研究生郑鸽和孙茜，她们承担了大量的资料整理与查证工作。虽然本书已经按计划完成，但对于中蒙俄经济走廊的研究来说只能勉强算是一个浅析，也是我开展国际区域问题研究的一个起点。中蒙俄经济走廊建设的两个重要国家分别是俄罗斯和蒙古国，独特的历史与当下国情，掺杂着波诡云谲的国际局势，使得牵涉多边的中蒙俄经济走廊建设必将是困难重重，可喜的是，其进程也更加扣人心弦、引人入胜。因此，我会继续努力学习，不断积累，争取能为中蒙俄经济走廊建设贡献微薄之力。

在写作过程中，参考了许多专家学者的论著、科研成果、研究报告、规划文本，甚至观点与讲座，力求在参考文献中一一列出，但仍恐挂一漏万，诚请多加包涵，这里一道感谢。此外，由于自己能力有限、才疏学浅，书中缺点在所难免，恳求广大同人批评指正。

杨东亮

2019年夏于匡亚明楼

图书在版编目(CIP)数据

中蒙俄经济走廊建设研究 / 杨东亮著. -- 北京：
社会科学文献出版社，2020.2
（东北亚研究丛书）
ISBN 978-7-5201-6020-9

Ⅰ.①中… Ⅱ.①杨… Ⅲ.①国际合作-经济合作-
研究-中国、蒙古、俄罗斯 Ⅳ.①F125.531.1
②F125.551.2

中国版本图书馆CIP数据核字（2020）第014604号

东北亚研究丛书
中蒙俄经济走廊建设研究

著　　者 / 杨东亮

出　版　人 / 谢寿光
组稿编辑 / 恽　薇　高　雁
责任编辑 / 颜林柯

出　　版 / 社会科学文献出版社·经济与管理分社（010）59367226
　　　　　地址：北京市北三环中路甲29号院华龙大厦　邮编：100029
　　　　　网址：www.ssap.com.cn

发　　行 / 市场营销中心（010）59367081　59367083
印　　装 / 三河市尚艺印装有限公司

规　　格 / 开　本：787mm×1092mm　1/16
　　　　　印　张：19.25　字　数：295千字

版　　次 / 2020年2月第1版　2020年2月第1次印刷
书　　号 / ISBN 978-7-5201-6020-9
定　　价 / 138.00元

本书如有印装质量问题，请与读者服务中心（010-59367028）联系

▲ 版权所有 翻印必究